普通高等教育新商科"十三五"规划教材

新时代商业主张

周勇／著

立信会计出版社

LIXIN ACCOUNTING PUBLISHING HOUSE

图书在版编目(CIP)数据

新时代商业主张/周勇著. —上海:立信会计出版社,2020.11

ISBN 978 - 7 - 5429 - 6603 - 2

Ⅰ.①新… Ⅱ.①周… Ⅲ.①商业改革－研究 Ⅳ.①F711

中国版本图书馆 CIP 数据核字(2020)第 207977 号

策划编辑	王斯龙
责任编辑	王斯龙
封面设计	南房间

新时代商业主张

Xinshidai Shangye Zhuzhang

出版发行	立信会计出版社		
地　　址	上海市中山西路 2230 号	邮政编码	200235
电　　话	(021)64411389	传　真	(021)64411325
网　　址	www.lixinaph.com	电子邮箱	lixinaph2019@126.com
网上书店	http://lixin.jd.com		http://lxkjcbs.tmall.com
经　　销	各地新华书店		

印　　刷	上海肖华印务有限公司	
开　　本	787 毫米×1092 毫米	1/16
印　　张	13.25	
字　　数	290 千字	
版　　次	2020 年 11 月第 1 版	
印　　次	2020 年 11 月第 1 次	
印　　数	1—1500	
书　　号	ISBN 978 - 7 - 5429 - 6603 - 2/F	
定　　价	45.00 元	

如有印订差错,请与本社联系调换

前　言

1979 年,得益于"重在个人表现"的开明政策,笔者离开浙江奉化县的农村,考入杭州商学院就读商业企业管理专业。

大学毕业后,我被分配到上海市最大的一所成人高校任教。这里的学员都是来自商贸财税系统的中高层管理干部,笔者便是在向他们学习的过程中成长起来的。

1998 年下半年,笔者应学员邀请进入上海光明食品集团旗下的一家连锁超市公司任职,先后担任营运总监、信息总监、副总裁。2007 年上半年,笔者按约定重返校园担任专职教授。此时原来的学院已经升级为上海商学院。

在商言商 40 年,尤其是在最近 10 年,我国商业领域发生了前所未有的变化,平台型商业组织迅猛发展,移动支付成为主要的支付方式,线上与线下融为一体,传播与渠道相互渗透,社群营销热度升温。

我国商业经过改革开放洗礼,形成了三股力量:一是动物型商业,大部分从东南部出发,向全国延伸,渠道下沉,像游牧动物,吃了一片再吃另一片,目标是占领全国市场。二是植物型商业,如蚂蚁商联、齐鲁商盟等,各个区域的优秀公司结成联盟,抱团协同,深耕本地,扎根社区,呈现出极具特色的本土化优势。三是外生型商业,他们依靠资本与技术打造出平台,拿着手术刀,随时准备给线下实体商业动手术,甚至自己也偶尔躺在手术台上,内测手术的效果。他们不断迭代思路、模式、医术、方子及其用药配比,形成一个不断试错、不断修正的过程。阿里系与腾讯系,是外生型商业的主力,他们虽然都不差钱,也拥有一系列令人眼花缭乱的智慧技术,但却共同面临着三个方面的挑战:供应链、人力资源、营运管理。归根到底是营运效率的问题。

本书收录了 90 篇文章,共分 4 章,各章主要内容如下:第 1 章零售逻辑,分析了零售革命、零售创新线路图、新零售、商业本质、商业价值、商业渠道、供应链、营商环境、健康零售等;第2章零售格局,分析了零售服务、竞争格局、零售效率、利润创造、商业联盟等;第3章零售转型,从数字化、自有品牌、业态升级等方面分析了转型升级之道;第4章社区商业,分析了社区商业的竞争格局、核心业态、变化趋势与竞争对策。(本书中所选90篇文章为作者在不同时期发表在不同平台上的文章,因此会有少量重复内容。)

在此特别感谢浙江易合网络信息股份有限公司总经理王跃林先生、联商网总编诸振家先生。感谢王跃林先生的鼓励,感谢诸振家先生对笔者在联商网发表的文章的审阅、推敲与修改。书中的任何错误,望读者批评指正,联系方式:450266068@qq.com。

周 勇

2020 年 10 月

目 录

第 1 章

零售逻辑

　　零售业的每一次变革都给消费者创造了新的价值,同时也提高了行业发展水平。新零售持续发展的核心问题是用户体验的提升与营运效率的提高。零售的每一次变革都引发了投资热潮。只有不断增加投入,才能使零售有新发展;只有像植物那样扎根土壤,向上伸展,才能做成百年零售。

1 零售革命知多少

2017 年京东集团 CEO 刘强东发表署名文章《第四次零售革命》，认为零售经历了百货商店、连锁商店、超级市场三次革命以后，正在发生以"零售基础设施"改变为标志的第四次零售革命。而几乎在同一时间，一篇题为《张近东：零售业的第三次革命发生在苏宁》的文章介绍了苏宁云商集团董事长张近东有关"智慧零售就发生在中国"的观点：零售经历了实体零售、虚拟零售两次革命以后，将进入"智慧零售"时代，这是零售的第三次革命。

零售到底经历了多少次革命？

1) 李飞的八次零售革命论

2003 年 9 月，清华大学教授李飞的学术专著《零售革命》由经济管理出版社出版。该书认为，从 20 世纪 90 年代中期开始，中国爆发了一场综合性的零售革命。西方 150 年以来爆发的百货商店、一价商店、连锁商店、超级市场、购物中心、自动售货机、步行商业街、网上商店等八次零售革命，几乎同时在中国出现。该书对世界八次零售革命进行了较为完整的论述，对中国的零售革命进程进行了整体回顾，对中国零售行业各业态的发展趋势进行了推断，同时提出了较为系统的发展建议。

2) 颜艳春的三次零售革命论

2014 年 3 月，颜艳春先生的专著《第三次零售革命：拥抱消费者主权时代》在机械工业出版社出版。清华大学经济管理学院教授、中国零售研究中心常务副主任李飞的推荐语写道："世界和中国零售业正在发生着巨大的变革。作为零售学的研究学者，我经常思考零售业明天究竟会变成什么样，但还没有清晰的答案。《第三次零售革命》给了我们很好的说明和启发，值得一读。"

颜艳春认为，过去 50 年零售业已经发生了两次革命：第一次零售革命是沃尔玛创始人山姆·沃尔顿（Sam Walton）发动的全球地面店互联，这是连锁商店革命，其背后是"全球私人卫星网络技术"；第二次零售革命是亚马逊创始人杰夫·贝索斯（Jeff Bezos）发动的电商革命，其背后是"PC 互联网技术"。当前正在发生第三次零售革命，这次的发起者是每一位消费者，因为我们将进入消费者主权时代。颜艳春对此的注解是，如今消费者已经成为世界的中心，他们通过移动互联网、社交网络和物联网实时连接起来，正在形成一股巨大的看不见，却又能真实感受到的力量。每一位消费者都可能是下一次零售革命的发动者。

2017 年 1 月 16 日，颜艳春在富基融通零售解决方案服务号"颜知有理"原创发布的《人工智能，万物的灵魂》一文中指出："消费者主权时代已经来临，消费民主、消费自由和消费平等,不再是一句口号。SoLoMoMe(Social 社交、Local 本地、Mobile 移动、Me 个性化)消费群大规模崛起后所掀起的第三次零售革命已经到来。马云先生提出来的新零售,与我两年前写的《第三次零售革命》一书中所预测的以消费者为中心的全渠道零售,如出一辙。全渠道零售已经从概念和蓝图变成融合线上和线下零售力量的新物种、新业态。"

可见,颜艳春所说的"零售三次革命论"有以下几个特点:①三次零售革命的背后都是技术的推动;②第一次与第二次零售革命由大企业发动,第三次零售革命则由消费者发动;③消费者发动的零售革命的背后是消费者主权时代的来临,而这一时代来临的基础是 SoLoMoMe 消费群的大规模崛起,技术让消费者掌握了主动权;④第三次零售革命的基本标志是"以消费者为中心的全渠道零售";⑤在第三次零售革命的前进道路上需要建立新路标,如客户关系革命从大众经济学走向粉丝经济学,商业模式革命从 B2C 走向 C2B 和 C2M,业态革命将从零售商的实体店、网店走向消费者的个人微店,渠道革命从单渠道、多渠道走向全渠道等。

颜艳春的观点直接指向一个痛点与一个背景。痛点是消费者仍然没有掌握主动权,还常常像肥猪那样被宰。所以,在当今时代,大力提倡消费者主权,是很有现实意义的。背景是消费者以现代技术为支撑,拥有了一定的主动权,可以形成与零售业者相互抗衡的一种有生力量,制衡零售业者的不良、无良行为。但是,在缺乏良好的营商环境、消费环境、法制环境的背景下,消费者的自主力或消费者联盟的联合力到底有多强? 第三次零售革命并不是要求企业必须以消费者需求为导向。如今的一切成功之举,实际上已经超越了传统的纵向营销(以市场细分为基础,以目标市场选择为核心,以目标市场定位为关键)和横向营销(以创新、组合为特征)体系,进入了创造与引导消费的新时代。

3) 王成荣等的四次零售革命论

2014 年 8 月,《北京财贸职业学院学报》第 30 卷第 4 期发表了王成荣和黄爱光合作撰写的论文《迎接第四次零售革命》。

2014 年 11 月,由王成荣等所著的《第四次零售革命——流通变革与重构》一书在中国经济出版社出版。

2015 年 2 月,洪涛在《北京财贸职业学院学报》第 31 卷第 1 期发表了《第四次零售革命——流通变革与重构》的书评——《一次零售全业态、全渠道的革命》。

王成荣等认为:

(1) 目前,学术界对零售革命的认定,虽说法不一,但以百货商店、连锁商店、超级市场的出现为标志的三次零售革命,对世界零售格局影响最大,因此被大家公认。

(2) 由信息技术变革所催生的第四次零售革命,正在改变着传统零售业态、零售模式以及整个流通生态,改写了商圈、商店、商品制造流程,为经济学和营销学注入了新的内涵,使整个流通产业面临着巨大的变革与重构。

（3）由信息技术变革所催生，以电子商务和移动电子商务为表现形式，正在爆发一场继百货商店、连锁商店和超级市场之后的新零售革命。这场零售革命便是第四次零售革命。

（4）第四次零售革命很难用一种新的零售业态，比如"网上商店"的出现来标识，这场零售革命不仅推动了零售新业态的诞生，而且远远超越了这一层次，渗透到零售业的每一个细胞中，推动了每一种传统零售业态的变革，是一次零售全业态、全渠道的革命，它改变着零售模式甚至于整个流通生态。

（5）这次零售革命从订单到生产，到终端，再到消费，整条供应链和价值链都发生了翻天覆地且不可逆转的变化。它是一次零售业全面变革，进而影响到整个流通产业变革与重构的革命，它比以往任何一次零售革命都要强烈，影响都要深远。

（6）这次零售革命的主要表现是：移动互联网是这次零售变革的催化剂，导致传统零售行进艰难，网络零售高速增长，加上大数据形成的优势使传统零售难以抵挡。网络零售从总体来说打破了地域界限，呈现出全球化趋势。

（7）零售革命往往发生在以下三种情况出现时，即经济危机、跨界竞争、技术革命。目前这三种情况同时出现，这就决定了这次革命的深度与广度今非昔比。其影响包括经济理论深化，如消费者剩余、完全竞争、资源稀缺等基本的经济理论都将被改写；产业链体系、物流体系、支付方式、营销与传播体系将被改变。为此提出来积极应对第四次零售革命的建议，包括回归经营顾客的本质，探索多渠道模式，深化用户体验，打造物流优势等。

王成荣等把前三次零售革命定义为单一的"业态革命"，而第四次零售革命则是"综合革命"，并且很难用一种新的零售业态来标识。这里面其实隐藏着零售业变革的两个基本规律：

（1）零售业越来越成为整个社会的主导产业，而不仅是服务生活的产业，它对整个社会的贡献度与影响力将越来越大。以上海批发零售业为例，目前就业者有238万人，占全市就业、全市税收的比例均为17.5%，贡献超过房地产业和金融业。2017年1～4月，批发零售业税收900多亿元，房地产业税收800多亿元，金融业税收700多亿元，且商贸的GDP贡献大于房地产和金融。

（2）由于消费升级，零售业的内涵与外延在不断扩充，旅游、贷款、教育、医疗、房产、交通、娱乐等都属于广义的零售业务。所以，当单一的商品销售再也难以满足消费者多样化、服务化、个性化需求的时候，零售的跨界就出现了，并最终导致新的零售生态圈的形成。

4）世界零售史上的四次革命

零售，是一个古老的行业，其历史可以追溯到公元前17世纪我国商朝。经济学家普遍认为，自19世纪中叶开始，零售业先后爆发了百货商店、连锁商店、超级市场、无店铺销售四次革命,但这四次革命都是先在西方国家兴起的。

(1) 零售业第一次革命:百货商店。1852 年,一个名叫阿里斯蒂德·布西科(Aristide Boucicaut)的年轻人,在法国巴黎开办了一家名叫 Bon Marché(博马尔谢)的百货商店,此举被誉为零售业的第一次革命。

Bon Marché 在法文中的含义是廉价市场。可见百货商店的原意是"廉价商店"。博马尔谢百货商店有十大创新,最基本的创新是价格固定与薄利多销,由此改变了传统的作坊式零售模式。

但百货商店的发展并没有传承廉价逻辑。这是因为其后出现了超市等大众化业态,百货商店不得不面向中高档消费群体,并提升商品档次。

在我国,百货商店犹如汪洋大海,是传统零售业的主导业态。秋林公司是我国第一家百货公司,于 1900 年由俄国人在哈尔滨开设,至今仍在营业中。上海南京路上的西施公司、永安百货、新新百货、大新公司是我国近代百货公司的典型代表。中华人民共和国成立以后,大新公司改为市百一店,永安百货曾改为上海十百,1988 年改为华联商厦,2005 年又恢复了永安百货的老店名。

我国于 20 世纪 90 年代初掀起"商厦热"。经过 5 年的发展,这些商厦就出现了诸多经营困难,其后经过 10 年探索,又进入了一个新的繁荣时期,实现了日用型传统百货向时尚型现代百货的转型。日用消费品逐步退出百货公司,中高档的服饰、化妆品、珠宝、钟表、床上用品等成为百货公司的主要经营品类。

(2) 零售业第二次革命:连锁商店。在百货商店出现后不久,美国人首先发明了一种可以快速复制零售店铺的经营模式,这就是连锁商店。1859 年,美国大西洋和太平洋茶叶公司(A&P)建立了世界上第一家连锁商店。

连锁商店的出现改变了商业组织的形式,即由单体店向组合店方向发展。但其高速发展是在 20 世纪 50 年代以后,这与零售业态的创新紧密相关。

我国于 20 世纪 80 年代末 90 年代初引入连锁机制,当时主要应用于超级市场,后来才发展到其他零售业态。

我国零售业在长达 3 600 年的发展史上,用了 20 年的时间,浓缩了西方国家一百多年的发展历程。从票证年代的"三尺柜台"到开架自选的"超级市场",从百货主导的传统零售到 17 种业态全面开花结果,中国零售业呈现出前所未有的繁荣景象。

但也应该看到,自 1992 年起,我国内地零售业向外资开放,2004 年 4 月商务部颁布《外商投资商业领域管理办法》以后,外资零售企业在中国的发展不再受地域、股权和数量等方面的限制。2006 年开始,连锁百强的销售额增幅呈现出逐年递减的趋势,出现了外资零售企业"由慢变快",内资零售企业"由快变慢"的发展格局。近年来,由于网络零售的发展,电商与店商的博弈促进了两线融合的全渠道零售的发展,以及新模式、新业态、新技术的快速复制与应用,使我国零售业又呈现出复苏与新的繁荣景象。

（3）零售业第三次革命：超级市场。超级市场是美国人的一大发明。1930年，一个名叫迈克尔·卡伦（Michael Cullen）的美国人开办了世界上第一家超市——金·库伦（King Kullen）。

当时，美国家庭普遍拥有汽车和大容量冰箱，这就为一次性购买大量食品提供了条件。自助购物的方式给顾客带来了便利，迎合了顾客的消费心理，增强顾客的购买欲望。"薄利多销"的促销策略从经济利益上诱导顾客大量购物。卡伦在报纸上所做的广告语是："世界上最伟大的价格突破者。"因此，超市的出现被誉为"零售业的革命"。

在超市的发展过程中，又出现了综合超市、社区超市、便利商店、折扣商店等多种零售业态。

我国于20世纪80年代中期引入超市业态。1991年上海内外联综合商社创办联华超市，标志着我国零售业进入一个新的发展时期。20世纪90年代初以标准超市为主导，90年代中后期以综合超市为主导，1997年以后大型超市连锁公司开始关注生鲜食品经营，之后出现了生鲜超市、高端超市、折扣超市、社区超市等多种业态。超市业态已经从单一化向多样化发展。然而，面临社会环境、消费环境与竞争环境的快速变化，无论小超市还是大超市，无论外资超市还是本土超市，都面临着转型与突围的重大挑战。

（4）零售业第四次革命：无店铺销售。无店铺销售是一种不经过门店而直接向顾客推销商品或由顾客自动选购商品的销售方式。这种销售方式并不是近代才兴起的。例如，自有邮政以来就有商人采用邮购零售方式；19世纪80年代就有商人在火车站设置自动销售口香糖的机器；而流动商贩走街串巷、沿门叫卖更是一种十分古老的零售方式。早在1929年，美国就将无店铺销售（Nonstore Retailing）分为通信销售、访问销售、自动售货机销售。

通信销售是一种起源较早的无店铺销售方式。最早的通信销售是由美国的蒙特马利百货公司于1872年开始经营的，以后大型的百货公司都陆续开展了此项业务。通信销售的实质是从商品广告、订货、配送到收款都利用邮政通信来完成。由于现代科技的发展，通信销售后来在邮政通信的基础上又出现了三种形式：电话销售、电视销售、电子化销售，电子化销售后来发展成为如今的网络销售。

访问销售是无店铺销售的最早形式。它是通过推销员访问顾客，给顾客看样品和商品目录，并口头介绍各种商品的性能，从而达到推销目的的一种销售方式。其形式有两种：一种是单层次销售，即由销售人员从厂方直接进货后卖给消费者，商品由厂商到消费者只经过一个层次。这是一种传统的访问销售法。另一种是多层次销售，即"多层次传销"。这种销售方式是以销售人员的逐级推广为基础，并使推销员呈几何级数倍增，以达到迅速扩散销售网和扩大销售额的目的。多层次销售其实就是在我国已经被禁止的"传销"。

自动售货机销售最早出现在16世纪的英国。最初自动售货机被用来出售口香糖、香烟或罐装清凉饮料和含酒精的饮料。由于自动售货机生产技术的改进,现在出售的商品已扩展到面条、现煮咖啡、冰淇淋、汉堡包、速食品、日用杂货等。自动售货机一般设置于无商店的办公处所、剧场、车站、娱乐场所、旅游景点等人流密集的地方,它具有购买简便、迅速、24 小时全天候营业、以最小空间在消费者可能产生需求的任何地方设置等特点。

现代无店铺销售,一般认为起源于美国经济大萧条时期,但直到 20 世纪 70 年代以后,才有比较显著的发展。在我国,传统的单层次访销、邮购等无店铺销售方式由来已久。到了 20 世纪 90 年代,由于打破了外商不能经营零售业的政策约束,外资不断涌入我国的零售业,现代的无店铺销售方式也很快得到引进,先后在广州、上海、北京等地兴起了一股无店铺销售热。这时的无店铺销售经营者主要是外商,采用的方式大多是"多层次传销"。1996 年夏季,上海的主要商业街——淮海路、四川路首次出现了出售饮料的自动售货机。

四次零售革命有三点值得关注:①从零售业演进的顺序来看,虽然连锁商店早于超级市场,但连锁商店的真正发展是在第二次世界大战以后;②从零售业演进的方式来看,先后经历了专卖时代(专)、百货时代(全)、连锁时代(形)、网络时代(虚),是一种"由实到虚"的发展过程,变革的核心是业态与组织;③从零售业演进的动因来看,消费升级与技术变革对零售业演进的影响越来越大。

5）刘强东的零售基础设施论

京东集团 CEO 刘强东在《财经》杂志发布署名文章《第四次零售革命》,该文主要观点如下:

（1）给予一个肯定:新技术正在给各行各业带来巨大冲击,也把零售业推到了风口浪尖。(这句话肯定了技术对零售的巨大影响,指出了影响全球零售业的最重要因素——技术!)

（2）给予一个否定:技术的应用从来都没有在根本上改变零售的本质。所以说,我们并不需要不断地用新词汇去定义一个行业。零售业的本质万变不离其宗:成本、效率、体验。(有人认为刘强东的这个表述混淆了企业的本质与零售的本质。笔者以为,这三点可以概括为两点:效率与体验。因为效率已经包含了成本。)

（3）又给予一个肯定:我们的思维还停留在互联网时代。过去 20 年的互联网只是整个零售数字化进程的一个序幕。互联网改变了交易端,但对供应端的影响还很小。数字化进程的下一幕——物联网和智能化,对行业的改变会更加深刻、彻底。在我们即将跨入的智能时代,实现成本、效率、体验的方式将变得完全不同。这也是未来零售业创新和价值实现的机会所在。(继 PC 互联网、移动互联网之后,可能会爆发式增长与改变的智能化全联网,受到刘强东的推崇。其观点与苏宁云商董事长张近东的观点很相似,归于智能化。)

（4）无界零售时代：下一个 10 年到 20 年，零售业将迎来第四次零售革命。这场革命改变的不是零售，而是零售的基础设施。零售的基础设施将变得极其可塑化、智能化和协同化，推动无界零售时代的到来，实现成本、效率、体验的升级。（在智能化背景下，零售的基础设施主要包括哪些？零售的基础设施在互联共享智能背景下，应该不是一个孤岛，而是社会基础设施的一部分，那么为什么还要专门提"零售的基础设施"？目前我国零售的基础设施又是处于什么样的水平？未来的零售基础设施应该是什么样的？无界零售又是什么样的？）

（5）零售的三次革命：百货商店、连锁商店、超级市场构成了零售的三次革命，由此可见经得起时间考验的零售业态往往能够同时满足成本、效率和体验升级的要求。

（6）零售基础设施的改变：整个零售系统的进化说到底就是信息、商品和资金流动效率的升级。信息、商品和资金服务的提供者在一步步走向社会化、专业化。（这是关键！那些小店主所需要的信息、商品、资金由谁来提供？阿里，还是京东？目前，沃尔玛的 retail link、亚马逊的 FBA/Fulfillment by Amazon、京东的开放物流等可以提供社会化、专业化的第三方服务。这就是零售基础设施改变的本质所在！）

（7）电商还不算第四次零售革命：电商虽然对传统零售业有很多改变，但顾客体验有局限性，成本也不低。

（8）第四次零售革命：从渐进式创新到颠覆性创新，从小波浪到大浪潮，互联网经过 20 年的发展，智能化所必需的算法、算力、数据都有了一定的突破、飞跃和积累。（可见，京东提出的第四次零售革命，落脚点仍然是智慧零售！）

（9）第四次零售革命的驱动力：消费变革与技术更新。

（10）第四次零售革命的消费变化：消费主权时代的到来，具体表现为 3P，即需求个性化（Personalized）、场景多元化（Pluralistic）、价值参与化（Participative）。（这也是颜艳春的观点。）

（11）第四次零售革命的技术更新：技术赋能时代的到来，具体表现为 3I，即感知（Instrumented）、互联（Interconnected）、智能（Intelligent）。

（12）未来的零售图景：无界、精准。无界：多中心化使购物入口变得极为分散、多变，不能固守单一平台；通过新型的、数字化的零售基础设施，更高效地服务于多元多变的场景。精准：感知技术赋予我们洞察每位消费者个性化需求的能力，并且可以通过连接外部资源灵活地实现个性化需求，还可以通过智能算法使互动和交付更高效。

（13）未来的零售基础设施：未来一流的零售基础设施应该具备三大特征，即可塑化（Scalable）、智能化（Smart）和协同化（Synergetic）。

概括地说，刘强东的"四次零售革命论"有三个核心要点：①外部化——把专业的事情交给专业的人去做；②智能化——那些做专业事的人具有投资智能化算法、算力、数据的能力与实力；③高效化——这是终极的内部目标，只有效率提升了，才有条件谈顾客体验的改善。这是一个比较靠谱的零售业发展逻辑，更具有京东集团的战略意图在里面。

6）张近东的三次零售革命论

苏宁云商集团董事长张近东在 2017 年苏宁云商投资者交流会上对投资者们表示：
"我们正在经历的虚实融合的智慧零售就发生在中国，而苏宁正是创新者和引领者。"张
近东的观点如下：

（1）智慧零售发生在中国：前两次零售变革，分别是实体零售和虚拟零售，都是率先
发生在海外。而现在，我们正在经历的虚实融合的智慧零售就发生在中国，而苏宁正是
创新者和引领者。

（2）智慧零售提升效率与体验：智慧零售培育数据牵引的供应链机制；贯通线上线
下，实现互联网化运营；为企业和用户构筑数据化、科技化的服务能力和体验。

（3）智慧零售拓展新业务：智慧零售加速了苏宁物流、金融等核心能力的开放，变革
了盈利结构。

张近东与刘强东所说的零售革命，虽然有三次与四次之分，但核心都是"智慧"两字。
智能化从当前来看，不过是涓涓细流或星星点点，但最终必然汇集成汪洋大海与缤纷世
界，像水电煤气那样普遍与必备。正如盒马鲜生创始人侯毅所说："今天的人类还很幸
福，仅仅是人和人的竞争，未来是人和机器的竞争，人基本没有胜算。所以未来最大的能
力就是不断学习的能力，否则一夜之间你的专业就给机器替代了。"其实，现在已经是人
和机器在战斗！在金融投资领域的表现更甚！所以，对于大企业来说，怎么重视商业智
能都不过分。资深行业专家鲍跃忠的观点是很有价值的：零售业的发展总是以高投入、
高成本的业态取代低成本、低投入的业态。零售业是一个需要不断追加投资的行业。但
我国零售业长期以来只有短期负债而没有长期负债，这也是我国零售业投资不足的具体
表现之一。

7）总结：零售变革与第五次零售革命

从历史演变视角来分析，以往零售变革的基本驱动力有两个：支付方式与技术改进。
而零售的未来发展有七个思考维度：需求、技术、数据、传播、效率、物流、资本。

（1）支付方式是推动零售变革的基础。经典学说从社会大分工视角分析了商品交换
的发展历史后认为：第一阶段是农业和畜牧业的分工，出现了物物交换；第二阶段是手工
业和农业的分工，出现了以货币为媒介的商品交换；第三阶段是职业商人和生产者的分
工，出现了以商人为媒介的商品交换。在古代，纸币的出现使商业突破了时空的限制；在
现代，信用卡、预付卡、支付宝等电子支付方式是实现电子交易的必要条件。所以，支付
方式创新是推动零售变革的基础。从携带不便的金银等实物货币到纸币，这是流通的重
大转折；从纸币到信用卡，又是流通的一次飞跃，而未来必然是"无钞化"社会。

（2）技术改进是推动零售变革的动力。当今的一切创新，都与技术相关。如果没有
宽带，信用卡根本没法普及，宽带技术是推动信用卡普及的动力。但对商业营运具有实

质性推动作用的是条码的使用与普及。在销售环节,由于 EAN 码在大部分商品中的使用,使零售业的前台 POS 系统得以建立,并开始实施以进价为合算基础的单品管理,也为品类管理的应用奠定了基础。在物流以及进货验收管理等领域,由于储运单元条码(如 14 位交插二五条码、ITF-14)、射频技术(Radio Frequency)、射频识别(Radio Frequency Identification,RFID)技术,以及当今流行的二维码等信息技术的普及,使信息记录、传播、收集等越来越便捷,这一技术发展线路,推动零售的科学化、人性化与效率化。

对零售营销与商业模式具有实质性推动的则是电脑、智能手机、互联网、移动互联网等的出现与普及,这一切把消费者数据化、移动化、网络化,并使全社会零售业进入了一个"任性化"时代(随时随地,任性消费)。电子零售的发展也颠覆了传统的物流方式,从原来的提货制(现金交易—店面自提—自带回家)到现在的送货制(网上订货—电子支付—送货到家)。

(3) 第五次与第六次零售革命。在我国,从消费者视角来看,从 2014 年移动端用户超越 PC 端用户开始,实际上已经进入了移动零售时代——"移动化 + 无钞化",为智慧零售提供基本条件。所以,如果把"移动零售"作为第五次零售革命的标志,那么,第六次零售革命就是"智慧零售"。

这一变化过程,起码有如下七个维度。

第一维度:需求。有消费升级,才有新需求。

第二维度:技术。前四次零售革命(百货商店、连锁商店、超级市场、无店铺销售)中,技术的影响相对较小。第五次零售革命是以移动零售为特征,是完全由技术导致的。

第三维度:数据。从 2012 年的 O2O 开始到 2016 年的盒马鲜生以及阿里与百联结为战略联盟,再到 2017 年无人便利店实名购物,一切都可以归结为一个核心问题:数据聚合。我们有全世界最多的人口、最多的方言、最丰富的生活习惯、最复杂的流通渠道、最多层的生活水平、最不可思议和意想不到的心理需求,所有这一切聚合以后,形成了全世界最强大的消费数据库、语音数据库、购买行为数据库。当然,从数据到智能还需要有算法的创新以及强大的算力(芯片)的支撑,这些方面我们也正在努力赶上发达国家。总之,一切为了数据,数据可以创造一切。

第四维度:传播。过去是平面传播、单向传播,现在是网络传播、社交传播、多中心发散传播,这对零售营销逻辑是颠覆性的变革。

第五维度:效率。新的零售模式与营销模式可能会花费更多的金钱,但最终会带来更高的效率!首先,看商品分销体系,原来是层级制,以后可以削减全部或几个中间环节,使税费大大节省。其次,看生产环节,个性化敏捷化生产,可能会增加一些成本,但没有想象中那么高,但个性化所创造的价值要远远高于成本的增加。

第六维度:物流。物流从后勤服务部门早已转变为主导部门,从成本中心转变为利润中心,从人工搬运逐渐过渡到机器人自动化搬运。

第七维度：资本。资本的能量是巨大的，对零售的影响也越来越大。

未来零售一定是大集团引领，未来零售一定是"主流＋差异"，未来零售一定是技术领先，未来零售一定是吃货经济，未来零售一定是便利经济。但归根到底是智慧零售！

2　千年零售创新线路图

我国零售是怎么创新发展的？自公元前 221 年秦灭六国至 965 年北宋乾德三年，前后约 1 200 年，我国零售业经历了从封闭走向开放的历程；又过了 1 000 余年，零售再次开启了从封闭走向开放的历程。两个千年，零售的体量、能级以及繁荣程度自然随着时代的进步而不同，但有一点是共同的——政府是推动零售变革的原动力。但在其后，政府推动的成效就明显不如以往，市场的创新力量越来越强大。

1) 两个千年凸显两个特点

我国零售业在上下两千余年的发展中，呈现出两个显著特点：

（1）起源特别早。中国与西方国家相比，无论是行商还是坐商的起源都更早。据《美国文献百科全书》（美国格罗利亚公司 1986 年版）和《美国连锁店百年史》称，早在公元前 200 年，中国商人就创立了拥有包括许多分店的店铺，实际上这是连锁商店的萌芽。但一般认为，我国从商朝开始就有了商人和商业活动，主要是行商；自秦汉以来就有了在固定场所从事商业活动的坐商。安徒生童话《卖火柴的小女孩》所塑造的"卖火柴的小女孩"形象，是西方国家早期的"小商人"形象，直到 16 世纪西方国家才开始进入坐商兴盛繁荣时期。长途贩运的大商人，在西方国家出现得也比较晚。据《圣日耳曼传》记载，8 世纪时的高卢，有商人赶着驴子从奥尔良买盐运到巴黎去销售的情况。

（2）繁荣源于政府推动。我国零售业的发展长期受制于"坊市制"与"宵禁制"。自秦汉以来，交易场所主要由官方划定区域，筑有围墙，定时击鼓开闭，市内不住家，坊内不设肆。我国在北宋前历代都有宵禁制度，严禁在市场关闭后从事商业活动。到唐朝中后期，坊市制渐渐被冲破，出现了小手工业者在作坊前设店售货，商人摆小摊或开饮食店等商业活动，从而出现了市坊合一型的商人。到北宋时期，市与坊已完全融为一体，形成了早、中、夕、夜"四市"。从《清明上河图》中看出，我国北宋时期，商业已进入店铺形式，坐商已达到空前繁荣的程度。这一繁荣景象的出现，得益于开明的北宋政令。据《宋令要稿》记载："太祖乾德三年（965 年）四月十三日，诏开封府，令京城夜市至三鼓已来，不得禁止。"并且拆围墙，销门禁，工匠作坊、货肆（店）、摊贩可自由选择营业地点。于是，城郭内外的繁荣商业区逐渐形成，宋朝的夜市盛况空前。

历史车轮滚滚向前，此后经历了 1 022 年，直到 1987 年，素有"不夜城"之称的上海居然还在讨论"如何办好夜市"。那一年也是在 4 月，《上海商业经济》杂志出版了"夜市专辑",有一篇题为《办好夜市 适应需要》的专稿,作者是时任上海市副市长的叶公琦先生。他写道:"办好市中心夜市,是今年市政府要办好的十五件实事中的一个内容,经过多方面的积极努力,南京路、淮海路、金陵路、西藏中路、四川北路这五条商业街上已经初步兴起了夜市。"

又过了 7 年,上海市对发展超市制定了一系列扶持政策,从而推动了上海连锁事业其后 20 年的大发展。这是一个转型时期,新生事物成长困难重重。上海市原商务委员会主任张广生先生在其所著的《海商》一书中是这样描述当时情况的:"上海在超市、便利店发展初期,遇到了很多意想不到的困难,有些企业自己克服了,大多数问题是原来计划经济时期没有遇到过的,必须由政府主管部门出面帮助协调,争取相关的政府主管部门支持、帮助,才能得以解决。"在这样的背景下,上海连锁商业最初的发展,成为一个便民、利民、为民的实事工程,在资金、税收、房租等方面实施政策扶持,这是一场政府推动下的成功的流通革命。

其实仅仅过了 10 年,政府推动零售的效应就发生了变化。2004 年起,上海对零售业的扶持重点从超市转向标准化菜市场,至 2013 年发布《上海市食用农产品批发和零售市场发展规划(2013—2020)》,仍坚持"持之以恒地推进标准化菜市场建设",按上海人口3 000 万、每 2 万人设置一家的标准设立 1 500 家标准化菜市场。从全国来说,从 2004 年起,商务部计划用 5~8 年时间规划培育出 15~20 家国家自己的"商业航母"。为了这事,企业没少花功夫,写战略规划与可行性报告,到北京接受评审。商务部副部长也与 20强流通企业当家人座谈,并在商务部食堂宴请零售当家人。大家该提的问题、建议与要求也都提了,领导也没少关心,文件也没少发,但见效甚微。从 2006 年起,连锁百强的销售额增幅明显回落,与此同时,电商则如雨后春笋,迅猛发展。到 2015 年,电商的社会消费品零售总额(简称社零总额)占比终于超过了 10%,也超过了连锁百强的销售总额。

2) 支付方式变革是推动零售创新的基础

从原始的货币形式来看,我国原始社会的先民就早已用贝作为货币,战国时楚国已出现了银币,但全国统一的货币则始于始皇帝 37 年(公元前 210 年)。无论是金银或铜铁,都存在携带不便的问题,在这样的货币体制下,商人是走不远的。

票据与纸币的诞生才使商业突破了地域的限制,这是商业变革的核心动力。我国实际上是先有票据后有纸币。学者们认为唐宪宗(805—820 年)时期出现的"飞钱"是我国现代汇票的起源。"飞钱"源于各地茶商跨界交易,但只是一种运输、支取现金的工具,不是通用的货币。到宋代,宋太祖开宝三年(970 年),官府就设立了"便钱务"官号,类似现代见票即付的汇票;宋真宗时期,成都出现了专为携带巨款的商人承担现钱保管业务的交子铺户,铺户向存款人开具的取款凭据叫做"交子",其特征是非货币、商家私发。当交子铺户发现动用部分存款并不会危及"交子"信誉时,便开始印制有统一面额和格式的"交子",这便使"交子"成了铸币的符号而升为作为流通手段的纸币。但由于是民间发行的"私交",不法商人卷款而逃的事件也时有发生。于是在景德年间（1004—1007），益州知州张泳对交子铺户进行整顿，授权 16 户富商经营，由此"交子"的发行才开始获得政府的认可。直到宋仁宗天圣元年（1023 年），政府才正式设立"交子官"，主持交子的统一发行，"官交子"由此诞生，这就是我国最早的纸币。

但从 20 世纪 50 年代至 90 年代初，我国为了保障国民的基本生活，在长达 40 多年时间里，给货币添加了一种枷锁，那就是商品票证，基本涵盖吃、穿、用三大类，还由此衍生出特供票证，供老干部、高级知识分子、科研人员和有特殊贡献的人使用。这是一种目标很单纯、效果很显著的限制流通的办法。

随着票证取消，我国引进了开架售货的连锁超市经营模式，传统零售业中被柜台割裂的三个场景（商品空间、服务空间、顾客空间）开始融为一体。这不仅是商品陈列方式的变革，更是结算与支付方式的变革。其实从这个时候开始，聪明的连锁公司当家人就开始发行会员卡和购物券，后来渐渐演变成为电子消费卡、预付卡，开始了长达 20 年的政府与企业之间"猫抓老鼠"的游戏。

预付卡的早期表现形式是提货券，这在计划经济时期就已经非常普遍。在连锁商业发展以后，会员制与促销返利相结合，出现了各种形式的购物券、代币券、抵扣券，后来被统称为代币卡（券）。

1991 年，国务院办公厅发布了《关于禁止发放使用各种代币购物券的通知》，要求已发放尚未使用的购物券，一律停止使用，由发放单位立即收回销毁。

1995 年，《中华人民共和国中国人民银行法》规定，任何单位和个人不得印制、发售代币票券，以代替人民币在市场上流通。同年，国务院纠风办发出通知禁止使用购物卡。

1998 年 12 月，国务院纠风办以下达紧急通知的形式规定，禁止印刷、发售、购买和使用各种代币购物卡。

2000 年，《中华人民共和国人民币管理条例》再次规定，各类购物券、代币券等都是违法行为。

2001 年 1 月，国务院纠风办、国家计委和中国人民银行三部委联合正式下发《关于严禁发放使用各种代币券、卡的通知》，再次重申禁令，并要求已经发放购物卡的单位必须在 2001 年 2 月 28 日前妥善处理。政府命令禁止发行代币卡（券）的结果是：当年就出现了水票、米票，以后还出现了副食品票。企业已经"嗜票成性"，无票就会感到"饥渴难忍"。

2003 年，沪商委〔2003〕186 号文《关于务必保证消费者合法利益和市场稳定坚决做好代币券（卡）回笼工作的通知》要求在当年 7 月 31 日前回收代币券（卡）。企业纷纷觉得无法如期完成。实际情况是：回收很隆重，事后照发。以后由于电子商务、会员制、营销手段的发展，购物券（卡）逐渐电子化，演变成为电子消费卡。在上海，联华 ok 卡与农工商消费卡是较早也是发行量较大的电子消费卡。例如，农工商消费卡的第一笔交易时间是 1999 年 1 月,到 2001 年 2 月 28 日到期,后来延长到 4 月底,2003 年以后依托新成立的电子商务公司,并改名为"好德便利通",进而演变成一个第三方支付平台。

2005 年 6 月,中国人民银行曾发布过《支付清算组织管理办法(征求意见稿)》,但一直未能正式出台,包括第三方支付、虚拟货币在内的新兴支付手段也都处于监管的灰色地带。2009 年 4 月 17 日晚间,中国人民银行网站上刊登了 2009 年第 7 号公告。根据公告要求,从事支付清算业务的非金融机构,须在 2009 年 7 月 31 日之前按要求进行登记。

2009 年年末,《大公报》一篇《苏果 3 000 万元购物卡被诈骗》的报道引起业界强烈关注,使沉寂了多年的消费卡问题再次成为商业服务业的焦点问题。同年,商务部市场秩序司完成了预付消费的课题研究,形成了题为《我国商务领域预付费消费卡(券)运行状况与监管机制》的报告。

2010 年 9 月 1 日起,由中国人民银行出台的《非金融机构支付服务管理办法》开始实施,随后其实施细则在 12 月 1 日启用。两份文件均提到与预付卡有关的管理条例,表明购物卡已成为非金融机构支付即第三方支付阵营中的一员。《非金融机构支付服务管理办法》规定,从事全国性支付业务的,支付企业注册资本不低于 1 亿元人民币;从事省内支付业务的,注册资本不低于 3 000 万元。2011 年 4 月,温家宝总理在国务院第四次廉政工作会议上明确提出,要重点整治查处收送礼金问题,对收送各类有价证券、支付凭证和商业预付卡的,以收送同等数额的现金处理。2011 年 5 月,国务院转发中国人民银行、监察部等七部门联合下发的《关于规范商业预付卡管理的意见》,要求建立商业预付卡购卡实名登记制度,还要求各有关部门要各负其责,进一步规范商业预付卡管理。未经人民银行批准,任何非金融机构不得发行多用途预付卡,一经发现,按非法从事支付结算业务予以查处。对商业企业发行的单用途预付卡,商务部门要强化管理,抓紧制定行业标准,适时出台管理办法。金融机构未经批准,不得发行预付卡。2011 年 5 月 31 日,中国人民银行发文表示,将抓紧对符合规定资质要求的商业预付卡发卡机构,核发支付业务许可证。对于还未达标的机构,要采取限期整改、停止新增发卡业务、强制退出等多种手段进行清理整顿,另外要抓紧制定、发布《支付机构客户备付金存管暂行办法》和《支付机构预付卡业务管理办法》,全面规范多用途预付卡的使用、受理等行为。

2011 年 5 月,酝酿长达 6 年之久的第三方支付牌照终于在中国支付清算行业协会成立 3 天后发放。中国人民银行以邮寄来函的方式将支付业务许可证下发至 27 家获牌企业,随后在官网上发布名单公告。支付宝、银联商务、商服通、财付通、快钱、汇付天下、通联支付、开联通等支付机构获得许可,发证日期为 2011 年 5 月 18 日,有效期至 2016 年 5 月 2 日。根据公告情况,获批业务类型主要包括互联网支付、银行卡收单、预付卡发行与受理、移动电话支付、固定电话支付、货币兑换等,其中互联网支付许可获批最多,共有 24 家。在此次获批的企业中,上海的通联支付公司以 13.6 亿元注册资本金远超同业,支付宝、财付通注册资本金为均为 5 亿元,银联商务注册资本金为 4.95 亿元。

从政府第一次发放第三方支付牌照至今,用支付宝等作为支付方式已经成为消费者的生活习惯,而且在网上诞生的支付工具也已经全面渗透到线下,甚至开发出如盒马鲜生之类的支付宝会员店。尽管这种做法与现行法规有不吻合之处,但得到消费者认可,阿里也追加了投资,引起行业的众多关注。线下企业也几乎各行业都在发卡。对此政府实施的是"抓大放小"的政策,管住了大企业,放掉了小企业,结果是老板卷款潜逃的事情时有发生。这与北宋时期不法商人过度滥发"交子"很相似。

自 20 世纪 40 年代末全球第一张信用卡在美国纽约诞生以来,都是信用卡公司及其联盟垄断着支付平台,并从中收取高额的信用卡手续费。支付宝真正颠覆的就是这种已经延续了 65 年的垄断的支付方式。但如果没有技术的支撑,信用卡、预付卡、支付宝等都难以运转。

3) 信息技术变革是推动零售创新的动力

20 世纪 80 年代中期,互联网在发达国家刚刚兴起;10 年后,IBM 公司发布了电子商务战略;1997 年,国际商会首次举办世界电子商务会议(The World Business Agenda for Electronic Commerce)。

我国对互联网的反应是快速的。1987 年北京大学钱天白教授向德国发出了我国第一封电子邮件。1994 年 3 月中国获准加入互联网。1995 年在我国互联网发展史上是一个里程碑:张树新创立了第一家互联网服务供应商瀛海威;马云首次接触互联网,做了一个翻译社网页,并成立了海博网络技术有限公司;田溯宁和 5 位创业伙伴承建中国第一个商业化 Internet 骨干网 ChinaNet,他应该是中国互联网基础建设第一人。中国互联网的早期运动中还有"小马哥"的身影,马化腾建立了中国大陆第一个纯个人背景的 BBS,当属中国互联网技术启蒙第一人。

我国三大门户网站(搜狐、新浪、网易)与网商大佬 BAT(百度、阿里巴巴、腾讯)都创办于世纪之交。腾讯、阿里巴巴、百度分别成立于 1998 年、1999 年、2000 年,网易成立于 1997 年,搜狐与新浪成立于 1998 年。到 2000 年,三大门户网站都在美国纳斯达克成功上市。

2003 年阿里巴巴创办了免费的淘宝,1999 年"光棍节"被策划成"双十一购物狂欢节",2013 年再将"淘宝商城"更名为"天猫商城";2004 年京东成立;2008 年 1 号店成立……生活服务类网站的蓬勃发展,逐渐改变了消费者的购买行为。此外,从 1999 年 QQ 上线到 2011 年启用微信,社交网络平台的迅猛发展也改变着人们的生活方式。

互联网对人类社会的影响才刚刚开始,未来发展还有非常广阔的想象空间。如具有资深 IBM 从业背景的杨德宏博士所说:"我从事零售业收款机系统研发和拓展近 20 年了,但在过去的 20 年消费者调查中,第一个不满意的问题,就是收款排队。而基于互联网的移动支付,可以把顾客付款的时间节约 50%～80%。这对整个人类进步,起到很大的推动作用。我再次创业,就是要消灭传统的收款机,大力推动移动支付。"从卖收款机到试图消灭收款机,许许多多诸如此类的颠覆正在发生。在互联网尤其是移动互联网和"互联网＋"时代,消费者不再单纯受电视、报纸、杂志以及户外广告或明星代言的影响,他们习惯性地借助网络搜索、朋友圈信息以及自己的体验去做出购物决策。第一次技术革命诞生了工厂,第二次技术革命诞生了公司,第三次技术革命则孕育出平台型企业。虽然走街串巷挑货郎担的小商人也是一个平台,连锁公司也是一个平台,但互联网背景下的平台型企业强化了服务功能,正在逐渐形成真正以用户为导向的商业结构。"互联网＋传统经济""传统经济＋互联网"、生活服务类项目的O2O,使线上与线下、互联网与传统经济、供应链上下游等实现跨界合作,衍生出一系列新的商业模式与商业机会。传统企业利用互联网技术能够为客户提供更快捷的优良服务;平台型企业与传统经济协同合作能够为客户提供更有价值的产品与服务。渠道扁平化和个性化定制是大势所趋。蓝月亮宣布撤离KA卖场是一场渠道革命;海尔郑州互联工厂生产出据称是全球第一台个人定制空调,这也许是生产制造从大批量生产转向定制生产的一个标志,预示着一个新时代的开始。智能化信息分析系统促进流通效率的提高,加速淘汰低效率机构。智能化、大数据、精准营销能实现按需制造,降低库存,快捷配送,从而大大提高流通效率。互联网改变了沟通模式,使知识流动和信息交流更快捷,从而推动科学技术的发展,并使社会向更公开、更诚信、更民主、更公平的方向发展。

总的来说,零售业是沿着支付手段、信息技术、运作模式三条线路发展起来的,这三个方面的变革又会衍生营销战略与策略、管理制度与方式、合作空间与方式的变革。这六个要素的融合促进了零售业的持续发展。

3 新零售的发展思考

学术界与企业界普遍认为新零售是由阿里巴巴最早提出的。其实,这是一个误判。通过查阅文献资料后发现,2006年就有学者提出了"新零售"一词,但在2011年之前,新零售主要是指电商等新零售模式。2012年《零售商学院》杂志的一篇采访稿,从多元零售视角提出了新零售概念。在企业界,2014年联商网最早提出新零售。2016年10月,联商网、阿里巴巴、小米三家公司的老总在同一天引爆了新零售。总的来说,新零售从提出到发酵再到落地的过程是:学者提出了新零售,马云引爆了新零售,记者炒爆了新零售,行业实践了新零售。新零售的商业逻辑是:体验＋技术＋资本＋效率＋形象。未来零售最具挑战性的问题是"有效率的快慢平衡"。

1) 有关新零售最早由谁提出的争论

2017年11月28日,我们在"万商俱乐部微信群"看到了由阿里研究院发布的研究报告《2017新零售在路上:20个先行者的探索》。该报告的落款来源分别是阿里研究院、华尔街见闻。

该报告称,这份报告于 2017 年 11 月 14 日在阿里研究院与北京大学光华管理学院联合举办的首届"看中国"高峰论坛上,由阿里巴巴集团副总裁、阿里研究院院长高红冰发布。

该报告的最后部分指出,新零售最早由马云提出。2016 年 10 月 13 日,马云在云栖大会上提出了"五新"理论——新零售、新制造、新金融、新技术、新资源。对于新零售,他说:"未来没有电商,只有新零售。"高红冰认为,新零售的产生不是偶然的,我们可以看到几个变化:技术变化;零售业自我蜕变、转型;数字消费者崛起。

2017 年 12 月 3 日记者费倩文撰写的《雷军:新零售概念我比马云更早提出》一文指出,在第四届世界互联网大会上,小米公司创始人、董事长兼 CEO 雷军在接受央视财经记者的采访时表示,他比马云还先提出新零售的概念。

实际上,许多直接参与新零售讨论、探索与实践的行家们,对新零售概念的起源,也是说法不一。联商网零售研究中心副主任云阳子(广州人,真名"李礼",字垣墨,云阳子是他的号)说:最早从复兴资本钱中华那里听到了"新零售"三个字,但查阅钱中华的最新报道,他则说"马云首先提出了新零售"。联商网木鱼(真名"杨宇",河南信阳人,曾任欧尚部门经理、苏宁云商采销部长,现任联商网副主编)说,4 年前联商网林国童(又称尚玉林、月小刀,曾任联商网 COO)访谈乐城股份王卫(生鲜传奇创始人)时就提出了新零售,并提供了当年的视频链接。

资深物流专家许胜余说,大约在 2008 年,上海市商委组织企业到日本考察时,日本同行的讲义上就提出了新零售。

那么到底谁最早提出新零售呢?知网显示,早在 2006 年就有人提出了"新零售"这个词,但从 2006 年到 2011 年,新零售主要是指电商等新的零售模式。直到 2012 年,有人写了一篇文章,正式提出以两线融合为标志的新零售。

2)新零售提出的两个基本事实

从知网搜索到的有关新零售的第一篇文章,是 2006 年由郭宝玉撰写的《隐去新零售模式头上的光环》。该文也是 2006 年唯一一篇提到新零售的文章。

该文指出,这两种新的零售模式(备注:网上购物与电视商场)被专家评论为引领未来销售模式革命的新思路。不过,经过近几年的发展,他们头上的光环正逐渐被层层隐去。其实这两种模式很像我们现实社会中对坐商和行商的理解。该文提出了交易风险问题、商品竞争问题、畅销产品的局限性问题、知识产权问题。该文还指出,只有将网络经济信息化的准确、高效、低成本,和传统经济优秀的供应链系统结合才能使新零售突围。

可见,当时对新零售的理解虽然也提出了新模式要与传统模式相结合,但主要偏重对"在线模式"的分析。

2012 年,《中国商报》旗下的《超市周刊》记者胡宗利在《"新零售"时代应该如何发展》一文中从多元视角探讨了新零售。该文指出:"总的来讲,今天的零售企业不像过去了,不是纯粹的对商品的买卖。笔者认为现在的零售应该被称为新零售,即:'地产 + 金融 + 物流 + 电子商务'。今天的中国零售业实际上是地区零售业,还没有一个非常成功的全国拓展的实际案例。在现在的环境里,很明显全国性的零售企业很难形成,所以就造成了这个行业只有往深度发展,往零售行业的产业链上游和下游去推进。"

该文还指出:"今天我们所有的零售从业人员,像过去只了解商品属性、商品知识、价格知识,已经不能支撑现在零售业的发展,笔者预断'新零售'应该是产业链扩张的另一个主角。这样的发展模式可能不同于国外零售业,但这是中国的国情使然,我们的零售企业家应该考虑的是如何在这种'新零售'的现状下找对适合自己的发展之路。"

胡宗利实际上是在强调中国特殊的环境条件下发展多元化零售的必然趋势。零售企业在做大做强的过程中,不仅实施多业态发展战略,而且还拓展了相关的跨界业务,最终成为地产商、物流商,甚至做起了金融与准金融业务,电子商务当然也必不可少。零售企业具体的发展路径各有差异,因此应该选择适合自己的发展方向。

2018 年 9 月 22 日,在与中国政法大学特许经营研究中心高级咨询顾问沈奎的交流中发现:胡宗利的上述观点借鉴了时任《零售商学院》杂志执行主编沈奎对李生(中国商业联合会专家工作委员会副主任、专家委员,IBMG 国际商业管理集团公司董事长、总裁)的一次采访,该采访稿以"采访整理"的形式作为封面专题文章于 2012 年元旦发表在《零售商学院》。

沈奎在文章中写到,李生认为:"今天的零售企业不像过去了,不是纯粹的对商品的买卖。总之,我认为现在零售应该被称为新零售,即:'地产 + 金融 + 物流 + 电子商务'。今天我们所有的零售从业人员,像过去只了解商品属性、商品知识、价格知识,已经不能支撑现在零售业的发展,我认为'新零售'应该是产业链扩张的另一个主角。"

2012 年是 O2O、全渠道等概念引入业界的元年,所以也就在这一年才比较明确地提到了两线融合与多元零售等问题。笔者撰写的《线上线下的冲突与融合》一文指出:"线上与线下博弈的思考路径有两个方面:一是抢夺对方的顾客资源;二是培育新的顾客资源。前者注重企业之间的竞争;后者则注重顾客需求的挖掘。当下企业太注重企业之间的竞争,却忽视了如何去打动顾客的核心需求,因而常常陷入价格竞争的恶性循环。把'抢夺'与'培育'相结合,才能把市场做得更大、更持久。"并认为:"应该从顾客感受的角度去寻找突破口,以实现两者的有效融合",因为"培育市场的关键是提供全新体验"。

从 2006 年到 2015 年,有关新零售的文章很少见。2016 年侯毅创办盒马鲜生尤其是阿里巴巴提出新零售以后,有关新零售的文章出现了爆发式的增长,但参与讨论的主要是业内人士所发表的网文,其中大部分是记者撰写的文章。从 2017 年开始,学术界开始涉足新零售的研究,并将新零售纳入研究项目,使学术期刊出现了新零售的研究成果。客观地说,学者提出了新零售,马云引爆了新零售,记者炒爆了新零售,行业实践了新零售。

有关新零售的提出,有两个基本事实:

(1)新零售是实践在先,概念在后。我国从 2012 年下半年引入 O2O 与全渠道概念以后,随着移动端客户的剧增,两线融合速度的不断加快,零售新业态、新模式不断涌现。在这样的背景下,行业首先感悟到:零售的新时代已经到来,需要对这个新时代提出一个新概念。

(2)来自实践的新零售概念也并非马云首创,而是由联商网(http://www.linkshop.com.cn)首先提出的。前文提到 2014 年 8 月 7 日联商网林国童在与王卫的对话中就提出了新零售。据林国童介绍,2016 年 5 月为筹备当年 10 月在上海召开的首届"联商风云会",集中调研了几大零售企业,经过联商网内部的多次讨论,最终由联商网董事长庞小伟确定了以新零售为标志的"共享、共生、共创"的大会主题。在调研讨论过程中,想用一个微信公众号来展现零售业的各种变化。开始的时候只是讨论线上与线下的融合,后来,由林国童在讨论的基础上提出了新零售,大家觉得这个名称非常契合零售业的变化。2016 年 6 月,由林国童执笔撰写的《拥抱新零售》一文发表,并作为公司介绍手册的卷首;7 月,云阳子开始与联商网合作,当月联商网招了木鱼来经办新零售事宜,包括开办一个新零售微信公众号。月小刀、云阳子在发起成立新零售顾问团以后,还创建了新零售干货群、新零售时尚百货群,张陈勇、王国平、鲍跃忠等人积极参与,一起推动了新零售干货群的发展。云阳子还应邀到中欧商学院、阿里巴巴、顶新国际集团等企业讲授新零售观念的落地策略。2016 年 7 月 4 日,正式定名为"新零售"的微信公众号上线,7 月 22 日以云阳子为秘书长的新零售顾问团正式成立,8 月起开始陆续发布了新零售系列文章,其中包括由联商网邀请 13 位零售行业当家人撰写的"新零售十三邀"专题文章。2016 年 10 月 13 日,"2016 联商风云会"在上海召开,此会成为"中国新零售第一会"。联商网董事长庞小伟在会上发表了题为《拥抱新零售》的开幕词,同时宣布联商网新零售俱乐部成立,周勇、云阳子、鲍跃忠、朱伟作为联商网新零售俱乐部成立的 4 位嘉宾开启了新零售之旅。而当天下午,在杭州召开的云栖大会上马云也提出了新零售概念,认为纯电商很难存在,未来是新零售。

为什么一谈到新零售都与马云有关?因为当下尤其是未来主流的新零售都会与消费者的"移动化"和"无钞化"相关。这正如盒马鲜生创始人侯毅所说:未来的新零售一定是线上为主。他认为,年轻的消费者都已经习惯了手机购物,所以,根本就不设置 PC 端购物场景,手机 APP 就能实现"所想即所得"。关键是盒马鲜生发现并迎合了消费者的新需求——追求"新鲜的生活方式"。盒马鲜生只提供一顿饭的食材,因此也就放弃了"客单价的理论"。更重要的是,盒马鲜生"以店做仓""以仓做店",基于实体门店的生鲜电商的 OAO(Online and Offline)模式,改变了零售业的发展模式。盒马鲜生开业当天,我们问侯毅上海开几家店。侯毅说 10 家。如果按 3 000 米免费配送半径计算,10 家店恐怕难以覆盖整个上海,上海外环内城区面积 680 平方千米,按此计算覆盖外环内城区的店铺数量大致是 24 家[680/(3.14×3×3)]。但不管 10 家还是 30 家,与传统零售的扩张模式相比,利用线上资源发展出来的新零售具有更高的效率。

3) 新零售学术观点与实践发展动态概要分析

马云将新零售定义为"以消费者体验为中心的数据驱动的泛零售形态"。但"泛零售"又是什么?阿里研究院又将其界定为"以数据为主要驱动力,以消费者体验为中心的一种广泛的零售形态"。

笔者认为,新零售的形成是一个叠加而非迭代或颠覆的过程,但越到现代,技术对零售的影响以及零售对生活的影响也就越大。

很多人都认为,零售在变,但本质没变。本质到底有没有变?这取决于对零售本质的理解。有一种观点把零售的本质理解为"买卖商品",另一种观点则认为"零售业的本质就是要为顾客创造价值"。

从学术观点来看,新零售具有不确定性,是一个难以定义的混沌的概念。所以,上海大学李骏阳教授 2017 年发表了一篇题为《"新零售"概念不能代表未来零售业的发展方向》的文章。他认为,新零售只是一个相对的概念,与过去相比是新,但是未来会有更新的零售模式或技术背景出现,届时又该怎么表述呢?是否应该称为"新新零售"?因此新零售不是一个科学的概念。

北京工商大学洪涛教授则认为,"新零售"是相对"旧零售"而言的,今天的新,可能就是明天的旧,因此,单就"新零售"概念而言,是值得商榷的。但是其实际的创新内容,特别是线上线下融合、交易、物配(含供应链)、结算等一体化发展、全渠道发展、全业态发展是值得借鉴的。而且未来的这种融合不仅体现在零售领域,还体现在批发、生活性服务等方面,即实物商品、服务商品、各种体验活动都融为一体,也就是现代流通的一体化、系统化、智能化的全过程。

有关新零售的学术观点,主要偏重概念与构成要素的分析。

中国社会科学院研究生院博士生肖锋从新零售业态视角提出了两个基本观点:①零售经营模式重心逐渐由企业效率转向用户体验;②构建创新零售模式,充分利用技术提升用户体验,整合产业链。

张晓青认为,新零售应当从线上与线下的协同建设出发,通过物联网、大数据、云计算等智能科技来全面改善商贸流通业的产业效率。

王坤、相峰从"新零售之轮"的技术驱动视角指出,新零售之核,实则为渠道、技术变革带来的经济效率提升与社会效益增加,一方面表现为零售商库存和消费者支付等成本的降低,另一方面体现为中间环节减少、客户体验提升以及物流交付更加便捷等。

总的来说,有关新零售的学术观点并没有超越实践发展的进程,更多的是来源于实践试错。在"2018 联商风云会"上,下面三种行业的观点显示出行业的风向标。

红杉资本中国投资合伙人苏凯认为,流量成本太贵,获客成本太高,要降低获客成本,过去讲毛利高是一种优势,现在则需要更低的毛利,实施低空飞行,关注高频刚需,这也倒逼自己提升营运管理水平。

罗森便利张晟认为,没有理智,不会有未来;没有睿智,未来不会活得很好。新零售大发展不能违背零售发展规律。假设有 5 000 家店铺,每家店一天亏损 1 000 元,全年总亏损接近 20 亿元,这是一件很可怕的事情。所以,不管是什么零售,投资性现金流量可以为负,但经营性现金流量不能为负。便利店不是一个光靠规模取胜的行业。

生鲜传奇创始人王卫指出,我们的人力成本目前是销售额的 7%,预计可控是 4%;房租成本现在是销售额的 3%,未来趋近为零。严格的成本控制与效率管理,即使是 14% 的低毛利率,也能实现盈利,这实际上也是设置了一个行业门槛。

4) 新零售的商业逻辑

有人说,2016 年是新零售元年,2017 年是新零售的践行年。但新零售的实践模式主要集中在鲜食领域,包括外食、中食、内食,大家都在抢夺鲜食的生意。盒马鲜生、超级物种、百联 RISO、世纪联华鲸选、步步高鲜食演义、新华都海物会、物美新零售、生鲜传奇、苏宁苏先生、京东 7 鲜等,都与吃相关。购物中心与百货公司也做起鲜食生意。但有百货公司表示,那些吃货们与购物没有半毛钱关系,他们吃完就走!百货公司受到吃货的双重打击:平均租金下降,营业收入下降。

2018 年 2 月 5 日晚上,笔者在联商网新零售干货群向盒马鲜生创始人侯毅提问道,新零售第一轮以吃为主,叫"温饱型海鲜新零售",那么第二轮新零售应该叫什么呢?侯毅回答说,基本没有第二轮,除了生鲜品类,绝大部分品类的电商比实体店效率高。

我国城乡居民的恩格尔系数已经下降到 30% 以下,但新零售最热闹的仍然是与吃相关的行业,还有 70% 的领域要不要新零售呢?

在服务消费与精神消费的需求日益扩大的背景下,追求慢生活的人也会渐渐增多,所以,在百货、专卖、家庭装潢、服务、教育、医疗,甚至银行、个人理财、电信等非食品领域,也需要转型与转变。无论在哪个领域,那些不得人心的规则,目中无人的服务,暮气沉沉的形象,都急需改变。

我国零售业的发展进入了旋转门和过滤器——新人辈出,新生态渐渐汇合,但传统生态依然是服务生活的主体!这是一个容易迷失方向,跌入深渊的时代!中国人尤其是中国的年轻人,越来越贪图便捷与颜值,使得机器越来越多地渗透到生活中。在人与机器的战争中,机器越来越占上风,如果我们不折腾点机器,就将被这个世界抛弃!所以"无人"问题是一个未来世界的主导权之争的问题!而有些企业,老而无形、老而无货、老而无人、老而无技、老而无格。这样的老是衰老,是人员退化、脑子僵化、

新时代商业主张

店铺老化，即使电商不来，盒马鲜生不来，也是注定会被淘汰的！如果盲目跟风，不掌握新零售背后的逻辑，变化与变革越多，反而可能会变得更惨！掌握新零售背后的商业逻辑才是关键。

总的来说，新零售的商业逻辑是：体验＋技术＋资本＋效率＋形象。几乎所有的新零售实践案例都是从改善客户体验开始的。由体验产生流量，由流量提振发展信心，由未来预期获得资本追捧，从而迅速扩张规模，占领市场，占据消费者心智，营造消费新模式，最终显著改善整个社会的商业形象。在这里，技术、资本与效率三者相辅相成。技术促进了新体验的诞生，但技术的开发与应用都需要有资本的支撑，但资本最终是逐利的，必须以"效率"或"市场价值"来回报资本的投入。这就是新零售的商业逻辑。

有一个问题是值得探讨的：随着消费升级，消费者对生活方式与生活品质的追求越来越显著，但零售服务在这个方面还很欠缺。对有品味诉求的消费者来说，不仅要"快"，更要"慢"。如何做到有效率的"快慢平衡"？这是未来零售最具挑战性的问题。

5）新零售场景

一般认为，营销场景有五要素，即时间、空间、人、事件、关系，即在一定的时空范围内，什么样的人，在发生什么样的消费事件，它们之间存在或发生了哪些关系？在O2O与全渠道营销的背景下，业界谈得比较多的主要是物理场景，这是一种基于购物方式与配送方式的场景分类，如到家或到店。

但场景营销的真正价值在于：从消费者的互动传播与生活场景（尤其是心理需求）出发，更有效地传播或互动资讯，更有效地解决消费者的痛点问题，更有效地创造新的消费场景。

在社区商业方面，生鲜传奇、国安社区、北京超市发、邻汇吧等都想打造一个超越商品的社区服务场景。商品随时随心随性都可以买到，但称心的服务却总是很难寻觅，这才是未来社区的核心诉求。随着"110后"（"50后"＋"60后"）进入老龄化，与老年人相关的服务将会爆发式增长，这就是中国未来最大的一个场景消费痛点。

近年来，我国也创造了很多新的消费场景，涵盖住、行、吃、玩等各个方面。例如，出行方面的共享单车、鲜食方面的盒马鲜生与宝燕等。每一种创新都使消费倍增，变"常量"为"变量"。

总的来说，物理场景是比较容易把握的，最难把握的是心理场景。同样是吃饭，自己吃就可能到超市买菜；家里来客人就可能去菜场买菜；有特别重要的客人来家里，可能就要去寻找一些富有特色的菜肴。

4 过程论与价值论

亚马逊掌门人说：我常被问在接下来的10年里，会有什么样的变化？但我很少被问在接下来的 10 年里，什么是不变的？他认为第二个问题比第一个问题更加重要，因为战略需要建立在不变的事物上。

其实在零售圈有很多人都认为，零售在变，但本质没变。对零售本质的描述有多种版本，大致可以分为两种：过程论与价值论。

1）过程论

过程论把零售的本质理解为"买卖商品"，即低价买入高价卖出，非常注重批零差、毛利、成本费用、人效坪效等指标。持这种观点的零售人特别重视零售的采购控制与服务营运。

由此延伸出通过商品毛利实现盈利的零售模式。这是做商人的基本功。早期的零售商都是前店后厂，或自产自销，商品毛利包括了生产环节与销售环节的毛利。后来产销渐渐分离，零售商只赚取商品进销差价，售价减去进价谓之毛利。再后来零售商发现可以利用自己的品牌开发新产品，于是就出现了"自有品牌"的概念，实施自有品牌开发战略，这可以叫做品牌毛利。所以，如今的商品毛利已经不是简单的商品进销差，而是包含生产毛利、进销毛利、品牌毛利三层含义。

过程论在互联网背景下的新变化在于：第一，大型零售业成为供应链的集成商，即供应链链主，使得掌控商品资源显得越来越重要；第二，网络平台商的崛起，不仅缩短了流通环节，还改变着流通导向，从 B2C 转向 C2B，从分销转向预购与定制。这两个方面的变化，也改变了零售的经营模式，尤其是能够有效地解决零售业最头疼的库存与损耗问题。

2）价值论

价值论认为"零售的本质是为顾客创造价值"。松下幸之助的"自来水哲学"是比较经典的观点之一。他认为，企业应该以优良的品质，用消费者买得起的价格，把商品像自来水那样源源不断地输送给顾客，使顾客受益，这是企业获益的最大源泉。这一商业哲学，包含了两个基本点：第一，商品必须价廉物美，或物有所值；第二，商品供应必须便利消费者购买，像自来水那样输送到每家每户。便宜与方便，这两点不就是电商成功的基本策略吗？可惜很多零售商都没有深刻领会松下的商业哲学。

在消费升级的大背景下，消费者对"价值"的理解已经发生了巨大变化。"价廉物美"的性价比效应虽然在特定消费群体中仍然是影响着购买决策的主导因素，但对于新生代消费者来说，消费价值观与购买行为正在发生显著变化。2018 年 2 月 6 日，第一财经商业数据中心（CBNData）联合天猫国际发布的《2017 天猫国际年度消费趋势报告》显示，对高品质商品尤其是进口商品的需求已经日趋常态化，购买品类也越来越精细化。从安瓶精华（安瓶又叫安瓿，Ampoule，是一种不含防腐剂、无菌真空包装、看起来像注射针剂的护肤品）概念的大火，到水光精华（涂上就能秒吸收的补水神器玻尿酸）概念的粉底功能速热，说明进口消费群体爱美之心的求精求细，而一二线城市的

"90后"和"95后"女性消费者则成为这场进口消费升级的引领者。消费者对健康越来越具有多元诉求,推动了进口膳食营养补充品销售额占比的迅速提升,排毒、护眼、增肌、养颜、提高免疫力功能的选择一样不能少。在进口母婴品类消费中,奶爸奶妈们购买的品类也越来越精细,甚至儿童安全座椅也不远万里购买。在孕产妇品类消费中,"90后"占比正逐年提升,未来有望成为中坚力量。对于"80后"进口消费者,孕妇美容美体类产品更受他们的偏爱。"喜新"是年轻人的特性之一,"90后"和"95后"在这方面不甘落后,他们热爱尝试各种新鲜事物,尤其是各种新国别、新品类和前卫爆款类产品,爱美、爱吃、爱扮靓的本性在进口消费上大放异彩。在养生方面,膳食纤维、葡萄籽提取物和胶原蛋白等抗衰老和调理胃肠道的保健食品越来越受到"90后"和"95后"的追捧。值得一提的是,在2017年大热的"保温杯+枸杞"组合也撬动了养生派"90后"和"95后"对保温杯产品的大量需求,其中德国膳魔师成为他们较为中意的品牌。新国别、新品类、重养生、防脱发、去水肿、高端个护、大牌美妆、明星同款等逐渐成长为进口消费新势力的"90后"和"95后"的主要消费需求。

消费者追求生活品质,不仅导致高品质商品需求的增加,也促进了精神消费需求的快速递增。所以,消费者诉求的价值不再是单纯的商品或价格,他们更注重体验与格调,引领这一变革的关键是"如何创造生活方式"。这应该成为零售营销创新策划的根本。

过去的零售重点在策划店铺与商品;未来的零售重点在策划生活方式。

5 | 如何让零售服务创造利润

随着我国服务性消费占比的提高,服务也演变成为一种特殊的产品,把服务作为一种产品来经营,应该怎么做?

关于利润来源,经典理论认为,利润源于资本家剥削工人的剩余价值。这是马克思在《资本论》中所阐述的观点。20世纪60年代,哈佛大学商学院与通用汽车公司的合作研究发现,市场份额和公司利润之间存在正相关关系。

其后的研究进一步发现,公司利润主要来源于顾客满意与顾客忠诚,关键取决于员工满意与员工忠诚。由此提出了"服务利润链"的概念,在此基础上形成了内部营销、服务营销、关系营销等营销战略与策略。但随着我国服务性消费占比的提高,服务也演变成为一种特殊的产品,把服务作为一种产品来经营,应该怎么做?

1) 利润源于战略选择

企业发展与实证研究发现,市场份额高不一定能带来高利润。实际上,市场份额的提高并不是增加利润的唯一因素,而且这种正相关关系一般是在以下三种情况下发生的。

（1）扩大生产经营规模，导致单位生产成本下降，这叫做总成本领先战略。总成本领先，看起来是低成本，实际上也是高投入的结果，只有应用新的工艺技术、新的生产方式、新的组织架构、新的营销模式，才能实现确保高品质前提下的规模化生产的低成本。

所以，扩大生产规模仅仅是实现低成本的必要条件，充分条件则是技术的应用与经营管理的创新。在零售行业，20 世纪发展的连锁超市，通过高投入实现了规模化、标准化、简单化、低成本的运作；20 世纪末 21 世纪初，互联网在中国起步，从门户网站到 QQ、淘宝、微信、天猫、京东、唯品会、拼多多等社交平台或购物平台，再到新零售、社区拼团，都是高投入，但至今还没有实现真正意义上的低成本。这是为什么呢？

笔者认为，关键不是物流成本高，而是因为客流量不稳定，不仅导致获客成本越来越高，而且顾客的不忠诚也使顾客保留（retention）的成本更高。

（2）在特定领域做专做大做强，发展成为区域头部企业，这叫做专一化战略。在零售行业，进入中国的外资零售企业几乎全部实施这种战略，麦德龙、家乐福、沃尔玛、7-Eleven、迪亚天天等公司的主力业态就只有一种，即单线发展，实现了在全国的规模化发展。内资零售业正好相反，他们主要采取的是特定区域多业态发展战略，追求区域市场领先的目标。

结果是：多业态全国发展，失败多于成功；多业态区域发展，成功多于失败。所以，这种战略应用到中国，这个"特定领域"已经超越了"行业"的概念，也可以理解为"特定区域"。因为中国市场很大，一个特定区域也有足够的客群支撑。

也正是由于这个原因，我国目前全国发展的连锁公司从精细化与营运业绩来看，除个别公司外，大部分公司还不如区域龙头企业优秀。全行业规模化、全国规模化、区域规模化，这是规模化发展道路上的三种基本选择。某些新零售企业，试图用多业态占领更多的细分市场，这种想法很好，但可能面临一个个陷阱。

（3）通过建立具有独特性的产品与服务来树立竞争优势，这叫做差异化战略。价格差异是一种差异，但价格差异只能吸引顾客，却不能留住顾客。实现差异化战略的主要方式包括品牌形象、独特技术、产品功能、顾客服务、销售渠道、信息沟通等方面。最理想的状态是各个方面都具有独特性，但这样做不仅会使成本无限扩大，而且实际上也很难树立全面的特色。

可见，全方位的差异化对大多数企业来说是难以实现的，因此企业应该选择局部的差异化。在零售行业，消费者主要有商品、价格、服务、环境、便利、沟通等六项基本诉求，零售商实施差异化战略时可以选择其中一两项加以强化。差异化战略与市场份额并不总是统一的，两者甚至会有矛盾。而且这一战略的实施过程往往伴随着很高的成本代价。如何有效地控制成本，让更多的消费者能够以相对较低的价格享受独特的产品与服务，这是对差异化战略的挑战。现代技术的应用为实现低成本的差异化提供了条件。

但差异化与市场份额也存在一定的关联，这主要可以通过"品牌"来实现。市场份额的扩大,意味着品牌价值的提升,消费者愿意为"品牌"支付更高的价格。更低的成本与更高的价格相结合,给企业带来利润的增长。

哈佛大学教授迈克尔·波特(Michael Porter)认为,每一个企业都必须明确上述三种战略,徘徊其间的企业处于极其糟糕的战略地位。全产业范围的差异化的必要条件是放弃对低成本的努力。而采用专一化战略,在更加有限的范围内建立起差异化或低成本优势,更会有同样的问题。

徘徊其间的企业几乎注定是低利润的,所以它必须做出一种根本性战略决策,向三种通用战略靠拢。一家企业要摆脱这种徘徊状态往往要花费时间并经过一段持续的努力。而相继采用这三种战略的企业也注定会失败,因为他们要求的条件是不一致的。

由此可见,企业利润源于战略选择,战略上摇摆不定,会使企业处于非常被动的境地。如果有谁能想出除此以外的第四种战略,那一定是经济领域的重大创新与突破。

2)利润源于顾客忠诚

在零售行业,更大的份额也意味着更大的投入,快速的发展也未必能使营运管理变得更精细、标准、高效。因而,对零售行业而言,更大的市场份额,往往意味着更低的利润。

从 20 世纪 80 年代初开始的研究发现,以顾客忠诚度为基础的市场份额所带来的利润,远远高于市场份额的规模所带来的利润。其核心是顾客满意与顾客忠诚。由此诞生了关系营销和服务营销理论,建立了相关的策略体系。

(1)服务利润链是利润来源的核心逻辑。服务利润链是服务营销的理论基础,是由哈佛大学詹姆斯·赫斯克特(James Heskett)等五位教授在 1994 年联合撰文提出的。

他参与写作出版的《服务利润链和服务平衡点:改变游戏规则》《实现突破性的服务》《服务的成功》等专著和光盘,都值得一看。服务利润链,如图 1-1 所示,它揭示了企业利润来源的核心逻辑。

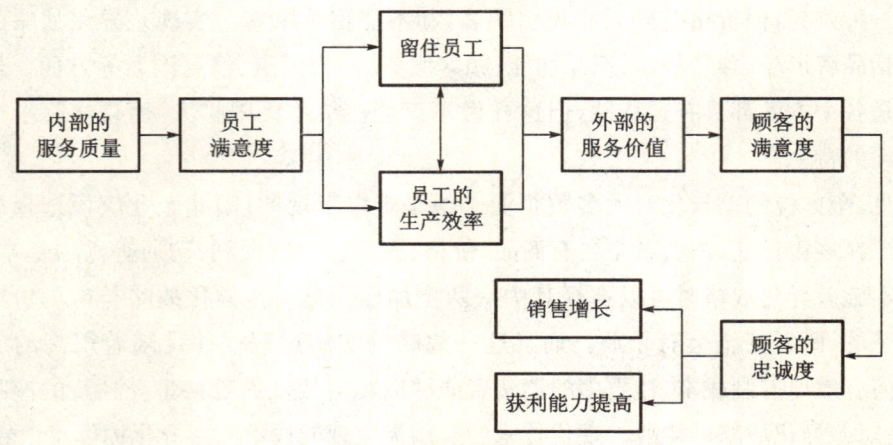

图 1-1　服务利润链

（2）"三轮三链"驱动顾客忠诚。服务质量轮是一个由"三轮三链"构成的一个服务体系，如图1-2所示。它揭示了公司服务、顾客满意与顾客忠诚之间的关系。"三轮"是指服务提供者轮、顾客轮、服务体验轮。"三链"是指服务提供链、顾客与提供者链、顾客满意链。

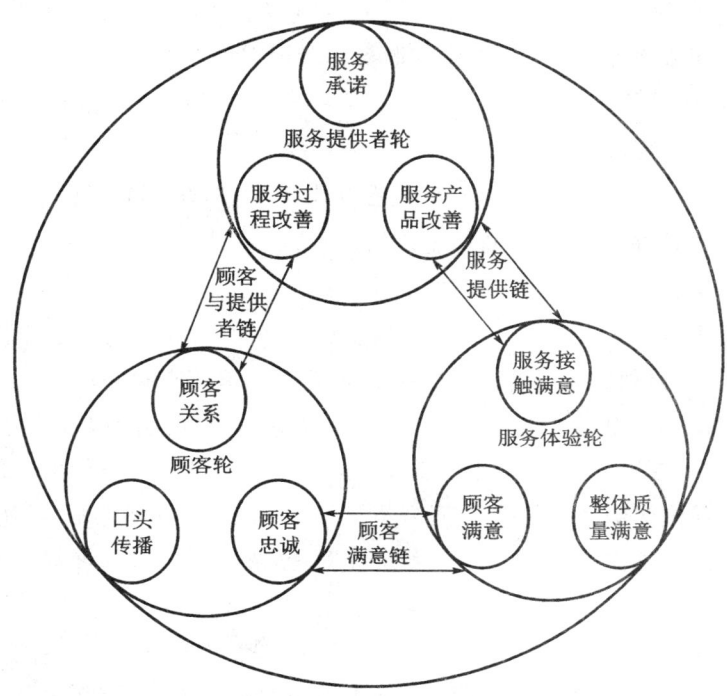

图1-2 服务质量轮

（来源：《互动服务营销》，作者是雷蒙德 P.菲斯克等）

服务提供者轮由服务承诺、服务过程、服务结果三个基本环节构成，服务承诺高，顾客期望就高，但服务过程与服务结果不到位，期望就会变为失望。服务体验轮由通过服务接触体验，顾客获得满意感，进而推动顾客轮。顾客轮由自身体验、公司的客户关系以及顾客之间的口碑传递三个方面融合决定了顾客的忠诚度。

（3）3P打造零售服务新境界。1981年布姆斯（Booms）和比特纳（Bitner）提出了服务营销的7Ps组合理论，即在传统的4Ps（产品、价格、渠道、促销）营销组合基础上，针对零售服务等行业，增加了3个P，即人员（People）、有形展示（Physical evidence）、过程（Process）。

人员要素包括人员组织、训练、筛选、承诺、奖励、人员形象、人际行为与态度、参与度、顾客接触等。尽管有些服务是"高技术服务"（主要靠技术设施），有些服务属于"高接触服务"（主要靠人），但对零售来说，无论商品零售、餐饮零售、住宿零售或纯粹的服务零售，人始终是服务的第一要素。海底捞之所以去过还想去，感受最深的不是菜肴，而是服务人员发自内心的、积极主动的、适度热情的敏捷服务。

有形展示要素包括服务环境、气氛、装饰、颜色、配置、噪音程度、辅助物、其他可触及的附加物等。这是有关店铺设计、卖场布局、视觉营销等方面的技术,是一种"攻眼"与"攻手"相结合的技术。

过程要素包括服务政策与宗旨、服务手续、服务方法、服务人员服饰、顾客参与度、顾客服务守则、活动流程等。这方面对顾客服务体验影响最大的是服务规则、服务形象、服务流程。服务形象必须符合三个基本条件:第一,仪容仪表富有亲和力,如微笑;第二,介绍专业,让顾客听得懂,听得有理;第三,站在顾客的立场,为顾客精打细算。

这些营销理论与营销策略的提出虽然有几十年了,但在当下零售业,仍然具有很重要的参考价值。如果每一家零售商都能认认真真、踏踏实实地去践行 7P,尤其是后面的3P,营运业绩肯定会有所提升。

3) 核心提示

从创造顾客忠诚利润与消费者主导的视角来分析,有五点核心提示。

(1) 顾客忠诚促使销售增长(复购率提升)和获利能力提高(品牌依赖度提升)。顾客的满意度是顾客忠诚度的基础,而要使顾客满意,就必须提升服务价值。外部服务价值的提升,主要依靠内部服务质量的提升,从而实现员工满意、员工忠诚(留住员工)以及员工生产效率的提升,这就是内部营销。由此可见,创造企业利润的过程并不是一种简单的策略行为,更应该是一种具有系统化、逻辑化、流程化的战略行为。

所以,企业对待员工的立场、态度、报酬与激励体制、工作环境、部门之间的内部服务等状况直接或间接地决定着企业的服务水平与顾客的获得感,进而决定了企业的盈利水平。在互联网大背景下,有些企业外部营销做得风生水起,但突然"后院失火",前功尽弃。这样的事例已经不胜枚举,应该引起大家的警示。

(2) 顾客满意来源于服务提供者的承诺与服务过程和服务产品的不断改进,好的服务体验的积累导致顾客满意。顾客忠诚源于服务接触体验、公司的客户关系与服务品牌口碑的有效传递。

(3) 从服务体验到顾客满意再到顾客忠诚的转换,需要保持承诺与改善的一致以及客户关系、服务体验与口碑传播的有效融合。

(4) 传统的顺加定价模式是:成本 + 适当利润 = 价格。在消费者主导的背景下的定价模式应该是倒退定价模式:消费者能接受的价格 - 适当利润 = 成本上限。企业不能控制市场价格,但如果能控制成本,则能确保适当利润。企业的平均成本最终都可以转嫁给消费者,但超过社会平均成本的那部分成本,就要由企业来承担。

(5) 用积极有效的双向沟通取代促销,创建基于顾客与企业共同利益的客户关系,是培育顾客忠诚的有效途径,这便是双向沟通模式。这一点在移动互联网时代已经做得很不错,但从实际运作情况来看,还存在很多不尽如人意的地方,关键体现为两点:第一,没有把顾客当作与企业相互平等的主体;第二,在各种服务问题的处理上仍然没有站在顾客的立场。

上述五点的核心是:企业要忘记产品去关注需求,忘记价格去关注购买成本,忘记渠道去关注便利,忘记促销去关注沟通。让"小骗子 + 大骗子"的零售业一去不复返,让阳光普照零售大地。

有零售,便有服务,服务是永恒的话题。好的服务更能打动人心、留下顾客,它藏于每一个细节中。服务是软实力,是长期积淀,需要持续打磨。

6　零售服务有七大含义,但更要坚守"五心"

当下所看到与体验到的很多服务,说得很美妙,其实是为服务者自己着想,不是为顾客着想。服务的本质应该是"为别人着想"。背离了这一点,就不可能使顾客由"满意"转化为"忠诚"。

1) 服务就是"为别人着想"

从社会学视角来看,服务是提供方便的活动,其核心是"为别人着想"。

从营销视角来看,服务是有助于促进商品销售的活动,其核心是"为我所用"。

从现代视角来看,服务变得越来越复杂,可以分为:①依附于产品的服务,如售后服务;②依附于人的服务,如美容美发、法律咨询;③依附于技术的服务,如自动售货机、无人商店;④依附于实体场所的服务,如就餐住店、身体检查;⑤依附于信息平台的服务,如预约登记、订餐订票。

不同的服务类型,有不同的服务方式,需要不同的核心能力。人的服务讲究的是人的亲和力、专业水平与待客之道;技术服务讲究的是便利、快捷、稳定、可靠与经济。

2) 服务七义

服务一词的英文"service"由 7 个字母组成,其含义分别是:微笑(smile,温馨、淡定、积极的神态)、出色(excel,超越顾客的期望)、准备(ready,细心周全地做好准备)、关注(viewing,时刻关注顾客诉求,主动积极服务顾客)、邀请(inviting,适时邀请,高频交流,促进复购)、创造(creating,临场发挥,创造性地满足顾客的个性化诉求)、眼神(eye,关照与关爱的眼神,时时刻刻辐射到顾客的心田)。

但上述七点的核心之处是服务这个词的词根"serv"具有"服役""佣人""仆人"等含义。做服务工作,首先应该有这种"低姿态":伺候人,服务人,替人办事,为人着想,给人方便,让人开心。这是做服务的基本态度。

3) 五心服务

服务应该坚守"五心":一是爱心,服务人员要热爱自己的工作,只有喜爱工作才会对工作持续地充满激情,这是做好任何一项服务工作的基础;二是热心,服务人员要把服务当作一项神圣的使命,服务要积极、主动、热情;三是诚心,服务企业要诚实经营,依法经营,一切从顾客出发,以顾客为本;四是细心,服务企业要主动关注顾客诉求,处处想到顾客需求,时刻琢磨需求变化,做到细节化体贴服务;五是明心,优质的服务要由商品知识与服务技能来保证,服务企业要做一个服务的"明白人"。五心合一,将心比心,换位思考,主动一点、热情一点、体贴一点,就可以使顾客更满意。

7 寻觅零售业初心

2016 年,零售业内线上线下联动,发起了一场关于"新零售"的大讨论,主要探讨的是零售的本质、内涵、方向、业态、转型、规律等一系列问题。大家一致认为"拥有一份初心,富有创新精神"是未来我国零售业的基本发展理念。其实,我国零售业仍缺乏完整的初心,在零售新环境下,培育初心与创新同等重要。

20 世纪 90 年代以前,我国零售业是一个很单纯的行业。自 1991 年上海首创超市连锁经营以来,我国零售业规模化、信息化发展取得了显著成效。但在 2003 年淘宝上线、2004 年京东上线、2009 年"光棍节"被策划成"双十一购物狂欢节"后,我国零售业就进入了一个"电商吓店商"的新时代。

刚开始,电商与店商处于两个空间,店商并没有感受到巨大压力。从 2012 年起,零售环境发生了变化。这一变化主要有两个实质性的方面:一是两线融合与跨界合作成为趋势;二是进入移动大数据时代,移动化导致商业数据的"3T 化",即实时(real time)、适时(right time)与全时(all the time)。一个有趣的现象是,最大的数据来自最小的设备(手机)。这方面一个很典型的例子就是,2016 年年初在上海金桥开张的盒马鲜生,线上订货只开通手机 APP,不考虑 PC 端。

1) 零售业初心是怎么丢失的

某年国庆,在九亭大街有两家并列的便利店,一家是某国有大型商业集团旗下的便利店,门关着,另一家叫"颜客便利店"。颜客便利店的老板介绍说:隔壁这家店每逢法定节假日就关门,而我的便利店每天流水 3 000 多元,且价格便宜,商品也是正宗的。因为只有三个人看店,所以经营成本低。一般的连锁便利店要用到六七个人。私人小店与国有大店,谁更有活力?一清二楚。这些私人小店是有初心的,他们知道怎么用便利、优惠、温情去迎合顾客。

其实,每家企业在起步时期都有最初的想法、目标以及为实现目标而采取的措施,这就是初心,即促成商业目标实现和造就财务利润的最初理念、立场与态度。

问题出在企业做大以后,成熟的商业模式已经建立起来,顾客渐渐"认牌光顾,认牌购物",企业管理者也越来越相信自己的商业模式。这时候,企业管理者到业务一线巡视的次数渐渐减少,解决一线问题的速度也越来越迟缓。企业在做大后,只留下枯燥的"商业模式",所谓的初心却不见了。

笔者曾在某旅行网站订火车票,由于是多张车票一起买,没有核对总金额就付款了,后来发现每张车票加收了30元钱,说是购买了"优惠套票",这是网站预先设定的购买陷阱!这种做法正在严重伤害消费者的感情,其行为已构成侵权,有关部门应该惩戒类似的不法行为,还消费者以知情权与选择权。不忘初心、重塑初心或培育初心,光靠企业或行业之力是不够的,政府应该在此发挥规制的"洪荒之力"。

2)培育零售业四种初心

从战略看,零售要做好四个关键事项,而且顺序不能颠倒:首先要保持在一个道德基准上(仁道之心);其次要关注人而不是钱(人道之心);再次要做一个商人(商道之心);最后要引进正确的系统来支持上述三个方面(便利之心)。这也就构成了零售业的四个初心。

仁道之心:"仁道"是"两人相亲相爱"的意思。但这两人有上下之分,所以,传统的仁道常常是强者对弱者的呵护,最终异化为强者呵护弱者的一种技术,由"道"而退化为"术",甚至是道德缺失的"邪术"。现代零售业讲"仁道"需要把握两个基本点:对内讲分享,要分享经营成果,应该把"人"当作人来使用;对外讲诚信,要守住底线,那些顾客看不见的地方也应该做到、做好,因为"天"看得见!

人道之心:"人道"在这里可以理解为消费者与零售商之间的关系。他们有各自的立场,零售商要做出"人道",就必须服务好供应商,并从细节入手做好对消费者的人文关怀。

商道之心:"商道"是盈利之道。"商道"将"仁道"与"人道"相结合,发展为永续经营之道。如今的电商以强大的资本为后盾,以烧钱为基本营销手段,以获得更多的用户与市场份额为目标。一旦烧钱结束,很多消费者又会回归传统渠道。所以说,"商道"最基本的是投入与产出、成本与效率之间的平衡,不能违背商业的初心,否则就不可能永续发展。

便利之心:就近便利,同时做到货真价实、货品丰富、优质低价、自由选购,这是做商业的本心,也是商业的核心价值所在。面对喜新不厌旧、口味多变的中国消费者,"多样性选择"尤为重要。"流通是桥梁与纽带"这个提法讲了几十年,但直到改革开放以后,其作用才逐渐释放出来。如今的流通不仅是桥梁,更像是发动机,不仅能引领社会经济发展,而且还能给社会经济输送强大的动力。对消费大众来说,方便与廉价,是零售业的原始价值。

3)零售业创新的三个维度

零售业的生命力在于适时应变,其创新大致可以从模式、产品、技术三个维度来思考。

模式创新是推动零售业创新前进的基本形式。乐城股份总经理王卫认为几乎所有成功的企业，无一例外都是模式的开创者，或者是在某种模式中迅速成为领先者，比如沃尔玛是折扣店的开创者，麦德龙是仓储超市的开创者，7-Eleven是便利店的开创者，亚马逊是电商的开创者。模式创新或引进，一定要与环境相吻合。在电商背景下的许多创新模式，其实都是舶来品，但到中国以后，根据环境做了一些变通调整。商业模式的可持久性，最终取决于成本因素。一种模式之所以能持续发展，不仅要迎合消费需求，更要符合成本逻辑。

产品创新是推动零售业创新的基本内容。到底是模式重要还是产品重要？名创优品全球联合创始人叶国富的回答是："不在产品的模式，而在设计的力量。"他说，2015年互联网创新项目的95%都失败了，但他却做了50亿元。名创优品依靠的就是设计的力量，用质量、价格、美观树立了产品信誉，用环境好、服务好、产品好、价格好这"四好"踩到了消费热点。虽然我国产品供过于求，但到国外一看便知，我国生产的产品总是缺最后"一口气"，产品开发或产品改进的潜力还很大。

技术创新是推动零售业创新的基本线路。当今的一切创新，都与技术相关。如果没有宽带，信用卡根本没法普及，宽带技术是推动信用卡普及的动力。对商业营运具有实质性推动作用的是条码的使用与普及，这一技术的发展，推动了零售业的科学化、人性化与效率化。对零售业营销与商业模式具有变革性推动作用的则是电脑、智能手机、互联网等的出现与普及，这一切把消费者数据化、移动化、网络化，由此全社会零售业进入了一个"任性化"时代。未来，随着技术的进一步发展，无人零售将成为可能。

总之，电商已经意识到店商的价值及其复杂性，店商也要坚守与继续扩大阵地，做到一不要忽悠消费者，二不要被电商忽悠。店商要通过培育初心进行变化、变革甚至是革命，积极寻求突围与新生。

8 追求零售大效率

零售的变化总是渐进而不是突发的。商人总以为消费者在大多数情况下都是感性的，但其实他们仍然是理性的。新零售认为人、货、场是零售的三要素，但最近两年来最基本的要素其实是资本。在社群营销背景下，人就是场，人场合一成为新趋势。零售业最终应该依靠品牌的力量，提升整个社会的流通效率，这才是零售的大效率。

1）理性与非理性

美国行为经济学家理查德·塞勒（Richard Thaler）以其行为经济学的成就获得了2017年诺贝尔经济学奖。其实，早在2008年10月，中信出版社就出版过一本由赵德亮、夏蓓洁翻译的行为经济学通俗读本《怪诞行为学》，作者是美国麻省理工学院斯隆管理学院行为经济学教授丹·艾瑞里（Dan Ariely）。在这本书中，作者提出了很多有趣的问题。例如"富人嫉妒更富的人"，与真正有钱的人在一起，你感觉自己就是一个穷光蛋，这是经济领域的相对论，在心理上和视觉上都存在各种错觉；又如"免费总是让我们更有激情"，但免费往往让我们花更多的钱，"买三送一"往往比打折促销更有效，因为免费似乎更没有损失的风险；再如"现金能使我们更诚实"，在公用的冰箱里放入可乐与零钞，所有可乐在 72 小时内全部不见了，但零钞没有被人取走。所有这些现象都超越了经济人假设。所以，行为经济学家认为，人在做决策的时候常常表现出非理性的一面。正是因为非理性，才为营销者与广告商提供了广阔的用武之地。

但在互联网背景下人们发现，简单的平面广告甚至移动广告都难以轻易打动消费者。这是因为消费者的感性中也有特定的理性约束。

其实，商业活动也是一个理性与非理性的博弈过程：当你认为消费者是非理性的，他们却常常与你讨价还价、斤斤计较；但当你认为消费者是理性的，他们又挥金如土，完全偏离了理性选择的轨道。消费者的理性与非理性的转换就像一个谜团，总让人难以捉摸。

人类行为归根到底还是理性的，只是不同的人在不同的场景下都认着不同的"理"。这是一个心理学与社会学问题。因此，不管什么学科，首先要与心理学、社会学实现跨界。如今已经有医院与美容院实现了跨界。线上线下的连接是初级的，线上线下与不同人的这个"理"能够融合，才算是高级的。"理性"是多因素选择，要服从环境的制约；"非理性"是单因素选择，只服从内心的呼唤！但这个"内心的呼唤"到底是什么？古人曰：子非鱼，焉知鱼之乐！但愿大数据能帮助我们知道连"鱼"自己也不知道的"快乐之源"！

假期里笔者在奉化老家，突然想到要去买几根油条做"糯米饭包油条"吃。老家的亲戚们异口同声地说，去大润发买油条！县城到处是大饼油条店，为什么要到大润发买油条？他们说，油干净，不多次重复使用，还便宜。菜市场卖 1.5 元一根的油条，大润发四根油条一包才卖 3 元。买回来一看，油条很粗壮，炸得也很到位，口感尚可，发酵如能发得透一点就更好。

如果说互联网能引流，那么，一根油条也照样能引流。有人说，新零售一定是线上为主，线上用户达不到线下用户的 5～10 倍，叫什么新零售？其实线上为主是新零售的一种模式，而不一定是常态模式。新零售也可以是线下为主，用好商品与好服务引流顾客，在线下完成交易，而不是通过线上交易送货到家。但有一点是肯定的，与顾客的"网联"不能断，无论售前、售中还是售后，让消费者自己选择他们愿意接受的方式去完成交易。

2010 年，笔者曾写过一篇题为《"肥猪"与"屠夫"的营销时代终结》的短文。阐述了我国最近 30 多年来营销策划所经历的六个阶段，即点子时代、胆子时代、傻子时代、定位时代、渠道时代、搜索时代。目前应该已经进入第七个阶段，即推送时代。油条消费折射出消费者的改变：他们逐渐走向"认牌购买"。所以，零售商要对得起消费者对"招牌"的信任。但目前仍然有一些商人认为消费者真的是非理性的，他们如今更有钱了，更像"土豪"与"肥猪"，更追求所谓的精神消费。一旦有了这种假定，就会开动一切营销机器，像"屠夫"那样磨刀霍霍向牛羊。而其实，消费者真的历来都是理性的，他们不会单纯聆听内心的呼唤，他们会权衡利弊，坦然地接受环境的制约，实现多因素的决策优选。

面对理性的消费者，需要理性的新零售。

2）三要素变五要素

由中国连锁经营协会每年在各地召开的年会，是我国比较早期的大型零售会议。此类会议一般都是论坛与展会相结合。早期的会议以展示零售商的成果为主，这时候零售人自娱自乐，各家零售商通过会议展示自己的经营成果，分享各自的经商之道。随着零售规模的扩大，零售业对相关产业的吸引力越来越大。起初，我们看到的是货架商与IT商，因为早期的零售发展最需要这两个方面的提升。自从有了互联网与电商，电商与店商两线发展，经历了一个短暂的"天地对骂"阶段以后，两者不仅开始牵手，而且受此影响，论坛中开始有了电商的身影。如今，越来越多的行业参与到零售会议中来，如投资公司、银行、地产商、服饰品牌商、手机生产商、科技工作者等。

会议格局反映了零售要素的变化。长期以来，我国的批发零售等商贸流通业，都缺乏自有资金，只有短期借款，几乎没有长期借款，企业发展资金主要依靠自身积累。安徽生鲜传奇创始人王卫在联商风云会上回顾说，前几年开店装一台自助收银机，还被人骂是浪费，如今越来越多的"新式武器"被快速应用到零售店铺。有行家认为，零售的技术化发展趋势，其背后是资本的推动，没有资本就没有技术。京东集团副总裁赵英明在谈到零售要素时指出，过去是货、人、场，如今是场、货、人，未来是人、货、场。其实，零售的三要素不管哪一个排在前面都不重要，重要的是新零售时代增加了两个基本要素：一是资；二是仓。

零售商为了迎合消费者移动化、自助化、个性化、便捷化的消费趋势，技术设备的配置也越来越先进，开店的成本投入也越来越巨大。没有资本助力，零售业不可能有大发展，重资产的零售业需要重资本的支撑。

"以店做仓、以仓做店"已成为零售的一种新模式。以往的零售业，店就是店，仓就是仓，功能分明，相辅相成。如今的零售业，快送到家服务的模式推广以后，店变成了仓，仓变成了店，原来的后仓发挥着向用户配货的功能，叮咚买菜等专业做前置仓到家服务的企业也越来越多。所以，"仓"将成为新零售的一个非常重要的新要素。

传统零售的人、货、场三要素将逐渐演变成新零售的资、人、场、货、仓五要素。没有资本就没有一切，所以，资应该为首；但从服务视角来看，人与场是需求导向；货与仓是基础，是为了满足人的需求。

3) 小效率与大效率

联商网曾提出"客从何来"之问，引导大家深入探讨另外两个问题：一个是"客为何来"？这是一个需求问题，也是一个物理场景与心理场景问题。另一个是"客为何去"？这是要反思我们在哪些方面还做得不够，才导致顾客不再来。

宏图三胞朱伟说：从营销视角来看，首先要确定的是"客人是谁"的问题。这是一个定位问题。其实我们对这个问题并不总是清晰的，常常存在"三拍现象"，即领导拍脑袋、中层拍胸脯、店长拍大腿。

客从何来，有两个层面：一是客的需求源，那是来自生活；二是客的引流，那是营销。前者是市场发现，后者是装弹发射！

朱伟对笔者说过："做零售不仅要思考自己，还要真正思考消费者，包括你的行业对手。如果你做得不够好，客人不来；你做得够好，但是做不过周边邻居，客人可能还是不会来；你做得够好，比邻居还好，时代一变化，客人需求变了，还是不来了。"

顾客有时候挥金如土，有时候吝啬至极，什么时候肯花钱，什么时候不肯花钱，一定有理性或非理性的支撑！按照行为经济学家的观点，那是因为不同的消费是由不同的心理账户（mental accounting）来进行有关价值、效用、成本、合算等方面的心理运算的。一笔同样金额的开支，在不同心理账户运算中，顾客的感受是不一样的。所以，做零售要学习一点行为经济学。安索帕费芮互动 CEO 蒋美兰曾说过，零售营销要运用行为设计学，另外，视觉营销作为一门应用性很强的技术，也是零售业应该娴熟掌握的技巧。拍脑袋、拍胸脯、拍大腿的"三拍零售商"是不会走得太远的。

顾客一直在，关键是怎么把他们吸引过来。新城控股集团高级副总裁欧阳捷认为，精神消费是商业 4.0 的基本趋势，钱多了以后就要满足精神消费，包括感觉、知觉、思想。精神消费的特点是：消费者花了钱，但是没有带走任何东西。精神消费一定要有文化功底与涵养功夫，不能装作有文化，也不能自以为有文化，更不能认为客人没文化。总之，不仅要让人怀着期盼来，更要让人带着"希望下次再来"的期望走。在"客人离店"这一环节一定要做足服务，这是最重要的。绝不能在客人离开店这一决定是否复购的关键环节掉链子！

零售是一个渐变的行业，新零售无论是技术推动还是资本支撑，最终都要让顾客有更好的体验，让企业有更高的效率，让社会有更好的营商环境。当前通过零售创新所实现的主要还是零售小效率的改善，提升零售大效率才是我们零售人的终极追求！我国消费者在消费过程中要花费大量时间去做辨别工作，无论名牌、老牌、洋牌、土牌，他们都不敢轻易相信，这是我国零售大效率较低的根本原因。缩短顾客购买决策时间，实际上就是要培育"认牌消费群体"。所以，零售商在互联网背景下要特别注重品牌形象，要对得起消费者对我们的信任。这个方向不把握，不管什么模式都持久不了！

9 零售八要素最新释义

为什么有些企业长盛不衰,另一些企业则昙花一现? 为什么有些企业虽有战略却难逃厄运,而另一些企业没有战略却能获得巨大成功?

战略的最重要作用就是把握未来机会,为此必须考虑多方面因素,最终从两个维度建立差别优势:一是成本与效率的改善;二是消费体验与价值的改善。如果体验改善了,消费价值提升了,但成本也大幅度提升,而效率却未能提高,这就是不可持续模式。所以,任何一种零售模式成功与否,关键就取决于这两个方面的平衡。

1) 零售模式的演变

长期以来,零售业利润的主要来源是进销差价。但这一经典盈利模式早已发生变革。购物中心模式的流行,使零售商与地产商的结合越来越紧密,大型零售集团从零售商升格为地产商或"二房东",招商与客户管理成为利润的主要来源。这一模式在大型百货公司实施的时间更早,有些百货公司几乎没有自营业务,通过招商实行专柜经营,营业人员是厂方销售员,零售店只有管理人员。在家电行业,各个品牌在家电连锁店设立专柜经营,服务人员由厂方提供,零售价格面议,购买商品需要讨价还价。这种经营方式与百思买相比,存在本质差异,是传统零售与现代零售的差异。在连锁超市,虽然明码实价,但利润的主要来源并不是进销差价,而是厂方提供的各种形式的通道费。电商平台做大以后也沿袭了传统零售业的收钱模式,各种费用有增无减。大型电商企业似乎也感到这种食利模式的不可持续性,最终从"天上神仙"下凡到"地上人间",做起了实体零售生意。这是回归经典模式,还是实现模式创新? 总之,不同的选择将产生截然不同的结果。

2) 零售战略要素

零售业有三句经典语录。第一句语录:第一是选址,第二是选址,第三还是选址。可见,经营零售企业首先必须选好店铺位置,选址不当,一般是不可能咸鱼翻身的。第二句语录:人的腿是最肥的。这是要求店铺尽可能采取各种办法,让顾客进来,即增强店铺的引流与集客能力。有了顾客,才有可能做成生意。第三句语录:我们卖的货是不赚钱的,只是赚这一点节约下来的纸张和绳子钱。沃尔玛创始人山姆·沃尔顿在一家店面巡视时,看到一位店员正在给顾客包装商品,随手把多余的半张包装纸和过长的绳子扔掉了。山姆·沃尔顿微笑着对这位员工所说的话便成了零售业的第三句语录。

零售业的成功主要取决于哪些基本要素? 有人说是经营定位、规模经营与营运效率;也有人说是选址、集客、节省;还有人说是商品、价格、服务、环境、便利、沟通。在传统的零售学中,一般将地点、商品、价格、服务作为零售业成功的四要素。

但在消费需求变革,零供关系改变,技术飞速发展,两线高度融合的背景下,有人提出,传统的四要素已经逐渐发展成为八要素,包括外围五要素与内核三要素,如图 1-3 所示。

外围五要素是指价值、沟通、商品、地点、人。

第一要素:价值(value)。传统零售中的第一要素是选址,在移动互联网背景下,选址虽然也重要,但最重要的是消费者的价值诉求发生了巨大变化,传统零售四要素中的价

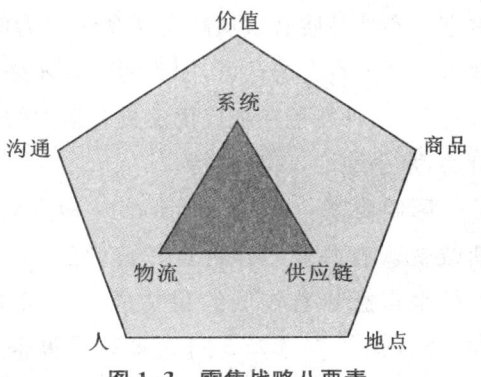

图 1-3　零售战略八要素

格(price)要素转变为价值要素。消费者不仅愿意为商品的使用价值付钱,也愿意为某种"体验"或"感觉"付钱,商品所蕴含的文化价值与精神价值比商品本身的使用价值更重要。因此,价格低的商品不一定卖得出,价格高的商品也不一定卖不出,关键是要让消费者感到物有所值甚至物超所值。赋予商品的象征性价值,显得越来越重要。

第二要素:沟通(communication)。沟通在传统零售中主要是传播促销信息、反馈顾客意见或面售服务。但在现代零售中,沟通已经不仅仅是单向传递信息或双向反馈信息,更是交流互动的一种娱乐方式。顾客要完全参与到零售活动之中,这样的零售才会有活力。传统零售业通过各种形式的广告,将信息传达给受众,这是一种单向的传播。现代零售企业与消费者处于信息互动的环境之中,微信公众号、文字 APP、语音 APP、小程序等互动平台的逐步完善,为零售企业与消费者以及消费者之间的网状互动提供了条件。能够与消费者互动沟通的零售企业将会更有竞争力。信息技术与电子零售的发展正在快速改变消费模式与传播方式,传统的 AIDMA 消费传播过程[即注意(attention)→兴趣(interest)→欲望(desire)→记忆(memory)→行动(action)]正在被新的模式所取代,搜索(search)成了获取知识,分享经验,决定购买的核心步骤。消费者在决定购买行动前需要搜索其他消费者的口碑,在购买后则又会让其他消费者来分享自己的购物体验。这就是新时代的沟通模式,即 AISAS[注意(attention)、兴趣(interest)、搜索(search)、行动(action)、分享(share)]。总之,单向传播向网状互动发展,这是零售沟通要素的发展趋势。值得注意的是,搜索对企业来说是被动的,企业还需要通过推送更主动地引导消费者。

第三要素:商品(product)。商品是内容,是基础,甚至是核心,仍然是零售的基本要素。零售最基本的服务就是要向顾客提供物有所值的优质商品,如果连商品也做不好,还谈什么服务。在消费升级的大背景下,能改变生活方式,提升生活质量的新产品,更受到消费者的青睐。在温饱型消费阶段,购买进口商品是一种奢侈,常常是一种炫耀性与礼节性的消费。但随着消费水平与消费能力的提升,购买进口商品已经成为一种消费新

常态。产品品质必须从产品观念转变为商品观念,产品是生产过程决定的,但商品必须获得市场消费者的认可,因为消费者才是市场的终极裁判。前店后厂是传统零售业的一大特色,这种特色在现代仍然具有强大的生命力,但特色的背后蕴藏着 12 个字——货真价实,拿手绝活,口味独特。

第四要素:地点(location)。地点对零售业的重要性毋庸置疑,但其要求则在不断改变。有些业态在地点较偏僻的不良条件下仍然经营得很好。对零售商来说,偏僻的地点意味着较低的租赁成本。对消费者来说,如果地点偏僻,但交通与停车便利,还是会优先选择。对大多数零售企业而言,店铺资源仍然是最重要的零售资源。过去是店铺的位置,后来是顾客的位置,如今是活动的位置。比如曾经在城乡结合部造一个大卖场,再用免费班车把顾客拉过来,但后来这样做已经没有效果,免费班车带来的大部分是低客单价的客源,还不能弥补班车的日常开支。因为顾客从一站购足与廉价诉求转变为就近便利。这促使社区商业开始兴起,店铺选址越来越贴近消费群。自从移动化成为一种消费新常态以后,零售更要关注的"地点"是顾客活动的位置。现代零售要满足的是移动着的顾客需求,所以,如果不能实现线上与线下的有效融合,那就难以成功。

从战略视角来分析,选址应该是"地域""商圈""立地"的结合,这三个方面的英文表述都是 location,所以,也可以称为选址"3L 原理"。"3L 原理"体现了零售经营组织网络化布局的基本思维方式,都是指网状布点时要考虑的空间环境与条件,但其实际含义却存在很大的差别,地域选择是战略思考,商圈选择是策略思考,立地选择是细节思考。

第五要素:人(people)。服务是零售成功的基本要素。零售的发展也让经营者明白了一个基本道理:专业的团队与一线员工的状态,直接决定服务水平以及顾客满意度。因此,有眼光的零售商不仅重视目标顾客,同时也关心自家员工,培养他们,鼓励他们,满足他们,让专业团队更专业,让一线员工准确地传达企业文化,让满意的员工服务顾客,从而达到顾客的满意。

内核三要素是指系统、供应链、物流。做好外围的五大要素,能通过服务能力的提升而增强企业的盈利能力;做好内核的三大要素,则能通过拓展能力的提升而增强企业的扩张能力。

第六要素:系统(system)。企业本来就是一个系统,从前主要采取人工与制度相结合的方式来管理,其管理的发展趋势是以信息技术为支撑,实现数字化管理。人管人、制度管人、系统管人,这是企业管理发展的三个阶段。零售的店铺与一线的服务虽然很重要,但如果没有建立一个健全的系统,就不可能实现持续的规模化发展。所以,系统的重要性与企业的经营规模成正比,规模越大系统就越重要。如果企业规模很小,则存在比系统更重要的因素。

第七要素：供应链（supplier）。供应链的实质是上下游之间、企业之间、企业内部各部门之间以及各环节之间的分工合作。就零售供应链而言，需要特别重视以下五个问题：一是零供关系如何有效建立并长期维持，实现互惠互利；二是如何确保供应商及时供货，保证货源；三是如何确保零售商向供应商及时提供有关单品单店的销售与库存信息，以保持信息对称；四是如何确保零售企业内部供应链（如配送中心与门店、总部与门店）的协调；五是如何确保零售商对供应商一呼百应，零售商开拓市场的工作需要一步步走，但其供应商则应该相对稳定，如果每个区域都要建立相对独立的供货体系，那就会严重阻碍零售的扩张。供应链的核心问题是市场导向问题，用户导向应该成为未来供应链建设与完善的基本方向。

第八要素：物流（logistics）。零售业的商流与物流，越来越分离，这在电子零售业尤其普遍。商流与物流分离以后，如何在客户端能够快捷、低成本地再将商流与物流融合，这才是问题的关键。如果零售公司、供应商、物资供应企业的物流系统各自为政，各行其道，托盘、车辆、货架、条码等一系列与物流相关的资源，都无法实现标准化、共享化，那就难以降低物流成本。随着到家服务需求的扩大，以及"最后一公里配送"技术与手段的改进，传统的配送物流正在向现代的到家物流转变。只有大物流与小物流有效对接，库配、仓配、店配相结合，物流才能更有效。

巩固五角形（外围五要素），能让企业获利；强化三角形（内核三要素），能让企业长久。

10 ｜ 渠道：化繁为简

零售人已经在营销活动中把太多的时间与精力耗费在了"销"上面，把促销与引流的技巧发挥到了极致，但在"营"这方面似乎并没有重大突破。这是由三个原因造成的：一是来不及，顾不上；二是太复杂，不好弄；三是有私利，不能碰。

当我们回忆起没有手机、没有网游、没有外卖、没有网购的年代，感觉是多么清新与干净，但人类已经不可能返祖到类人猿，任何对现代技术衍生出来的新事物的指责都是无力的，关键还是"立场"。多样化是这个时代最基本的特征，选择则是这个时代最基本的行为。

问"什么是不变的"比问"什么是变化的"更重要的观点，听起来似乎很有道理，但如果真的在中国去践行亚马逊掌门人的观念，也许没过多久，经营者的"鞋上就会有破洞"。我们所处的是一个社会经济已经连续巨变了 40 多年，而且还在不断变化，并且仍然需要有重大变化的时代。我们告别了"车等人"时代，迎来了"人等车"时代。在当下，即使你已经进入车站，高铁也不可能等你一分一秒。这是"数学时代"的规则，而不是车船由人把控的"语文时代"。在变化的时代,不关注变化,倒去关注不变,那注定是没有未来的。关注变化是为了更好地不变。

从商业逻辑来说,任何一个产品的成功,都离不开三个空间:一是思维空间,即产品或服务在消费者心智中的定位;二是渠道空间,即产品或服务的通路问题;三是货架空间,即摆放在货架上的商品位置与样面及相关促销。只有三个空间保持平衡,才能有效营销。

全球没有一个国家的渠道问题比中国更复杂。传统是"四级主渠道+特供小众渠道+黄牛大众渠道",后来互联网成为一种新渠道,再后来互联网从渠道演变成为市场,与实体市场平行发展,最后到"天上神仙"下凡"地上人间",电商开始渗透、改版、指挥实体零售生意,两个市场试图融为一体。

渠道的复杂性是由产品属性、消费复杂性以及分销固有模式所决定的。如买菜,起码有12种渠道:菜场;菜场边上的菜店;超市卖场;小区门口类似生鲜传奇的店铺;小区内部的"小生鲜传奇";盒马鲜生之类的新零售;各种类型的到家服务;农场直供;跨境海鲜水果;批发市场零售;马路菜场;各类熟食店、酒家、超市提供的外卖服务。

分销的固有模式存在着既定的利益分享机制。网易严选和雅诗兰黛的争端,不是正品之争,而是渠道控制权与定价权之争。这样的争论在渠道变革之初是不可避免的。但如果都能站在消费者的立场,一场渠道革命终将是要爆发的。消费者最期盼的是快捷便利,这也是渠道变革的基本立场。

渠道化繁为简,是一种期盼与梦想,与现实还存在很大的差距,需要实现生产端、供应端、零售端、消费端以及生产商、制造商、品牌商、经销商、零售商、平台商的立场转换,更需要各方通力合作。

11 渠道:从博弈到共生

说到渠道问题,有两个不同的概念:分销渠道与营销渠道。

分销渠道也称为销售渠道或通路,是指促使某种产品或服务顺利经由市场交换过程转移给消费者(用户)消费使用的一整套相互依存的组织。

营销渠道是指配合生产、分销和消费某一生产者的产品和服务的所有企业和个人。这就是说,一条市场营销渠道包括某种产品的供产销过程中所有的企业和个人,如资源供应商(suppliers)、生产者(producer)、商人中间商(merchant middleman)、代理中间商(agent middleman)、辅助商(facilitators,又译作便利交换和实体分销者,如运输企业、公共货栈、广告代理商、市场研究机构等)以及最后消费者或用户(ultimate consumer or users)等。

菲利普·科特勒认为:"一条分销渠道是指某种货物或劳务从生产者向消费者移动时取得这种货物或劳务的所有权或帮助转移其所有权的所有企业和个人。因此,一条分销渠道主要包括商人中间商(因为他们取得所有权)和代理中间商(因为他们帮助转移所有权)。此外,它还包括作为分销渠道的起点和终点的生产者和消费者,但是,它不包括供应商、辅助商等。"

从纵向看,营销渠道包括整个产业链,如原材料供应商、消费者等(全社会视角:流通效率问题);分销渠道是指供应商、制造商到消费者的通路(供应商视角:分利与创利问题)。从横向看,营销渠道包括成员参与者与非成员参与者;分销渠道仅包括成员参与者。

从零售商视角来看,渠道问题至少也包括三个方面:上游渠道,即外部供应链问题,如货源优化(sourcing)与采购(buying);内部渠道,即内部供应链问题,如配送、到家服务等;终端渠道,这是有关选址与货架空间管理方面的问题。

从历史发展来看,长期以来,我国零售商的渠道问题一直纠结于零供矛盾,主要表现为零售商与供应商之间的利益矛盾。零售商与供应商之间存在博弈关系。面对强势的供应商,零售商力争协作共赢,但最终还是不得不遵循供应商的游戏规则,包括进货批量、扣点、退换货、付款期等都几乎没有留给零售商谈判的余地。如果零售商强势,供应商就百依百顺,这种格局下也养成了零售商的惰性。这些零售商只顾收钱,结果商品结构越来越老化,库存商品也越来越多。有些公司盘点无销售与周转天数大于 60 天的商品占比达到 70% 以上。这种营销格局,难以满足消费需求,不仅损害了供应商利益,也损害了零售商利益,三败俱伤。

于是,供应商开始寻找新的出路,尝试自建渠道,并试图通过平台商开设旗舰店实施网络推广与销售。有些公司还宣称放弃卖场渠道,实践结果又不得不回归到卖场渠道。因为实体店仍然具有无法替代的价值。有些品牌商缺乏自建网络渠道的能力,就委托中间商在天猫开店,销售量小的时候问题还不大,做大以后就出现了新的利益矛盾,中间商漫天要扣率,结果迫使品牌商自主经营网上旗舰店。

零售商则试图通过向生产环节的渗透实施一体化经营,如开发自有品牌、基地采购等。笔者曾经调查过上海一家大卖场的自有品牌经营情况,统计结果发现:

(1)自有品牌商品的品项占比仅为 3.38%。自有品牌商品主要集中在休闲食品、居家纺织、厨房用品、居家清洁、南北货等非生鲜类产品。

(2)自有品牌商品的销售额占比低于品项占比。令人感到非常吃惊的是:该店的自有品牌商品销售额占比仅为 1.28%,销售额占比低于品项占比 2.1 个百分点。这一数据显示:自有品牌的产销程度低于全店各类商品的平均水平,自有品牌商品不仅未能拉动销售,反而导致更多的库存积压。销售额占比与品项占比对比发现:零售商大量开发的自有品牌商品,往往是自己的弱项商品。如品项数排名第一、品项占比排名第五的休闲食品,其销售额占比排在第九位;又如 3C 家电的品项占比排在第一位,但其销售额几乎等于零;再如南北货,品项占比排名第二位,其销售额占比排名第八位。这些品类都由强大的供应商生产,零售商推出的毫无特色的自有品牌商品根本无法改变顾客的心智与购买习惯。而车用五金虽然自有品牌品项数只有 7 个,但其销售额占比却远远超过了平均值。这说明:自有品牌开发中如何选择品类与品项是一个很关键的问题。零售商应该通过挖掘顾客痛点,有针对性地开发高频商品,但其前提是"尚德守法"。

(3) 自有品牌毛利率远高于综合毛利率,毛利额占比高于销售额占比但仍低于品项占比。自有品牌毛利率为 22.03%,比全店的综合毛利率 10.98% 高出一倍多。但所实现的毛利额占比仅为 2.49%,高于销售额占比(1.28%),而低于品项占比(3.38%)。这说明目前自有品牌商品的销售业绩很不理想。在近 30 种分类中,毛利额占比最高的自有品牌商品是车用五金(14.04%),约为自有品牌商品毛利额占比平均水平的 7 倍。从毛利率与毛利额占比对照来看,有些商品虽然毛利率很高,但毛利额占比却很低,如居家纺织的自有品牌毛利率高达 42.79%,其毛利额占比却只有 0.19%。零售业既要有销售额与毛利率,但更应该关注周转率,要追求有毛利的销售,并加快周转。开发自有品牌所能扩大的毛利,要让渡给顾客,这样才能引爆卖点。例如,2014 年被誉为"中国最美乡镇超市"的金好来,自有品牌纸品的毛利率高达 40%,正常价为 14.5 元一提的卷筒纸促销价仅为 9.9 元。金好来在一个只有 12 万人口的城镇,1 200 平方米的卖场,开业三天销售卷筒纸 1.2 万提。所以,定价、推广、促销等也是自有品牌开发系统的重要内容。

在消费升级的大潮中,消费者对高品质商品的追求也越来越显著。过去购买商品比价格,如今则更注重原材料。所以,自有品牌商品适当从低价策略向品质提升转变也应该是大势所趋。例如,盒马鲜生在 2018 年年底推出了第四个"只卖当天"的"日日鲜"宝宝——"盒马-安佳"日日鲜牛奶(其他三个是:日日鲜蔬菜、日日鲜猪肉、日日鲜鸡蛋)。有资料显示,英国的牛奶、纸制品与冷冻食品的自有品牌占所在品类的份额居然高达 50% 以上。

零售营运不管采取什么方式,贵在顾客体验与效率,关键不是做不做,而在于怎么做。目前有一种很奇怪的现象:高层拍脑袋搞创新,基层都是应声虫,创新自上而下,上面瞎折腾,下面穷应付,结果大部分项目都没有实效。零售的创新变革转型,除上层推动外,更需要基层自发创新。例如麦当劳的巨无霸,据有关资料介绍,这个产品其实是加盟店开发的,后来经由总部推广到所有麦当劳连锁店。

实体店的价值,首先源于选址。最近看了一个张智强老师的视频,很有启发。他说:"零售企业在快速扩张的过程中,别的错误都可以纠正,唯有地址选错了是无法纠正的。"他还说:"当年家乐福初进中国市场时,这个方面的能力特别强,结果也是他们开店的成功率特别高。而这个能力又是我们在学习家乐福的时候基本上看不到的，也就很自然地没有学到，甚至还不知道有这门专业。"确实如此，早期开超市，有一种简单的选址方法就是看菜场，周边菜场如果有鳗鱼、甲鱼等在当时属于高端产品售卖的地方，就开超市，否则就不开。开始的时候老板总是亲力亲为，以为自己是万能的，说开就开，说不开就不开。后来店铺开得多了，老板也看不过来，就只看拓展部报上来的信息，拓展部为了完成任务，体现业绩，多拿奖金，有些情况会瞒报虚报漏报。结果店铺开出来以后成为"烂店"，一年亏损几百万元甚至上千万元的情况都很普遍。再后来，互联网竞争越来越加剧，很多公司干脆不开店了，甚至也不敢投资更新店铺。即使重装店铺也都是小心翼翼，以花钱少为原则，结果店铺越来越老化，市场份额也就越来越少。零售实体店其实就是一个重资产行业，哪一年投资减少，第二年销售额就会下降，新店开发是增加销售的重要途径，也是扩大市场份额与品牌影响力的基本手段。

　　零售店铺选址包括三个方面：一是选区域，如生鲜传奇走出合肥的第一站首选南京，这一选择有着王卫及其团队的战略思考，所以，选区域是一个战略问题。二是选商圈，这是一个辨析商圈内消费者与竞争者状态的问题。比如，过去在市中心开大卖场，如今在购物中心地下室开生鲜超市，在居民区开社区生鲜店。连果汁店也开进了购物中心，如果娄目前仅三家店铺，最近有一家店铺就开进了上海南京东路第一百货东楼。街边店培育出来的品牌，出名以后便进驻购物中心。三是立地，这不仅是一个与物业状况相关的问题，更是一个与消费者相关的问题。按照张智强先生的说法，选址技术包括三个方面。他说："在西方国家通行的零售经营学术领域，location 这个词有着固定的含义，指实体零售门店的立地标准以及具体门店的评估方法，是零售经营中最重要的工作。这个学术上的广泛含义，中文没有一个单独的词可以对应，具体应用时需要从不同的语境做调整。一般公认的是，这件事里面有三个细节分支。第一个细节分支是商圈容量及潜力评估，英文叫 trade area；第二个细节分支是商圈内顾客到达这个门店各种可选方式的评估，以及做出改进的具体方法，英文叫 accessibility；第三个细节分支是关于未进店的顾客可以获得什么样的视觉指引，以及具体实施和改进的技巧，英文叫 visibility。"后两个细节分支的实质是可接近性与可透视性。

　　至于渠道中的终端消费者，店铺客层年轻化是当前很火热的转型方向。客层年轻化以后毛利率也显著提高。但是，老龄化也已经在我们眼前，如果未来的零售业放弃了老年人客群，恐怕会失去一个很大的市场。中老年市场恐怕至少有三个通路：自己买，孩子买，社区买。浙江很多农村已经建立了食堂，70 岁以上的老人可享半免费午餐，80 岁以上的老人可享全免费午餐，有些村还提供免费晚餐。对此，超市发的李燕川说："我们正在准备做老年餐，解决老年人的午饭问题。"弘章资本创始人翁怡诺也说："我也在研究零售和餐饮如何结合养老服务。"

　　大家已经看到了未来，但如何去实现，需要我们脑洞大开。零售渠道问题，需要从博弈走向共生。

12 零售不要以互联网思维的名义犯错

在零售沙场奋战了十多年甚至几十年的中国零售人与中国零售企业,没有被洋零售打垮,也没有被洋咨询弄死,更没有被马云吓死。但面对谙熟互联网思维的新零售人,面对日日更新的新概念、新思路、新模式、新战略,面对被互联网思维"附体"的零售市场,面对技术花样翻新、业态花枝招展、媒体花言巧语的零售大环境,延续了千百年的零售似乎终于分出了"白与黑""先进与落后""过去与未来""有戏与没戏"。

其实,互联网的普及,虽然引爆了我国零售业,但与此同时,也应该看到另一种现象——以互联网思维的名义犯错。这是我国零售业应该警惕的行业病态!我国零售业以互联网思维的名义,做了不少无益于用户价值提升,无益于流通效率提高,无益于企业业绩提升的事。

第一,没有互联网职业经历都被误认为没有或缺乏互联网思维,进而被认为"不是一伙的"。

第二,从资本天女下凡,到主管天女下凡,出现了新一轮"外行领导内行"的现象。在本行也许都是内行,但跨界错位后都有可能变成外行。天女下凡,两线融合,相互适应,才是王道。双方最终都应该服从消费者的选择,适应真实的大众化、差异化、本土化的消费需求。

第三,互联网、移动支付、数字化购物等,都需要技术、设备、系统等基础设施的支撑。但商业基础设施的配置犹如烧八宝辣酱,这菜中有一样油氽花生特别好吃,但油氽花生尽管好吃,却也不能放得太多,否则就会破坏菜肴的本味。对有钱任性的人来说,放了太多的油氽花生,结果是八宝辣酱变成了油氽花生。

第四,从做全产业链的乐视,到做全产业链的互联网汽车,再到做社区商业包罗万象业务的国安社区等,我们似乎可以看到些什么。遥望我国多业态发展的大大小小商业集团,再看看全世界跑在最前面的零售集团,是"做专"成功,还是"做多"成功,现在还不好说,但有一点是肯定的,未来市场更需要专业化的竞争。跨界没有错,但自以为是的跨界,必然被自己打垮。要知道,人的良心与道德在金钱与利益面前都是很脆弱的。

第五,穿着"皇帝的新衣"晒美图。用战无不胜、攻无不克的互联网思维武装起来的新零售人开始相信,"人有多大胆,地有多大产"。他们呼出的口号比某些日落西山的企业曾经喊过的口号大十倍百倍甚至千倍;他们营造的气场与当年"大炼钢铁"的情景相比,有过之而无不及。但消费、市场的"法轮"仍然按照既定的轨道常转。于是便出现了零售新时代版的"皇帝的新衣","美图晒天下",世人皆知,唯有"皇帝"一人,明知故犯,仍然沉浸在幸福的梦想中。

13　中国零售犹如"干瞪眼"

中国零售业越来越像"干瞪眼"。"干瞪眼"是一种扑克牌玩法,每人 5 张牌,上家出"3",下家只能跟"4",除非有强牌"2"或"炸弹",才可以强行封杀,否则就只能"干瞪眼",眼睁睁地看着别人"走牌"。零售的"强牌"是什么? 罗森的张晟说,他有一个 22 人的团队,挖走任何一个人都没有用,他们是一个整体。这个团队就是罗森的"强牌",是罗森对市场的感知力、策划力与执行力,尤其是高层的定性感知力与中层的定量感知力。投资人说,未来零售更需要有战略眼光与战略布局,更需要技术的支撑,需要有更多的投入,所以,需要资本助力。线上巨头有钱也任性,想买谁就买谁,想颠覆就颠覆,尽管颠覆的事情在零售行业至今还没有发生过。未来的结局虽然难以预料,但有一点是可以肯定的,有钱但害怕投入、害怕失去、害怕不确定,或者压根就没钱投资,别人也不愿意投资,那就只能"干瞪眼",眼睁睁地看着别人发展,眼睁睁地被别人抢走用户。

1) 什么才是零售最重要的未来

"2018 联商风云会"在古都南京景枫万豪酒店召开,中国连锁经营协会裴亮会长发表了《中国连锁的下一个五年》的主题报告。裴会长在会前曾对联商网说:中国零售未来将会发生六大变化,即"00 后"互联网原住民将成为中国消费主力的重要组成部分;老龄化社会的到来,零售行业需要站在社会学视角重新审视自己的发展;线上巨头对流量的垄断将被弱化,以实体店为基础的流量空间化划分更加经济合理;密切关注新科技和新技术;产品与供应链持续优化;政策因素对零售的影响首先会表现在包装与交通问题上。

在演讲中,裴会长指出:未来零售充满变化与不确定性,不变的特征是二元结构。二元结构的本意是城乡差别。一线市场仍将充满竞争,低线市场则会稳定地增长。他对一线市场的判断是:一线市场比低线市场更复杂,政策与技术都会首先在一线市场试水。未来五年的发展,需要大家去关注社会治理问题。资本的影响太大,资本的补贴对行业的不利影响是显而易见的。到家服务的社会成本由谁来埋单? 行业的发展,除了看不见的手,还得有游戏规则。

但红杉资本中国投资合伙人苏凯说:预测是一个伪命题,未来将是一个 VUCA 时代。VUCA 是指组织将处于不稳定(volatile)、不确定(uncertain)、复杂(complex)、模糊(ambiguous)状态之中。下一个五年,政策对市场的影响非常小。流量成本太贵,获客成本太高,我们要降低获客成本。过去讲毛利高是一种优势,现在则需要更低的毛利,我们要低空飞行。我们更要关注高频刚需,要弯道超车,要强行插队,也要倒逼自己提升营运管理水平。

罗森的张晟说:没有理智,不会有未来;没有睿智,未来不会活得很好。他举例说:①新店开发时间从100多天缩减到31天,是因为部门之间的协调配合加强了。②我们有22人的一个团队,挖走任何一个人都没用,这是一个整体。③如果5 000家店铺,每个店一天亏1 000元,全年亏损接近20亿元,这是一件很可怕的事情。④投资性现金流量可以为负,但经营性现金流量不能为负。⑤"千店一面"肯定没有未来,"千店千面"才是发展趋势。南京到安徽的高速公路上下行两个收费站的罗森店就不一样,更不要说不同地区的罗森店会有多大的差异。⑥做零售便利店,要看得懂人才,看得懂商品,看得懂位置。对高层来说,更重要的是定性的市场感知力;对中层来说,更重要的是定量的市场感知力。⑦便利店不是一个光靠规模取胜的行业,应考虑市场容量到底有多大。缺乏理智,五年以后一定是灾难!快速发展,千店一面,肯定没有未来。

生鲜传奇创始人王卫说:在黑暗中前行,东南西北分不清,但有一个目的,那就是一定要走出去。对未来不可知的时候,我们很恐惧。但这种恐惧也使我们更清醒:发展的过程是没有办法跳跃的。生鲜传奇是一种模型:①店铺平均540平方米,由240平方米的主力店与配套引进项目构成。②解决最后100米的问题,18分钟快送。③主力店的日均销售:1 000户住户的小区,日均销售1万元,2 000户就2万元,3 000户就3万元,波动很小。④800万元盈亏平衡,执行的是低毛利政策,未来600万元就可以盈利。⑤单店年销售目标为1 000万元,日交易笔数超过1 000笔,客单价超过25元。⑥人力成本是销售额的7%,预计可控4%;房租成本可控,现在是销售额的3%,未来趋近为零。⑦14%的低毛利率。

生鲜传奇创始人王卫还分享了未来设想:①门店用工缩减三分之二:完成手机扫码和自助收银,取消收银员岗位;生鲜商品成品化,取消打包员、刀手岗位;订单自动化,取消管理员岗位;基地直供,补货箱式化,减少理货员岗位;等等。②零售对象是消费者。建立信用化的会员体系,智能识别会员,使消费者自助自理自售,并保障其知情权、退货权、维护权、懒惰权。③消费行为电子化的支援。解决社会老龄化基本生活支援,不能把年龄的事情说成是社会现象。消费力最强大的还是中老年人。40岁以上的人才是消费主流。中国消费升级是不可逆的。迎合消费升级,提供品质生活服务。④零售的基本元素是商品。每件商品都是订单生产。保障食品安全,全程监控,每件商品都可以被追溯,每件商品都有标价和二维码。提供半成品化和熟品化的商品,提供更多的预售商品。

王卫说,生鲜才是刚需,但乐语总裁朱伟说,健康才是刚需!其实两个人说的是一码事:因为王卫也说,消费者会挤出一些其他的钱,买一些更安全的食品。食品安全对企业来说,需要用生命来维护。对消费者来说,这与钱多钱少没有必然关联。

什么才是零售最重要的未来?站在消费者的立场去思考问题最重要;离消费者越来

越近最重要；让消费者的呼声更快捷地传达到企业最重要。

2）未来零售的三重境界

中国零售经历几十年的风风雨雨，从单体零售到连锁零售，从在线零售到两线融合，从现金支付到移动支付，从"到店"到"到家"，归结为一点——商家离消费者越来越近。远离消费者必死无疑！站在消费者的立场，贴近消费者，讨好消费者，服务消费者，逗乐消费者，这也是消费者对零售人的期盼。

未来虽然很难预料，但境界是可以期盼的。零售不管是哪一种业态，不管怎么去迎合消费与创新发展，都需要艰难地经历三重境界。

第一境界：半年入门。通过开发出一种新的模式，引进一种新的技术，或一种新的营运方法，实现快速入门。不去入门，一切都皆无可能，那就只能"干瞪眼"。应该说半年时间比较快，从前需要更长时间准备的事情，现在都加快了速度。快速上马，快速落地，是当下零售的一个显著特点。

第二境界：三年入道。这是一个营运模式走通的过程。通过这一过程，一切营运都能进入良性循环，做到用户体验满意，店铺营运正常，但还不能保证盈利。

第三境界：五年入化。到这个阶段，不仅营运模式走通，而且营运效率达到预期目标，经营团队依靠自身的经营管理能力以及经营现金流的运作就可以维持正常的经营。这样经营才能长期维持下去。

14　站队与站位

2013 年"双十一"前，银泰与天猫 O2O 战略合作的新闻在杭州发布，意味着两线融合从此破冰。3 年后，阿里巴巴引爆了新零售，并引发了一系列关于"零售革命"的遐想，在资本推动下，最终演变成为"站队"问题。俗话说，男怕入错行，女怕嫁错郎。但关键之错不在于入哪个门，正如电视连续剧《红高粱》中温文尔雅的书生张俊杰，周旋于官府与土匪之间，站队不定，但站位坚定，始终能坚守自己的主张与守则，这才是做人做事的关键。所以，站队是一时之事，站位才是一生之事。

上海淮海中路 755 号 4 楼的 DAISO 大创生活馆 10 元店，是一家很奇葩的商店，它完全颠覆了笔者 40 年来积累起来的零售观。他们用了很多告示、摄像头来提醒顾客"不要偷东西"。这是一个典型的立场问题。即使卖 10 元的小商品，企业也仍然应把心胸放大，把格局做大。但如今开在高雅的淮海路上的零售店，在消费升级的大背景下，居然还以一种俯视消费者的态度做生意，实在令人不解。

这家店入店抬头便有一块红色吊牌写道："店内有监视录影机全面录影中，一旦发现有偷窃的行为，一定立刻报警处理。"这种做法过于生硬直白，缺少温度。

这家店出入口防盗感应门上竖着一排相同的告示特别醒目,写道:"亲爱的顾客您好,若您经过防盗感应门时触发警铃,请由门市人员协助您,处理后续动作,谢谢。"什么是"后续动作"?做服务工作要以诚待人,即使顾客没付钱走出店门,也要给顾客一个付钱的机会,真诚地问一声:"您是不是有东西忘了结账?"这才是零售人应该做的!消费升级了,零售服务与店面管理必须相应升级。有一次笔者到永辉超市买东西,但自助收银台出现一个小问题,在服务员帮忙后才排除故障。事后发现有一件 10 元商品没结算。永辉超市后来说,这是他们的错,作为正常损失处理。这便是零售人应有的态度与立场。站队虽然重要,但比站队更重要的则是站位与立场,你是站在顾客的立场还是站在自己的立场。这是衡量企业有没有未来的关键标志。

2008 年笔者曾经在日本寻访了百元店,没有压抑感。日本朋友关于零售店安装摄像头的看法是:(1)日本有些店也有摄像头,但不会很多,因为会有消费者以侵犯隐私权而抗议。(2)日本小店被偷现象比较普遍,有些不是没钱买,而是为了追求刺激或减压。(3)便利店也会有摄像头,在不少便利店看到相关提示。

有摄像头与提示,也算是零售行业的常规做法,但如此直白的做法还是从来没见过。

在这个变化难以预料的时代,人人都变得越来越焦虑,竭力去探索如何应对未来的变化。但亚马逊 CEO 杰夫·贝索斯却在问我们:未来 10 年,什么不会变?他的回答是:消费者要低价,要快捷配送,要多样化选择,这三点未来 10 年不会变。

15 零售是一种传递幸福的职业

笔者曾经问过学生:你为什么喜欢零售?有学生回答说:从客人满意的笑容中感受快乐!

但在现实世界中,要感受这样的快乐是很奢侈的!

我们回顾过去的零售:没有安全保障的零售老板,"攀官"成了经营的基本要义;没有人格尊严的职业经理,辱骂成了管理的基本方法;没有职业荣誉的服务人员,怠慢成了服务的基本状态。

我们展望未来的零售:顾客越来越绅士,需求越来越多变。面对既有主见又无所适从的矛盾的顾客,零售人是不是也应该更有格调,以格调对绅士,以优良对优雅,以变革对变化。我们看看德国的出租车司机:礼帽、金丝边眼镜、手套、制服、彬彬有礼的仪态,构成了一幅自信与自尊的画卷!这样的司机自然会充满幸福感。

真正会感到满意的人非常少,大多数人想表达的真实想法是"没有不满意"。他们既没有达到使人愉悦的满意境界,也没有特别的不满,是介于满意与不满意之间的一种状态。

是否让员工满意的问题并不简单。有些企业愿意给店长 50 万元年薪,让员工一起分享企业的利润。对这种做法的主要指责是:投资人的利益如何保护?但如果这个企业就一个老板,他愿意把自己的利润分给员工,那是他自己的事。有些老板把员工当作目的而不是手段,所以,员工满意也就成了目的。那是一种非常高的境界,大多数企业还难以做到做好。有些企业则采取限制员工满意的办法,他们主张"不能让员工感觉太好",这样做既能使员工较好地控制自己,也能使企业更好地控制员工。看起来这也是一种好办法。但这些被限制了满意感的员工,往往很容易被来自外部的温情所诱惑,最终使企业失去他们,使他们失去自我。到了新的企业,他们也不见得能够获得真正的满意与幸福,因为他们在背离土生土长的企业时已经失去了自我价值。

其实,满意与满足是有差异的,满意使人感动奋进,满足使人停滞不前。老板应该让员工满意,而不应该使其满足。

在基层工作的零售人,除了连续工作时间长、全年无休、站立服务等来自行业特征方面的劳累,还有来自各个方面的烦心事,天天如坐在火山口,但不管什么事都得应对自如。偶尔有来自老板的夸奖、顾客的微笑、下属的认可、家属的安慰,便可使基层零售人获得点滴快乐与幸福,但获得之后则是更多的付出与更大的透支。基层零售人是在针扎中感受幸福。

到底什么是幸福?美国学者说:幸福与金钱没有必然的关系。但有些人天生喜欢金钱,他们在赚钱的过程中享受着幸福。另一些人不知道怎么搞的,有了钱就灾难不断,大概是触犯了哪一条魔咒。有些人虽然没有钱,照样过得很安逸,很舒适,很有滋有味。小富即安,不富也安!可见,有钱人与没钱人都有可能是幸福之人。

有人说,想怎么样就能怎么样的人是幸福的。但另一个人却说,如果人到了极度自由的境界,也就不幸福了。可见,自由的人是幸福的,不自由的人也是幸福的。不自由的人之所以幸福,那是因为他们心存对自由的期盼。

幸福其实就是一种期盼,是一种心灵的感受。

16　个人数据与数据权利

1)事件回顾之一:支付宝年度账单

联商网于 2018 年 1 月 3 日晚间发布的《支付宝年度账单"暗藏玄机"用户一不留神就中招》一文中写道:不少消费者都在朋友圈晒自己的支付宝账单和年度关键词,但是很多人可能没有发现,你不知不觉又签了一个服务协议。

岳成律师事务所合伙人岳屾山在微博上曝出,支付宝账单首页有一行"我同意《芝麻服务协议》",不但字特别小,而且已经帮用户选择好"同意"了。

调查了多位把支付宝作为"第一货币"的"80后"网友时所获得的回复是：支付宝这样做肯定不对，但也习以为常了。

那到底哪里不对呢？

据岳屾山介绍，这个账单的查看和《芝麻服务协议》没有关联性，所以选择"不同意"依然能够看到年度账单。但如果用户没注意到，就会直接"同意"这个协议，允许支付宝收集个人信息包括在第三方保存的信息。并且，当用户发现这个协议已经生成后，无法取消。

根据岳屾山律师的解释，这种做法已经涉嫌违反了《消费者权益保护法》（有关选择权）和《互联网交易管理办法》（采用显著的方式提醒消费者注意与消费者有重大利害关系的条款）的有关规定。

目前，蚂蚁金服对页面已经做了调整，取消了默认勾选项。同时如果有用户已经点了默认勾选项，可以在支付宝客户端相关页面选择取消授权。

支付宝表示，用户信息安全和隐私问题是芝麻信用的生命线，对用户信息的获取、沉淀、使用和分享都会严格遵守相关法律法规的规定，做到用户知情和同意，做到不过度采集，更绝不会滥用数据。

其实，不管用户的态度如何，不管经营者如何调整或道歉，都不是问题的关键。这既是互联网时代的个人隐私保护问题，也是互联网时代的数据权利保护问题。政府、经营者、用户都必须在数据权利保护的法律框架下行使各自的权利，并承担相应的责任。

2）事件回顾之二：谷歌的坚守

有人说：谷歌（Google）是世界上唯一一家公开承诺不做坏事的公司。这话虽然有点过，但反映了谷歌获得了用户的信任。谷歌有句名言——"Don't be evil!"，也就是"不作恶""不干坏事"的意思。业界也因此提出了一个大大的问号——不干坏事也能赚钱？

据报道，谷歌也曾经像一个成长中的孩子，因刊登不合法药商的广告犯过错，罚过款，但此后谷歌就迅速建立了"自动广告过滤机制"，以避免类似事件的再次发生。

实际上，一家企业的动机与价值观特别重要，这将影响整个社会对其不良行为做出采取宽容或抵制的决定。

下面有关谷歌的事件，就充分体现了谷歌的价值观。《文汇报》2006年3月23日第4版《环球视窗》有一篇文章《美国传统安全法律遭遇因特网时代新挑战 Google官司牵出公民隐私之忧》（《文汇报》驻华盛顿记者牛震）报道了谷歌与美国司法部官司的情况。

事情经过是这样的：

（1）2005年8月，美国司法部以打击网上黄色犯罪为由，要求美国四大网络公司——美国在线、微软、雅虎和Google提供有关网络搜索的数据信息，其中包括随机选择的网址和用户检索结果的数据，以协助调查。对于政府的要求，Google以外的三家公司很快地给予满足，唯独Google坚决加以抵制，理由是这样做将侵犯用户的隐私，损害

Google 和用户建立的信任,并可能泄露 Google 搜索服务的商业机密。Google 创始人谢尔盖·布林表示,保护用户隐私是 Google 的义务。

（2）Google 拒绝合作后,美国司法部于 2006 年 1 月将 Google 告上法庭,要求 Google 必须提交搜索引擎链接的 100 万个网址,以及一周内的所有搜索请求。

（3）2006 年 1 月 15 日,双方对簿公堂。《儿童互联网保护法》规定,为了防止儿童接触互联网色情内容,任何在商业网站上公布对少年儿童有害的黄色信息的行为属于犯罪。但 Google 明确表示:美国司法部的要求已经超出了职权范围。他们与司法部周旋的一个重要武器就是 1986 年通过的《电子通信隐私法案》。根据相关规定,任何向公众提供电子通信服务的机构都不能泄露通信内容,除非得到了用户同意,以及持有搜查证或法庭裁决的执法机构。另外,搜索授权通常只能用于刑事案件调查。

（4）Google 抗争后占得上风。在舆论的压力面前,美国司法部只好做出重大让步,仅要求 Google 提交同用户搜索相关的 50 000 个网址以及近 5 000 个搜索项,并承诺只对其中的 10 000 个网址和 1 000 个搜索项进行研究。与最初的要求相比,美国司法部要求 Google 提供的信息量几乎缩小了 99.99%。而最终的结果是,美国司法部连 5 000 个搜索项的要求也被拒绝了。

（5）对于法庭的判决,Google 表示满意。Google 的代理辩护律师尼科·翁在公司网站上发表声明称,"裁决表明,无论是政府机构,还是其他任何人,在要求互联网公司提交数据时都没有特权"。

（6）在判决宣布的当天,Google 在纳斯达克股票市场的行情一路上扬,每股收盘价为 351.16 美元,较前一天上涨 4.2%。

（7）启示:无论是政府还是网络公司,保护隐私与网络安全同样重要。

3）关于个人数据与数据权利的探讨

数据权利问题由来已久,其实不是一个新问题。记得有一位就业者,30 年来都没能找到一份固定的工作。最后他发现:在其个人档案里写着"有偷窃行为"的不良记录。就是这五个字,毁了他一生。但他本人不知道到底是"偷"了谁的东西? 又是谁恶作剧般地把这要命的五个字写在了自己的档案材料里! 从这个实例来说,保存在组织中的个人档案,本人应该有权知晓其内容。如果有些人怀着偏见与恶意,无中生有地给别人写上莫须有的罪名,那就会在不知不觉中害死人。为了避免这种情况的出现,个人档案应该让本人知晓。这也是每个个人应有的数据权利。

在当下,有些经营者严重缺乏数据权利观念,或者藐视用户的数据权利,或者试图通过个人数据发家致富。

2016 年有人将位于上海市静安区的一套售后公房出售给自己的儿子,但房屋交易刚刚完成,儿子的手机就被打爆了,都是房屋装修、家具置办等与房子相关的电话广告。房子是通过上海市静安区房地产交易中心交易的,这应该是一个事业编制的单位,老百姓把此类单位也看作政府机构。但就是在这里完成的交易,有关交易信息不知道怎么泄露出去的。是单位有组织的行为,还是该单位职工的个人行为,或者是该单位的辅助机构,如房产评估中心等泄露了房屋交易信息,或者是网上公布了交易信息?不免令人疑惑。

由此可见,个人数据被滥用,甚至以此作为牟利手段的情况,在我国已经十分普遍。在互联网尤其是移动互联网背景下,在指纹支付、人脸识别的应用场景下,个人隐私已经从"固体信息"扩展到了"活体信息"。例如,在线注册一个电信的家庭宽带年度套餐,就要求通过摄像录入开眼、闭眼、抬头、低头、头部左右摇摆等"活体信息"。所有这些信息是怎么被使用的,用户一概不知情。这是一个非常严重的,令人非常担忧与困惑的问题。如果法律条款模糊不清,留足了想象的空间,而经营者又不能像谷歌那样自我守则,那么后果不堪设想。

人大复印报刊资料全文数据库(http://ipub.exuezhe.com)显示,从 1995—2017 年,未发现有关数据权利的文章。中国知网显示,2002 年 9 月 16 日《法制日报》有一篇题为《关于网络消费者隐私的保护》的文章,其后 15 年,有关数据权利问题的文章逐年增多,总计达 579 篇,年均约 40 篇。

四川省社会科学院张伊雪的专业硕士论文《大数据时代个人数据安全监管法律问题研究》指出,"个人数据"这个概念,不同国家或地区,在使用上有一定差异。欧盟称为"个人数据",亚洲地区称为"个人信息",英美法系国家或地区称为"个人隐私"。

欧盟早在 1995 年就颁布了《个人数据保护指令》,把"个人数据"定义为"可以定位或识别到特定自然人的所有数据",这是一个很宽泛的定义。美国 1984 年颁布了《数据保护法案》,详细规定了保护个人数据的基本原则。美国在《隐私法案》中也有涉及政府所持有的个人记录的有关使用规定。日本 2003 年颁布了《个人信息保护法》,并于 2016 年修订。

我国台湾于 1995 年颁布的《个人资料保护法》规定,个人资料是指自然人之姓名、出生年月日、个人身份证统一编号、护照号码、特征、指纹、婚姻、家庭、教育、职业、病例、医疗、基因、性生活、健康检查、犯罪前科、联络方式、财务情况、社会活动及其他得以直接或间接方式识别该个人之资料。

我国香港于 1997 年颁布的《个人资料(隐私)条例》规定,个人资料是指:①直接或间接与一名在世的个人有关的;②从该资料直接或间接地确定有关的个人的身份是切实可行的;③该资料的存在形式令语义查阅及处理均是切实可行的。

我国大陆从 2012 年颁布《全国人民代表大会常务委员会关于加强网络信息保护的决定》起,对个人数据的保护开始立法探索。

2013 年我国工信部发布了《电信和互联网用户个人信息保护规定》,2014 年实施的《中华人民共和国消费者权益保护法》第二十九条则规定了收集使用信息的原则。

还有针对特定领域的规定:《人口健康信息管理办法(试行)》第八条规定了个人健康

信息采集的原则;《征信业管理条例》第十四条规定了数据采集中禁止采集的数据类型;2015年9月发布《国务院关于印发促进大数据发展行动纲要的通知》后,全国各地成立了多个数据交易所和数据交易中心,制定了《大数据交易格式标准》《大数据交易行业规范》等行业自律规则;2017年6月1日生效的《中华人民共和国网络安全法》。

我国目前虽然已经把个人数据的保护写进了法律法规之中,但监管目标不明确,主要靠企业自律,没有专项立法。规制仅体现原则性,而可操作性不强。行业自律规范也不健全。所以,经营者如果犯错,数据主体要主张权益很困难。

有研究提出,个人数据包括以下内容:①标识个人自然情况的信息,诸如性别、出生日期等。②标识私人的并且与公共利益无关的活动数据资料,诸如日常生活、社会交往、夫妻之间的两性生活、教育背景等。③标识私人隐秘范围的数据资料,诸如身体的隐秘部位、个人居所、旅客行李、学生书包、日记等。④与自然人上网有关的个人数据资料,这类数据有些与以上所列举的数据有重叠的地方,它是随着网络的普及,公民个人从事上网行为所形成的有关个人的一些信息资料。

公民对其个人数据享有如下权利:①个人数据的隐瞒权。公民对自己的个人数据有权隐瞒,使其不为人所知。②个人数据的控制权。数据主体有权决定将个人数据提供给何人使用,并有权决定对方对其所提供数据的使用权限。③个人数据的利用权。数据主体可以利用自己的个人数据,满足自己精神上或物质上的需要。④个人数据的支配权。权利人可以支配自己的个人数据,准许或者不准许他人知悉或者利用自己的个人数据。⑤个人数据的收益权。数据主体有权要求数据合法持有者对其提供的有商业或新闻价值的个人数据支付报酬。⑥个人数据的了解权。数据所有权人有权知道其所提供的个人数据被使用的目的及情况。⑦个人数据的修改权。数据主体可以根据自己的要求以及实际情况的变化,对其提供的某些个人数据进行修改。⑧个人数据的保护权。当自己的个人数据被泄露或者被侵害的时候,有权寻求司法保护。

4) 总结

通过上述介绍与分析,有如下七点总结:

(1) 无论是互联网公司还是其他公司,或者是政府机构,面对移动化、数据化、技术化的发展趋势,都是成长中的孩子,都有可能犯错。但是,一旦犯错,就要迅速响应,并及时纠错。

(2) 政府要借鉴国际经验,并根据我国国情,制定或完善、细化有关个人数据与数据权利方面的法律法规,条件成熟时应该出台专项法律。

(3) 政府监管的目标要明确,应该在倡导行业自律的基础上,加强依法监管。

(4) 经营者要确立能获得社会认可的价值观,合规经营。

(5) 行业应该提倡维护用户的数据权利,不该挖掘的数据不挖掘,不该经营的数据不经营,不该提升的数据不提升,不该宣扬的数据不宣扬,不该展示的数据不展示。

（6）掌握大量用户个人数据的经营者，必须依法建立和完善保护数据权利的安全体系。

（7）数据权利保护的重点监控对象不仅包括互联网公司，还包括电信、银行、保险、理财、医疗、学校、政府等机构，手机生产厂商也特别值得重点监控。

支付宝和阿里巴巴应该懂得什么叫"个人数据"和"数据权利"，即使我国有关此问题的法律法规和行业自律体系都不是很完备。作为一家有规模、有影响力、有抱负、有理想的大公司，支付宝和阿里巴巴一定能从犯错中吸取教训，及时纠正，获得用户更持久的信任。

17 无理由退货也要两线打通吗

据人民网 2018 年 1 月 2 日报道：2018 年将"在监督经营者全面落实网购七日无理由退货制度的同时，推进线下无理由退货工作"。

现在的政府管理体制，有些仍停留在 1.0 时代，但整个社会已经进入 3.0 时代，存在很多脱节现象。这种情况的原因在于：①时代在变，但官僚化的管理体系没有跟上时代步伐；②看到了时代在变，一味追求国外的好做法，忽视了中国国情。

2013 年 10 月 25 日第十二届全国人民代表大会常务委员会第五次会议通过了《关于修改〈中华人民共和国消费者权益保护法〉的决定》，新的《中华人民共和国消费者权益保护法》（以下简称新消法），于 2014 年 3 月 15 日起正式施行。新消法增加了一个"明星条款"，即第二十五条："经营者采用网络、电视、电话、邮购等方式销售商品，消费者有权自收到商品之日起七日内退货，且无需说明理由，但下列商品除外：（一）消费者定做的；（二）鲜活易腐的；（三）在线下载或者消费者拆封的音像制品、计算机软件等数字化商品；（四）交付的报纸、期刊。除前款所列商品外，其他根据商品性质并经消费者在购买时确认不宜退货的商品，不适用无理由退货。消费者退货的商品应当完好。经营者应当自收到退回商品之日起七日内返还消费者支付的商品价款。退回商品的运费由消费者承担；经营者和消费者另有约定的，按照约定。"

通常把这一条款称为"网购 7 天无理由退货规则"。2017 年 1 月 6 日，《网络购买商品七日无理由退货暂行办法》（以下简称《办法》）正式公布，于 2017 年 3 月 15 日起施行。

时任工商总局消保局负责人杨红灿答记者问的公开报道称：在《办法》起草过程中，最初，《办法》考虑以非强制性的《网络购买商品七日无理由退货指引》形式出台，并于 2016 年 2 月 4 日至 3 月 5 日期间通过工商总局政府网站面向社会公开征求意见。同时征求国务院法制办、商务部、质检总局、食药监总局等部门意见。3 月 3 日召开座谈会，听取了部分电商企业代表意见。在吸收各方面反馈的合理意见和建议后，发文形式调整为总局规范性文件《网络购买商品七日无理由退货实施规则》。5 月 27 日,工商总局会同中消协在浙江杭州召开座谈会,听取了部分省市工商(市场监管)部门、消协组织以及电商企业的意见和建议。为进一步加大保护消费者权益的力度,强化经营者的责任,《网络购买商品七日无理由退货实施规则》修改为《网络购买商品七日无理由退货暂行办法》,并于 2016 年 9 月 27 日至 10 月 11 日通过中国政府法制信息网和工商总局政府网站面向社会公开征求意见。

从以上内容可以看出:

(1) 新消法所指的"七日无理由退货"包括"采用网络、电视、电话、邮购等方式销售商品"的行为,而《办法》仅指"网络购买商品"。但在《办法》第三十七条又规定:"经营者采用电视、电话、邮购等方式销售商品,依照本办法执行"。这里的"等"字,留足了解释的余地,以往的行政法规(如《直销管理条例》)与地方性法规(如《上海市消费者权益保护条例》)都分别规定了直销场合与上门推销场合的无理由退货权。

(2)《办法》从起草时的鼓励性、非强制性标准变为带有强制性的暂行办法,体现了立法者对此问题的重视程度有了较大提升。所以,近年立法者试图把无理由退货从网络、电视、电话、邮购等手段缔结的"远距离合同"推广到线下的"近距离合同",也属于这个重视程度的升级。

上海商学院市场营销系博士后曹剑涛老师检索了有关无理由退货的学术文献,其中有两篇文献对无理由退货问题进行了学术与实践分析。一篇是《论消费者无理由退货权》(葛江虬,《清华法学》,2015 年第 9 卷第 5 期第 95～116 页),另一篇是《论无理由退货之正当基础》(张琳,《宜宾学院学报》,2017 年第 17 卷第 9 期第 29～34 页)。

上述文献显示:

(1) 无理由退货权在国际上有诸多不同的称谓,如"消费者撤回权""反悔权""后悔权"等,称呼不同,其立法依据也不同。例如,"消费者撤回权"来源于德国,立法依据是:消费者真实意思的形成受到影响的情况下,合同并非具有完备的效率。但欧盟与英国则都不认为消费者合同在无理由退货期限届满前存在效力问题。我国也持此种观点。

(2) 无理由退货使用范围的确定"以严重非理性决策为标准"。对消费者理性原则理论的质疑佐证了消费者非理性决策理论的正当性。从这一点来看,《直销管理条例》第二十五条规定了直销场合的无理由退货权,这是很有立法依据的。同时,该条例还规定直销企业及其分支机构不得招募"未满 18 周岁的人员""在校全日制学生"等七种人员为直销员,也是基于对此类人员的保护。

(3) 无理由退货方式于 20 世纪初在欧盟和美国迅速发展,将经营者的信息告知义务和撤回权结合,应用于远距离销售、消费金融服务远程市场、消费信贷等诸多指令中。欧盟指令只提供最低标准,成员国可以提高保护标准。例如,欧盟指令规定远距离销售的撤回权期限是 7 个工作日,意大利允许 10 天,德国、瑞典等则规定 14 天。在美国联邦和州层面均有冷静期的规定,加州撤回法适用的范畴则远远超过联邦法律的规定,冷静期的规定也不相一致。上海商学院市场营销系康海燕老师 2016 年在加拿大访学期间发现：加拿大埃德蒙顿退货政策规定,正常销售商品(指非打折商品,折扣店除外),退货时间为 1 个月。消费者持有票据,且商品未经使用,在规定时间内可以在品牌商的任何一家门店退货。也有一些品牌商无理由退货的时间更长,甚至长达45 天。

通过上述介绍,可得出对此问题的基本看法如下：

(1) 无理由退货不仅是一个法律问题,更是一个非常复杂的实践问题,归根到底是对消费者非理性决策行为的一种倾斜性立法保护。

(2) 在网购、直销、电视购物、低价促销、上门推销、推介会等场合,无论从范围、规模,还是从数量来看,消费者有可能比其他面对面销售方式更容易产生严重的非理性决策行为,所以,有限制地实施无理由退货,具有客观的立法依据,是保护消费者权益的一种重要方式。

(3) 把无理由退货从"远距离合同"推广到"近距离合同",缺乏立法依据,也与我国当前的营商环境存在较大的差距。国外好的做法在我国实施不见得会有好的结果。

(4) 应该提倡经营者从消费者视角审视退货制度的升级与完善,从战略高度来考虑退货问题,以提升消费者的忠诚度。

18 零售之"坑"既是机会又是陷阱

我国零售业出现过许多热点与风口,给消费者带来了很多新体验,但投资者与经营者明显感觉到：简单的商品买卖其实很不简单,零售不仅"水"很深,而且"坑"也很大。

2019 年上半年,盒马鲜生创始人侯毅就坦言：今年将是"填坑之年",要实施"填坑之战",并分析了新零售的五个"大坑"：

第一,包装食品是否具有竞争力? 盒马菜市在新业态中取消了包装菜,现场现制现售,更有烟火气。

第二,大海鲜还性感吗? 大海鲜还有需求,但已经不是主导。消费者在改变。2018年下半年笔者曾问过侯毅："波龙会吃完吗?"侯毅说："会的,但没有梭子蟹好吃!"如今侯毅很实在地说："虽然大海鲜还在做,但已没有过去那么火爆,倒是梭子蟹、小龙虾这些消费者习惯的商品会有持续的消费需求。"

第三,餐饮必须是标配吗? 各地变化太大,北京人需要什么? 需要向北京的超市学习! 侯毅特别提出要向超市发学习、向物美学习,要去了解当地的收入水平与消费习惯,要回到定位理论、品类规划、精准营销、差异化营销等零售业的本质上,这一点对地域差异巨大的中国市场来说特别重要。也正是由于这个差异,阻碍了零售业标准化全国扩张的步伐。我国零售业发展到今天,业内人士才明白:对于中国来说,零售业的全国扩张更需要差异化而不是标准化,"千店一面"的零售业态已经走到尽头,未来更需要"千店千面"的零售业。

第四,线上物流配送成本能否被覆盖?便利是需要成本来支撑的,而所有成本从商业视角来说,最终都要被转嫁到商品价格之中。只有提高效率与提升顾客感知价值,物流成本才有可能被覆盖。未来的基本趋势是:服务收费。享受便捷一定要支付相应的费用。

第五,盒马鲜生的商品结构是否为最佳?侯毅表示,本来以为可以改变传统零售业态,但马车怎么改造也不能改造为汽车。有些零售业当家人从顾客调查中发现,从前有些事情似乎做错了。生鲜传奇创始人王卫认为"价格低就是王道",但消费者其实还有更多要求。在当今以促销为导向的零售背景下,参与促销活动已经成为消费者的生活方式,所以,零售企业不得不向消费者妥协——投其所好。

上述这些都是零售业的"小坑",零售业除了已经偃旗息鼓的无人店外,还有另外三个"大坑":全国发展、社区店、便利店。

一是全国发展之"坑"。全国发展之所以困难重重,大致有三个原因:第一,地域差异太大,标准化模式难以适应各地消费者的需求;第二,遇到区域零售商的强力阻击,全国性公司被当地龙头企业打退;第三,公司自身组织管理出现问题,既没有发挥总部的威力,更没有调动各个区域管理者的积极性,或管理死板,或放任失控,使财务成本居高不下。从上述格局来看,收购区域领先的公司很有价值,甚至比收购全国公司更有价值。

二是社区店之"坑"。卖菜与拼团是社区店的两个热点问题。2019 年以来,大家都开始抢夺菜市生意。盒马鲜生不仅开了菜市,而且还做起了类似前置仓的盒马小站;叮咚小区改为叮咚买菜,猪年春节前就在小区里做起了栏杆广告;步步高布局生鲜便利店汇米生鲜;阿里巴巴与百联合资的逸刻便利也开张了;美团买菜启动北京市场测试;饿了么口碑宣布与叮咚买菜签署战略合作协议;永辉超市一个季度开了 93 家 Mini 店;上海清美鲜食 2019 年也开到 600 家。卖菜的机会有三点:品项齐全、便捷服务、品价比高;陷阱也有三点:高价但品质一般、做不到规模经营而损耗严重、运营成本过高。私人卖菜可以养家糊口,而连锁卖菜则会亏得连底裤都不剩,这是值得深思的问题。对于大多数玩生鲜的企业来说,生鲜其实就是一个烫手山芋,闻闻是香的,拿到手上就立马"烫心",还没吃到甜头,就不得不松手。店群与团购,似乎比菜店与到家更为热闹。店群的作用更多是为了沟通、连接与引流,所以,大部分采取到店支付提货的方式。别人做,你不做,顾客会很不满意;别人做,你也做,就看谁做得更有诚意,但效果会相互抵消一些。在这方面,未来应该有更便捷的技术与改进方式。团购热了一阵以后,可能不会继续热下去,除非是针对那些以团购为乐的人。

三是便利店之"坑"。自 2018 年北京推出便利店扶持政策以后,全国自上而下、从北到南都在出台便利店的扶持政策。其实,这也是一个"大坑"。此处举三个例子:第一,很多便利店夜间越来越没有生意,所以到晚上 10 点钟就关门了。第二,由于饮食习惯与政府管制的原因,便利店始终未能成为早餐的首选,便利店最终未能击败路边餐饮店。第三,外卖餐饮其实是我国最大的便利店系统。以美团的餐饮外卖业务为例,2018 年餐饮外卖业务总交易金额 2 828 亿元,同比增长 65.3%;餐饮外卖收入 381 亿元,同比增长 81.4%,客单价 44 元。2018 年全国百家便利公司的销售总额为 2 264 亿元。无论是销售总额还是客单价,餐饮外卖都远远超过连锁便利店。外卖体系才是中国最大的便利店系统,这是中国特色便利店的重要特征。对于百姓来说,便利店的功能是极其有限的,花大力气去推动连自身盈利都很难保证的便利店,还不如规划建设好"公益性菜场"和"社区菜店",这才是社区商业的根基所在。

零售之"坑",既是机会又是陷阱,自挖自填、自挖他填、他挖自填,形式多样,变化无常。只有把握两点,才能跨越零售之"坑",到达水草丰茂的零售彼岸:一是对外有良好的顾客体验;二是对内有能够覆盖成本费用增加的效率提升。

19 改革开放 40 年:走向"健康零售"[①]

我国零售自改革开放 40 年来,第一步是从计划走向承包;第二步是从承包走向机制转换;第三步是从机制转换走向组织模式和产权结构变革;第四步是培育在线零售;第五步是线上走向线下,两线渐渐融合;第六步是目前整个行业都在关注的"数字化"和"社群零售"。未来,我国零售应该会走向"健康零售"。

我国零售的改革开放 40 年来,从发展的主要特征看,大致可以分为前 30 年与后 10 年两个大时期。

前 30 年主要是学习,包括实体零售与电子零售,都经历了向国外学习商业模式的过程。实际上,无论是零售业还是金融服务业或房地产业,我国当前所实施的大部分模式,都能在国外找到原版,如腾讯、阿里巴巴、京东、百度、滴滴、携程等,但如果没有做本土化的优化,绝对不可能成功。

后 10 年主要是创新,打造适应中国条件的发展模式。前后比较,有三个方面差异:

(1)前 30 年零售竞争的主导形式是行业内部企业之间的竞争;后 10 年则是跨行业、跨产业链的竞争,竞争的格局更大,争夺的目标也更宽泛。

(2)前 30 年主要是争夺零售地盘,即开拓渠道空间;后 10 年则是以占领消费者的心

---

① 本文写于 2018 年。

智空间为主导,这是"攻心"与"攻手"的差异。

（3）前 30 年企业发展的原动力来自经营者自身的认知与期望,经营者个人的学习力、控制力与影响力是推动我国零售业发展的核心动力;后 10 年企业外部的资本动力越来越强劲,总体来说比以往任何一个时期都发展得更快速,但内部动力在外部动力作用下,也出现了一系列扭曲与变形,甚至使企业走上歧途。

2002 年 11 月,由中国连锁经营协会组织编写的《中国连锁精英》一书由中国商业出版社正式出版。这本书记述了中国连锁事业 20 位开拓者的故事。他们是:

王宗南——寻找中国的沃顿（联华超市）;

华洲——做最好的零售商（华联超市）;

杨德新——黑马上的常胜将军（农工商超市）;

崔葆瑾——梦想飞扬（三联商社郑州百文）;

张志铭——家电零售业的超级"巨鳄"（国美电器）;

马嘉樑——大智若愚的仁商（苏果超市）;

吕国满——一座特殊的桥梁（麦德龙）;

郑万河——让思想引领企业（王府井）;

徐刚——明日之星（华润万家）;

张近东——率性成就未来（苏宁电器）;

李秀珍——体验创新的快乐（北京超市发）;

张文中——儒商的谋略（北京物美）;

胡子敬——我是认真做事的人（湖南友谊阿波罗）;

李彬兰——永远的新一"家"（深圳新一佳）;

章百惠——创造适宜工作的企业（杭州华商家友超市）;

程军——有耕耘就有收获（武汉中百连锁仓储超市）;

邱原昶——成功源于识实务（可的便利）;

姜俊贤——百年老店的现代"掌门人"（全聚德）;

胡沛立——东来顺的"领头羊"（北京东安饮食东来顺连锁）;

朱丹——追求完美　止于至善（深圳海王星辰医药）。

上述 20 位零售精英以及同时代的许许多多"零售官兵",曾经引领我国零售业实现了经营业态、组织模式与发展地域的变革,引领我国零售业走上规模化发展之路。我们不能忘记中国零售业发展的开拓者与传承者。他们的肩上扛着沉重的担,他们的身上流着零售的血,他们的心中烙着受伤的痕。他们从传统商业的泥潭中抽身而出,经历了初创时期的冷落与孤立,成长时期的迷茫与困惑,转型时期的挑战与惊险,才到达了水草丰茂的彼岸。他们是中国流通革命的旗手,为中国零售业后 10 年的创新发展奠定了良好的基础。

那时候,他们所关注的是行业发展,聚焦的是企业发展。这是一种企业竞争。但在后10年,以BAT为代表的大型互联网公司的发展目标已经超越了人们的想象,企业竞争发展为行业竞争,他们不仅想做一个行业的"霸主",甚至想做全行业、全商业、全社会的"霸主",称王称霸的"帝皇思想"越来越明显。

如近年来在零售行业出现的许多新概念,并不像20多年前在推进连锁经营模式过程中有比较统一的关键词,如连锁经营、电子商务、现代物流等。如今不同的零售概念代表着不同的话语体系,如阿里系的"新零售"、京东系的"无界零售"、苏宁的"智慧零售"、中国连锁经营协会的"全零售"。因此也出现了站队问题。

推进概念落地的基本因素是需求与技术,表现形式是商业模式和场景体验,核心是数字化,背后则隐藏着不同利益集团的扩张野心。

所以,"新零售"并不能描述当下以及今后我国零售业发展的全貌,正在变化的零售时代可以称为"零售新时代"。这个时代零售业存在很多不健康的现象,所以,我国零售业的未来发展应该高度重视"健康零售"。

2018年,中国连锁经营协会裴亮会长指出:最近10年我国零售创新经历了线上零售、全渠道零售与数字化零售三个阶段(或三个层次)。到如今,有些企业的线上业务已经超过50%,但一般而言,大多数企业的线上业务占比仍徘徊在1%左右。

我们也看到,如盒马鲜生,仅用了4年时间,就开张了200多家店铺,吸纳了1 000多万APP用户。更令人震惊的是,在年轻尝鲜、奋斗夫妻、宽裕白领、精致家居、潮流长辈五类用户中,潮流长辈(平均年龄56岁,65%为女性)在盒马鲜生APP用户中的占比为50%。由于零售APP的广泛应用,促使爷爷奶奶、外公外婆级用户的手机普遍更新换代。他们对新技术应用的兴趣、学习能力与适应能力,已经远远超越了我们的想象。他们不仅把移动购物当作一种便利的购物方式,更当作一种自己存在的方式以及向子女炫耀的方式。

所以,资本的力量已经占了上风,互联网企业的扩张模式,应该值得我们高度重视。

但我们也应该看到:

(1) 资本一方面在快速推进零售的迭代,另一方面也放大了许多"伪需求""伪模式",最终留下一地鸡毛。无人商店就是一个被极度放大的"伪需求",它可能只是为了满足极少一部分消费者"孤独购物"的需求,却被当作未来零售的一个重大发展趋势。便利店在我国也并不是一个可以取代其他零售业态的主导业态,却获得越来越多资本的助推。一种需要以慢的方式来发展的零售业态却采取了极速发展的模式,其结局一定是可悲的。

(2) 互联网企业的发展,无论对消费者体验还是对促进线下实体零售业的转型发展,都具有巨大的推动作用,但也出现了很多自身难以克服的问题。这包括市场的局部垄断将会损害消费者的权益,所以,接下来一个时期,政府将会对相关垄断企业实施反垄断调查;在人口众多的中国,给消费者无限的便利,实际上也在破坏整个社会生态,甚至劣化人种,对整个民族的优质繁衍起到了反作用;平台企业越做越大,但他们却希望以"更轻的资产"来运作,承担更少的经济责任,连实体企业在 20 多年前就已经实施的"商品质量先行负责制"都不愿意执行,所以,才有了 2018 年通过的《中华人民共和国电子商务法》中有关"连带责任"改为"补充责任"的决定。

(3) 数字化确实是零售业营运的基本发展方向,这一方向引导零售企业向精准营销发展,有利于降低营销成本,也能更好地满足消费者需求。但是,对用户信息的滥用,给整个社会的诚信蒙上了阴影。

改革开放 40 年来,我国零售业的发展在经历了经营承包与机制转换两个阶段以后,在经营创新方面,主要经历了连锁经营、电子零售、移动零售三个时期,至今还不能说已经发展到全渠道零售或数字化零售时期。笔者在贵州财经大学门口的一家京东便利店发现,店主甚至用"心中有数"来描述自己对商店经营情况的把握,根本看不到有任何"技术赋能"的迹象。有些公司花了巨额资金做全渠道零售系统建设,但线上订货线下退货或 A 店购买 B 店退货等业务都不能打通,这怎么能算全渠道零售? 对我国大部分零售企业来说,全渠道零售仍然停留在概念上,与真正打通内部与外部、本业与跨界、前台与中台、销售与行为等之间的隔阂,还有很长的路要走。

我们从现在开始应该关注零售新时代的"健康零售"问题:

(1) 从消费视角来看,应该更多地关注总体消费的分层化现象与个体消费的多面化现象。随着房价平稳,物价上涨,以及对未来生活不稳定预期的增强,消费升级的同时,更应该看到消费降级现象。多做一些对消费者有利的、实惠的、平实的、简约的事情,而不是以"品质""品牌""品味""品格"的名义去忽悠消费者支付更高的价格。

(2) 从零售现状视角来看,零售商的合规经营、消费者的合规消费、整个零售市场的合规性都面临重大挑战。法不责众显然是当下零售业必须正视的一个重大问题,这个问题不改观,就没有忠诚用户,就不可能有可信赖的零售品牌。

(3) 从发展视角来看,老龄化社会步步逼近,"零售新时代"不断讨好移动端的消费者,对社区老年人的健康生活,零售能做些什么? 这方面的问题,消费者自己、零售经营者以及相关部门,都尚未做好充分的心理准备、物质准备以及保障体系的准备。

"健康零售"既是零售发展的方向与目标,更是零售运作的基本要求!

20　新零售时代的变化

改革开放以来,我国零售业发生了重大变化。其形态变化表现为:坐商变行商;其支付变化表现为:实币变虚币;其需求变化表现为:物感变快感;业态变化:单一变复合;规模变化:区域变全国;店面变化:一面变千面;人事变化:统一变分散;渠道变化:一少

(少环节)变三多(套路多,路径多,场景多);目标变化:差价变价值(从追求差价的过程论转变为追求市场投资价值);热点变化:中心变社区。下面重点分析两个问题:从规模经济向社群经济发展,新零售的六大变化。

1) 从规模经济向社群经济发展

在实体店时代,零售营销策划的重点是店铺与商品,第一要素是选址。在移动时代,零售营销策划的重点是用户与场景,第一要素是价值。

从专卖时代到百货时代,是零售业态从"专"向"全"的转变;从单体时代到连锁时代,是零售组织从"分散"向"融合"的转变;从杂货店时代到超市时代,是零售方式从"柜台式"向"开架式"的转变。

百货公司、连锁商店、超级市场、无店铺销售通常被认为是零售业的四次革命,跨越时间140多年,从19世纪50年代到20世纪90年代。

上述四次革命,有三次是业态革命,一次是组织革命,结果使零售进入了规模经济的发展轨道,零售业的结构也发生了翻天覆地的变化,有品牌、有组织、有规模的连锁公司逐渐发展成为零售业的主导企业。规模经济以单品种、标准化的运作为特征。在这个时期,零售营销策划的重点是选好业态,选好店铺,实施店铺规模的快速扩张,并有效地营运管理店铺。

这一时期的零售逻辑是开更多的店,卖更多的货,赚更多的毛利,尽可能少花钱多办事,最终获得尽可能多的净利润。重点是铺面与商品,基本手段是铺面促销,其中以价格优惠为主导。

在19世纪70年代以后兴起的无店铺销售领域,如自动售货机销售、人员直销、电视电话销售等,其重点仍然是商品与价格,当然也为消费者提供了一定的便利。

但在互联网尤其是移动互联网时代,零售业逐渐从规模经济向社群经济发展:不同品牌偏好形成不同社群,由社群粉丝形成一定的社群规模,由此衍生出社群化与基于位置的服务相结合的零售模式,不仅改变着生活方式,也因此改变了营销方式与营销策划的重点。其主要表现在三个方面:一是关注重点从店铺转变为用户;二是经营内容从销售商品转变为经营流量;三是营销活动从价格促销转变为场景设计。

2) 新零售的六大变化

2016年是"新零售元年",实践之初主要集中在鲜食领域,包括外食、中食、内食,大家都在抢夺鲜食的生意。

2017年,以无人零售为标志的新零售成为一个新的热点,如猩便利、便利蜂。2018年,社区商业的小业态零售越来越受到业界的重视,如生鲜传奇、谊品生鲜等。

新零售的基本逻辑架构是体验、技术、资本、效率、形象。新零售从消费体验出发,有六大变化。

(1)跨界移动互联网形成了一个新的"用户流量风口"。在实体店时代,零售铺面自生顾客流量,店铺越多顾客流量就越多,主要依靠密集开店、广告促销以及顾客之间的口口相传带来客源。在移动时代,跨界是基本趋势,用户流量可以实现跨界共享。例如,餐馆的消费积分,可以到便利店使用;扫描金罐加多宝的二维码,可以获得京东商城、滴滴打车、韩都衣舍、当当网、酒仙网等商家的优惠券;大润发超市改装阿里巴巴云 POS 以后,就可以接收来自淘宝、天猫等网上订货。现在越来越多的商家与提供到家服务的网络平台合作,提供商品到家服务。

（2）追求零售业务的延伸价值。传统零售追求商品本身的价值增值,在互联网背景下,新创业的很多零售业务,并不是以商品本身的价值增值为目的,而是通过流量变现实现延伸价值。例如,办公室货架的配置,从单纯的商品经营来看,发展前景并不乐观,而创业者的最终目标是想通过在商务楼内的办公室占位,吸引有购买力的白领到网上购买其他商品与服务。

（3）满足消费者多样化选择的需求。在实体店时代,大部分零售交易都是在店铺内完成。在移动时代,虽然店铺交易仍然是主体,但是,购物渠道越来越多样化,零售创业者以及传统零售在转型过程中也就更多地考虑让消费者自由选择购物渠道。不仅如此,电铺与店铺属于两类消费者的购物渠道,而如今是同一类消费者针对不同商品与不同消费需求选择不同的购物渠道。商品多样化的选择与购物渠道多样化的选择已经成为基本的消费趋势,线上线下已经融为一体。

（4）交易终点越来越前移。由于移动化导致消费者利用碎片化时间实现网上订购,然后通过到家服务最终完成交易过程。另外,为了迎合就近便利的消费需求,靠近居住区的社区商业成为零售的一个新热点。为了解决"最后一公里"问题,国外比较注重网上订购,到店取货的零售服务模式,其后又开发出无人机送货服务,以及送货到汽车后备箱和快递员开门入户的服务。但在中国,到店取货的模式并没有获得消费者的认可,新零售试图通过无人驾驶汽车与机器人送货到家等技术手段来提升服务,降低送货成本。交易终点的前移,是满足消费者对便利性的诉求。

（5）从全客层营销发展到主题营销。改变全客层营销是零售业发展的一个重要趋势,如从前的购物中心与超商大卖场基本上都是全客层定位,所有顾客都是目标顾客,来者不拒。但随着社群消费的越来越明显,零售市场已经出现了分层化、细分化的趋势。所以,在创立新零售模式或传统零售转型的过程中,明确界定自身的目标客层以及经营定位就显得尤为重要。例如,上海大悦城用摩天轮在苏州河北岸成功地打造出了一个爱情新地标,以时尚感、情侣空间、自拍圣地为标签。摩天轮离地 100 米,直径 50 米,有 30个轿厢,带来了 500 万客流,带活了 8 楼和 9 楼商场,每平方米日租金上升到了两位数,其中有 300 万客流进入其他楼层,也提高了销售业绩。

（6）用心服务,体现温度。站在顾客的位置,用顾客的立场,用顾客的思维方式,去解决顾客的痛点问题,去亲近顾客,让顾客有更多的惊喜与欢愉。这就是零售的温度。总之，冷冰冰的卖场要变成热乎乎的场景。正如北京超市发董事长李燕川所说：我们要做有温度的零售商，"温度"体现在商品的温度、营销的温度、服务的温度，环境的温度。在"2018联商网风云大会"上，山东佳和商业总经理、齐鲁商盟执行会长王振军说出了两个让商店有"温度"的好事例：一是在营业前将所有顾客引进来，放好休息椅，倒上茶水，让顾客感觉像在家一样等着开门营业；二是下雪天为停车场所有车辆擦除车玻璃积雪，下雨天为所有顾客遮盖电瓶车。温度是需要公司文化来培育的。用心做服务，温暖一座城！零售是提供快乐生活的服务站。

21 中国流通产业新一轮发展要过哪些坎

我国流通产业在改革开放前以批发为主导，从20世纪90年代初引入连锁经营方式以来，逐渐形成了零售主导的格局。

2014年移动端用户首次超越PC端，线上线下两线融合发展进入一个新时期。2015年国务院对上海、南京、广州、成都、厦门、青岛、郑州、黄石、义乌9个城市实施内贸流通体制改革。2016年提出了"新零售"，零售的新技术与新模式在实践中初见成效。

但是，就我国流通产业的整体来说，仍然面临着诸多问题。如何适应流通革命？如何建立更高水平的市场体系？这是我国流通产业新一轮发展必须跨越的坎。

1）流通革命：核心是数据集合，方向是智慧流通

经济学意义上的流通革命主要是指零售革命，都发生在国外。我国流通自改革开放以来，也经历了三次革命：第一次以重庆"四放开"与上海"六自主"为标志，经历了从内资到外资、从封闭到开放的过程；第二次以连锁超市发展为标志，经历了规模化、多业态、跨地域的发展过程；第三次以移动互联网为背景，经历了从电商单线发展到两线融合发展的过程。有四大趋势将对未来我国流通产业产生重大影响，即移动化、无钞化、自助化、智能化，但其核心是数据集合，方向是智慧流通。

从2012年的O2O开始到2016年的盒马鲜生开店以及阿里巴巴与百联结为战略联盟，再到2017年的无人便利店实名购物，一切都可以归结为一个核心问题——数据集合。数据集合的过程是一个从移动化、无钞化、自助化逐渐走向智能化的过程。2016年以来，便利店的无人化趋势为什么会在行业中吵翻了天？不是什么风口不风口的问题，根本原因在于便利店是未来流通技术的孵化基地，这是流通的未来。

有人担心我国的智能化水平及其对就业的负面影响，其实恰恰相反，世界上没有任何一个国家比我国更有条件发展智慧流通，智能化还能优化政府管理职能与就业结构。我国拥有全球最多的人口、最多的方言、最丰富的生活、最复杂的流通、最多层的生活水平、最不可思议和意想不到的心理需求，所有这一切聚合以后，就是全球最强大的消费数据库、语音数据库、购买行为数据库。当然,从数据到智能还需要有算法的创新以及强大的算力(芯片)的支撑,这一切我国也正在努力赶上发达国家。总之,一切为了数据,数据可以创造一切。这就是未来。如果没有数据集合,流通就不可能有颠覆性突破。

最大的市场、最热的渠道、最准的数据都来自最小的设备——智能手机。这种新常态,将成为恒常态,未来流通的基本格局一定是线上为主。这并不是说不要实体店,而是因为有了比实体店更便利的交易方式,可以做到交易在线上,体验在线下。选购商品在线下实现,但支付却在线上完成。这正如未来的电脑,只要保留一个可以折叠的显示屏,存储器、操作系统、应用程序、电源线等需要硬件支撑的东西都可以放在云端。一切都在云端,技术会改变一切。以后的实体店根本不需要收银台,当然也不需要收银员,再也不需要坚持"进口要大,出口要小"的防损设计原则,完全敞开式销售,采用手掌动脉识别,不需要手机,不需要安装APP,扫手进店即可购物,拿了就走,不需要结账,自动扣款。

流通智能化以后,也可以减轻政府服务国民的压力。数据化、智能化以后,一部分当前由政府承担的服务职能可以通过商业化运作来实现。例如,地面停车场,如今都由政府管理,一般是15~20个车位配置一位管理人员,如今在上海闵行区,这一工作正在通过智能化停车管理设施实现基本的无人化管理。中国人多,靠人管人的办法始终解决不了问题,智能化管理是基本出路。更何况随着老龄化问题越来越严重,我国的劳动力会越来越紧张,智能化可以缓解劳动力紧张的局面。

单线、单维运作的传统模式终将会被多线、多维运作的现代流通模式所替代,但新事物出现的速度总比老事物淘汰的速度快,所以,在眼前往往感觉不到很多变化,有点像"温水煮青蛙"。

未来流通革命与从前任何一次革命都不同,过去是业态革命或组织革命,是从流通内部爆发革命。未来是技术革命,把消费者先武装起来,消费者首先实现了移动化、无钞化、智能化,然后倒逼经营者去适应消费需求。也就是说,未来流通革命不是从流通内部爆发的,而是由消费需求与技术应用这两个外生变量引发的。流通产业如果不能跟上消费者的步伐,丢失的不仅是顾客,更是未来。

2)市场体系:规制、公平、效率、创新

高水平市场体系的衡量标准是什么?规制与公平是基础,效率与创新是目标。

改革开放初期,上至中央下至地方,对流通产业以及流通企业都特别重视。随着流通企业规模的持续扩大,商务部还选出了"流通20强",重点跟踪,不定期检查,甚至召集企业当家人进京汇报,也出台了相应的扶持政策。从2005年起,政府对流通企业的风向标发生了急转,对企业的指责也越来越多。

随着互联网交易方式的进一步发展,不仅传统的区域代理制分销体系会瓦解,而且流通的实质也将发生变化,传统的商流(商品价值的转移)将变为数据流。而在传统流通体系中的辅助功能(如物流)则上升为关键环节,买什么卖什么也许并不重要,重要的是用什么方式送达、多少时间送达。

随着消费升级与消费观念的改变,购物和娱乐渐渐分离,所以,打着"购物休闲娱乐"的幌子去吸引消费者的办法,恐怕也越来越行不通了。如今的消费者意识到,工作就是工作,购物就是购物,娱乐就是娱乐,并试图将购物与娱乐截然分割。他们不再眷恋环境嘈杂、人多危险、进出不便的大商场,利用碎片化时间,运用移动终端完成购物,把原来用于逛街的时间腾出来用于旅游、运动与学习。尤其是"玩着游戏长大"的新生代消费者,他们甚至连做饭的时间也省略了,尽可能把生活中那些琐碎的事情交给"外包"来处理,这一代人以及他们所服务的公司,越来越崇尚"服务外包",由此将催生流通服务产业的细分化与专业化。

我国流通领域长期存在地域封锁现象,但这种现象由于互联网与高速公路网的发展而被冲破。互联网早已开辟"网上自贸区",实现了内外贸一体化,比有形的自贸区更便利。有一个现象令人奇怪,企业运作已经内外贸一体化了,政府管理机构也实现了外贸与内贸的合并,但我国大学以及贸易专业居然还有内外贸之分,如"对外贸易大学""国际经济与贸易专业"等。

现代发达国家的流通体系是由健全的法律体系来支撑的,如店铺规划与审批、企业不良行为等,都有非常严格细致的规制。在电视连续剧《温州一家人》中,温州人阿雨在意大利一个小镇上开了个小服装厂雇佣几个没有合法身份的黑工就会被罚得倾家荡产,使阿雨从此再也不敢雇佣黑工。可见营商环境决定企业行为。但我国在这方面还很不完善。

在公有制为基础的市场经济国家,因为物品短缺,商品流通长期以来都由国家计划调控,但经济开放以后则又出现了很多管制的空白点:①把流通主管部门与其他管理部门合并,在组织上弱化了流通管理。②对外商大量涌入而出现的新情况、新问题以及对中国未来经济可能产生的安全危机,缺乏系统研究与应对办法。③流通规制的形成没有经过系统思考,如《零售商供应商公平交易管理办法》的出台就是典型事例之一,该办法出台以后基本失效,于是就考虑制定更严格的条例来加以规范。④有些管制办法,只针对大型企业,对多如牛毛的小企业以及传统企业则缺乏必要的规制,如马甲袋,超市早就实施有偿使用可降解马甲袋,但几乎在所有的集贸市场与标准化菜市场,仍然在使用又厚又重又臭的马甲袋!再如预付卡,大企业要获得第三方支付牌照才能发卡,发卡收到的资金30%～40%要存在指定银行"存保",但小企业则在随意发放各种代币券(卡)。事实上,出问题的往往不是大企业,而是小企业。也就是说,规制缺乏公平机制。

市场缺乏公平竞争机制,消费者权益难以维护,农产品流通效率较低,这是我国流通体系所面临的三个问题。这些问题导致我国流通的低效率和局部混乱,需要进一步通过立法与惩戒加以完善。

流通体系建设除要追求效率,还要追求创新。一个有效的流通体系,应该鼓励创新,给创新者提供更多的帮助与扶持,从而形成效率与创新并驾齐驱的流通格局。

总之,通过规制,建立公平竞争与消费者权益保护的良性机制,并使流通更有效率,更具有创新的活力,这是一个高水平市场体系的主要标志。

22 上海营商环境亟待改进的四大痛点

2017 年 12 月 22 日,上海市优化营商环境推进大会的召开被称为是一个"超规格会议",市委书记、副书记和四套班子多位成员悉数出席,出席范围从党政系统扩大到央企、沪上国企、外企、民企及行业协会负责人等。

笔者在上海生活工作了 37 年,对经过"一年一个样,三年大变样"蜕变以后的上海,总体印象优良,对上海的社会治安、生活环境、商业氛围、公共交通、城市建设等都很满意。但从商业尤其是零售贸易的营商环境来看,上海仍有四个痛点需要改进与完善。

(1)有些项目管理不得当,存在"瞎指挥 + 瞎管理"现象。如沿街门面都要一样装潢,这是装样子,不是搞商业。再如南京东路有骑楼店铺,在节日里包个柱子装点节日气氛,也要审批,这有点过于烦琐。

(2)部门之间设卡扯皮现象依然很普遍。一站式、一网式办事形式是有了,但网页后面的数据与各个部门未能打通。自贸区是一个比较典型的案例。卡口制度需要改革。

(3)零售管理有死角。在城乡结合部,区与区结合部,如松江区与闵行区结合部的莘松路一条街上,以及莘闵别墅区附近,有类似百联旗下快客的"快购",有类似 7-Eleven 便利店的"7-Eleven 超市",有类似光明食品集团旗下的可的、好德的"可德",在浦东新区还有类似全家的"全街"等。这些都涉嫌违法,也许有工商注册,但如此类似的店招是不应该严加审核。

(4)百货公司购物中心存在"原价不实"的问题。这对消费者和经营者自身都是伤害!上海市商务委已经建立了一个诚信平台,也作为内贸流通综合改革试点的一个亮点。但比这种平台更重要的是商业实际运行的诚信!原价不实虽然是"行规",但确实是一个可以上升到"消费欺诈"的严重的法律问题。相信经过若干年的努力,上海百货公司的"原价不实"问题一定能解决,全国百货公司的"原价不实"问题也能彻底解决,给消费者一个明明白白购物的消费环境,使零售业都能像便利店那样干干净净做生意。让百货公司的经营模式回归到百货公司创立时期所倡导的"明码标价,不二价"的原点。

上述四点写完以后,上海资深商业记者吴卫群老师提出疑问。她问,"原价不实"的原因是什么?会造成哪些后果?

"原价不实",应有两个原因:第一,在盛行打折的商业时代,做实价,没有打折,反而会被顾客冷落。这是"逼良为娼",劣币驱逐良币。第二,"原价不实"成为无良商家"屠宰、肥猪顾客"的一种手段。

其后果会很严重,危害有三条:

(1)在一个法制社会,明显涉嫌违法经营的行为长期得不到有效惩治,与社会发展不相容。

(2)损害消费者权益,不仅是知情权,更使消费者被错误诱导,造成经济利益受损。

(3)原价、提价、打折等行为,不仅使商业企业内部营运管理成本提高,而且使交易成本提高,交易效率下降。

在零售新时代,包括合肥乐城股份王卫在内的很多创业者与经营管理者都在倡导以品牌和诚信提高购物效率,缩短购物决策时间。在这样的大背景下,提倡实价经营是大势所趋。

23 社区商业转型升级中的政府职能

近年来,各地商业主管部门在制定商业发展规划时都加上了社区商业的转型升级规划与落地方案。新建一个社区商业中心,相对来说比较容易。最难的是老街区的改造升级。

从已有的观察来看,有关部门一般是选取一条街道,分三步来实施。第一步,物业整合;第二步,统一招商;第三步,统一门头。

上海中山医院对面的枫林路街道整改以后的店面,门面干净划一,宽度一样,底色一样,商店原有的色彩与 logo 被淡化。

全家、罗森、快客、良友、喜士多,无一例外地被剥去了"皮毛",变成了一只只"光鸡"。全家、罗森、快客、良友、喜士多的门头底板都变成了灰色。

中山医院边上从前有不少水果鲜花店,如今大部分已被关闭;肇嘉浜路地铁 7 号线、9 号线出口沿线居民原来破墙开店,卖袜子、工艺品、水果、早点等,如今也都被关闭了。但实际上只是"明改暗",商铺还在悄悄地经营。

破墙开店是上海的一大特色。小店关闭了,上海就没有温情与韵味了。不管是不是商业用房,上海市政府应该下达一条市政府令:沪上破墙开店,不得禁止;拆围墙,销门禁,工匠作坊、特色摊贩可在规定场所自由交易,并免缴各类税费。

实际上,上海商业在最近几十年的发展,大致可分为四个阶段:政府扶持的起步阶段;向外开拓的成长阶段;内涵发展的纠结阶段;转型创新的发展阶段。

早期的发展与政府采取扶持政策相关,无论是财贸办的基层处,还是商务委的零售行业管理处,都对上海商业尤其是连锁商业的发展起到了重要的推动作用。例如,店铺开发、POS 技术应用、生鲜食品经营等,都有政府推动的影子。但自上海成立"百联""光明"以来,企业面临的竞争压力越来越大,内涵发展乏力,发展战略开始从"撒向全国"转变为"走向全国",实际上是收缩与退缩。近年来,由于新零售的崛起,上海商业又出现了一些亮点。

从消费者角度来看,上海已经不是购物的首选地,更不是什么购物天堂。南京某大学的一项调查显示:上海是首选的移居城市,中国香港则是首选的购物城市。

有人问,上海与香港有什么区别?其实,这个问题早在 25 年前就有人做过研究,研究结论是:香港成功的关键是——凡是企业能做的都交给企业去做,凡是企业做不了的都由政府来做。香港政府机构虽小,但做了应该做的事,所以,政府很有作为。如果政府"太多情",什么事情都想管,就会产生很多"伪命题"与"伪作为",结果是该做的事情没有人做,导致不作为。

政府职能的错位也会对流通产生负面影响,如农超对接、万村千乡、家电下乡、商业收费等,都应该是企业的事情,理应交由市场来解决。然而,像东方明珠前黄牛成群、黑导游泛滥,加盟主欺骗加盟者等,则应该由政府有关部门实施管理。

将上海打造成"国际购物天堂",只是一个非常空洞的口号。如今,节日与购物已经分离,节日期间城市居民外出旅游,所以节日促销的效果并不理想。其实,旅游与购物也是分离的,即所谓"购物不旅游,旅游不购物"。所以,一个城市的定位,最好不要由政府来决定,而应该通过良好的服务,让市民、旅游者来感悟、认知与口口相传。

早在 2012 年,上海静安别墅就出现过清理"丝袜奶茶铺"事件。小店主与工商部门玩起了"猫抓老鼠"的游戏。静安区工商局联合区食药监等部门对静安别墅进行突击执法后 1 小时,这里多家小店就重新做起了生意。问题的关键不仅在于是否合法经营,也在于小区居民是否喜欢这些小店。静安别墅属于国有产权租赁房,开办小店无法办理营业执照,所以大部分商户属于无证营业与违法经营。其实,"无证"可以变成"有证","违法"可以变成"合法",这要看政府的管理智慧。

上海可以创造一种新型的备案经营模式,小店铺经营无须执照,只要备案即可。政策是人定的,政策不合理要改政策,法律不合理要改法律,制度不合理要改制度,"百姓利益至上"是永恒不变的,其他一切都可以而且应该改变。

上海是一座具有韵味的城市,韵味从何而来?小店是重要的因素!上海开了上万家连锁店,为什么家门口的"烟杂店"仍然存在?因为这些店便利,有亲和力。静安别墅内的小店,看起来业态有点杂乱,但居民喜欢。凡是居民喜欢的事情,就应该去做。

为此,笔者曾给当时的上海市委书记俞正声写了一封信,提请他关注这个有关上海韵味的商业问题。信中建议:虚事可以少做一点,会可以少开一点,话可以少讲一点,文可以少看一点,但市民的民生问题应该亲力亲为;政府有关部门对小商店应实施免税政策。上海的繁荣、上海居民的生活、上海的韵味,离不开小商店的存在。如果上海没有了独具特色的小商店,就会失去往日的光彩。如今的南京路之所以没有特色,就是因为小商店越来越少,而且"骗子"成群。

最后提议以下事项:

(1)规划。政府要在规划与立法两个方面下功夫。社区商业的规划和整体布局应该发挥政府统一规划引领的作用,具体开发则交由大型零售商、商业地产开发商、房地产商、保险公司或基金组织完成。

(2)本地。政府的主张一定要接地气,合民意,融文化,本地化。不要拔高零售业态,更不要制定整齐划一的商业标准,一定要保护当地的文化特色,要鼓励本地居民参与零售服务。

(3)生鲜。菜市场与食品供应是主导。政府要鼓励社区居民自制食品,以多样化的方式满足居民对日常饮食的需求。

(4)公益。政府要倡导、发动与组织各类社区公益活动。

政府有关部门如果以市民利益为第一利益,更智慧地为市民服务,小小一个静安别墅的"小店问题"就会迎刃而解。和谐、美好的城市生活,需要智慧、勤勉的政府服务。

24 零售店招牌怎样才算合规

上海某连锁便利店在英文招牌的右下角加上了中文,据称,这是"语言文字工作委员会的建议"。其依据是上海市地方标准《上海市户外招牌设置技术规范》4.9 款的要求(DB31/T 977—2016,上海市质量技术监督局 2016 年 2 月 29 日发布,自 2016 年 6 月 1 日起实施):"户外招牌用字应当符合国家语言文字的规范要求;使用外文时,应同时标注醒目的中文字符;中文字符应占据版面主体。"

值得注意的是,《上海市户外招牌设置技术规范》是一个推荐性标准,推荐性标准属于技术文件,不具有强制执行的功能。

那么,店招到底怎样才算合规?

在上海,有不少区域的沿街商铺都存在格式化的现象,商铺门头一样高低、一样颜色,看起来标准,实际上毫无美感。商业的奥妙在于差异,追求统一实在是一种非常愚蠢的行为。

10 多年前笔者在连锁企业任职时,我们开发了一种折扣连锁店,叫作"某某折扣"。于是物价部门就找上门来问:"有折扣,原价是多少?"折扣连锁店的老总来找我,说怎么办?笔者说:"叫他们过来,我向他们来解释。"首先,国家商务部制定的《零售业态分类》(GB/T 18106—2004)国家标准自 2004 年 6 月 30 日起开始执行。折扣店属于标准中规定的 12 种店铺业态中的一种。其次,标准起草单位之一的中国连锁经营协会对该标准有一个说明,对折扣店特别指出:目前在中国出现的"折扣店"(Discountstore)一词源于欧洲,合理的翻译应是"平价超市"。但考虑到"折扣店"一词已为大家所接受,而且"折扣"一词也有低价、平价的含义,因此仍以"折扣店"命名。再次,把业态名称写入商店招牌是行业惯例。根据中国零售业的传统习惯,店铺招牌往往是由"店名"和"业态名称"组成的,如联华超市,"联华"就是店名,"超市"则是"业态名称"。其他折扣店在其门头或卖场内也有"折扣""省钱""平价"等字样出现。最后,折扣店中的"折扣"两个字并不是通常所说的打折的意思。折扣店强调的不是一时一地的打折优惠销售,而是强调始终如一的平价销售。所以,折扣店中所指的"折扣"两个字与大卖场以及超市的促销活动中所实施的让利优惠销售有着很大差别。

为了建设文明城市,真是什么事情都能出现。"千店千面"变成了"千店一面",完全颠覆了我们对零售的认知。要不要用中文店招,这其实既是个法律问题,也是个消费问题。

面对"千店一面"的要求,行业的反映如下:

(1)上次查到 7-Eleven 便利店没有使用中文。后来企业辩称,那不是外文是数字。于是就没有再被追究下去。

(2)动不动就安排统一安装招牌。试问:那些施工单位有没有资质,施工后有没有通过安全检查? 有没有后期维护? 出现安全事故谁负责?

(3)上海市吴中路的莲花路至中环段比较典型,店招一片绿,都分不清哪家是哪家。

(4)有一段时间相关部门要求 LV 等都要写中文字,还有 GA、HM、Gap 等。但这些字母是被用作商标的,用商标做店招应是合法的。

(5)有关部门应该管民生、安全等,而不是消除多样性。

针对行业的反应,城管部门的观点如下:城管执法局的执法依据是《中华人民共和国国家通用语言文字法》和《上海市市容卫生管理条例》。我们保障当事人的陈述权和申辩权。当事人也可以进行行政复议。如果对法律法规有意见和建议请向市人大、市府法制办、市容绿化景观署和相关街镇部门建议。

其实,在变化与变革相结合的时代,一切都要从客观实际出发。发生在 2011 年的商品价签事件就是一个很好的范例。那一年年初,郑州的丹尼斯、世纪联华、沃尔玛、大商超市等纷纷接到了来自物价部门数额不等的罚单,理由是违反了《关于商品和服务实行明码标价的规定》(中华人民共和国国家发展计划委员会令第 8 号)第十四条的相关规定,没有给每件商品都打上价签。但事后经过企业的联名申诉,有关部门于同年 4 月 22 日迅速做出回复,下发通知明确指出,不再要求开架柜台、自动售货机、自选市场等采取自选方式售货的经营者使用打码机在每件(每个)商品或其包装上胶贴价格标签。

类似的"已不符合当前实际情况"的法律法规在我国还有多少,又由哪些部门对此进行跟踪与评估? 面对新情况、新发展、新态势,又应该制定哪些新规则? 这是改善营商环境的头等大事。规则陈旧混乱，就不可能有良好的营商环境。

25 再谈我国便利店的营商环境

2019年3月27日，商务部流通司尹红副司长到上海调研便利店，上海市商务委召集罗森、全家、好德、可的、快客、中石油昆仑好客、猩便利、苏宁小店、上海连锁经营协会、上海商学院、新一线研究所等开了一个小型座谈会，主要是谈行业面临的营商环境。

当天晚上，《解放日报》《上观新闻》资深商业记者吴卫群连夜赶写便利店营商环境的内参，希望笔者提供一些行业素材。笔者如实罗列了五个方面：一是道路禁停黄线影响卸货；二是街道统一制作招牌违背现有法律法规；三是许可证办理速度慢影响正常开业；四是监管部门过度管理影响正常营运；五是服务增项受制于现有政策法规。

最近笔者又发现了一些新情况：

第一，加油站便利店的生意其实并没有想象中那么差，昆仑好客有些店年销售额超过1 000万元，甚至有几家店的年销售额超过了2 000万元（含保险业务代理费收入）。但加油站便利店要增加新业务与现有的政策法规有冲突。从前的很多加油站都设有洗车服务，如今大部分都关闭了。原因是开展洗车服务的前提是要安装二次废水循环设备，每台成本约10万元，更重要的是没地方安装。加油站便利店要增加汽车服务的相关业务，城市道路交通管理部门则按照"三类标准"要求设置工位，起码要有250平方米的场地，这是难以做到的。

第二，推行垃圾干湿分类后，便利店设置分类垃圾桶。有10%左右的垃圾是顾客吃剩的湿垃圾，顾客随手扔进干垃圾桶该由谁负责？"打假者"若发现这种干湿不分的现象，便利店又有可能被敲诈勒索。

第三，个人加盟便利店是大趋势，但是个体户至今仍无法办理二类医疗器械备案证，所以加盟店就无法销售此类商品。

第四，便利店提供免费的WIFI服务，但要通过有关网管监控部门的即时认证，反应速度慢，影响顾客体验。

第五，非处方药（OTC）在便利店不好卖是有原因的。在便利店卖药，消费者有需求，但可卖的药并不多，所以，便利店卖药始终难成气候。常见的感冒用药、止咳镇痛类、胃肠道用药、清热消炎类药、维生素补益类药品都属于OTC药品。但OTC中又分为甲（红底白字，即红色OTC）、乙（绿底白字，即绿色OTC）两类，便利店只能卖绿色OTC药品。很多常用药属于红色OTC药品，在便利店不能销售，所以绿色OTC药品基本上属于"鸡肋药"。而且卖药要建立各种台账，投入的精力很大，却做不了多少生意。业内估计，我国OTC药品市场规模已超过3 000亿元，零售药店占比超过六成，很多城市的药店其实比连锁便利店还要多。在上海,截至 2018 年 12 月底,市内便利店为 5 519 家,各类药店(含成人保健品店)有 7 000 多家。药品销售分类管制太严格,很多常用药在便利店都不能售卖,既没有达到便利居民的目的,也未能给企业增效。这是一个行业部门之间、行业之间的利益争夺问题。

针对便利店制定的很多扶持政策不一定有效,但将已有的好政策做实到位,给企业松绑,就能帮企业的大忙。同时,政府也可以根据行业发展情况制定一些新政策。例如,可以利用引进大学生创业的扶持资金,对大学生加盟著名便利公司给予一定的启动资金支持;便利店经营药品,药店经营鲜食,两者可以通过跨界合作有新的发展;医养结合的护养院与银行等可以引进富有特色的小型便利店;在社区商业改造过程中,要鼓励街道适当清理一些脏乱差的店铺,将小门面整合成 70~100 平方米的门面;将便利店引进社区,以提升社区商业形象,也能便利社区消费。

做好部门之间的协调工作是关键。笔者在对上海便利公司以及全国便利店行业的访问调查中获悉,企业诉求最强烈的事项是提高政府管理效率,适当放宽对便利店的管制。例如,办证时间大于免租期导致租金损失的问题。哪儿要发展、哪儿不要发展,这些问题不用商务管理部门考虑。一个城市到底应该开多少家便利店,小区门口要不要开一家便利店,这些事也不用商务管理部门考虑。企业关心的事情是证照发得快一点、治安管理不要瞎指挥、卫生管理要符合实情、有些文件允许法人授权签字、"一店一招"不合商业逻辑、国际著名品牌没必要再弄一个中文招牌。商务管理部门不用做便利店的发展规划,只要多深入企业基层,与相关部门协调就可以了。

总体来说,在政府高度关注便利店发展的过程中,要把重点放在改善营商环境上,不要去做便利店的发展规划,更不要去做外行指挥内行的"傻事";要系统梳理与零售相关的法律法规,有碍流通发展、消费者便利的规制要废除或修订,使其符合新时代、新情况的要求。

26 便利店:说起来都是泪

小小一个便利店,大约与 20 个职能部门有关,便利店真的有点像"泡在苦水里的孩子",说起来都是泪。

便利店面临各类问题,从外围到营运,简述如下。

1) 道路一片黄,禁停没商量

城市道路的"禁停黄线"越来越多,越来越长,便利店只能"罚分卸货",某些公司称,平均每天被罚分几十分到上百分不等。结果司机被罚没了。没人送货导致店铺缺货。为了不被罚分,只能舍近求远,从远处卸货,再用板车将商品拉到店铺。这是零售生产力的严重倒退，与现代化城市的发展宗旨也背道而驰。

在有些国家，白天只能停15分钟的地方，晚上可以停半小时。上海也有类似允许临时停车的地方。在奉贤区韩村路上，就有一块"货运车辆临时装卸"的告示牌，临停时间为12：00～13：00。这是一个进步，但还远远不够，便利店一日多配，只允许这个时间段停车，与便利店营运规律不一致。

另外，有关部门提示，便利店可以向当地交警部门沟通与申请临停。但这也不是高效率、法制化的城市管理之道。办法其实很简单，可以规定有店铺的地方就允许临时装卸，白天规定较短时间，夜间规定较长时间，依法营运，依法监管。

2）店招五颜六色黑白配，总有一款适合你

店铺的招牌是招揽顾客的利器，全天候营业的便利店，店招的通透性、可视性、光亮性更为重要，不仅关系到客流量，更与社会治安密切相关。

如今，全国各地有关部门统一安装"基层"，统一设计"基色"，有人称"丑得整整齐齐"。原来好好的店招被拆掉，有公司反映，仓库里还躺着100多块拆下来不能用的招牌。

实际上，这既不符合审美原则与市场规则，更不符合知识产权保护的规制。

笔者曾通过信访就此事向上海市委书记李强反映，并得到上海市绿化和市容管理局在网上的回复：

（1）本市依据《上海市户外招牌设置管理办法》《上海市户外招牌设置技术规范》对户外招牌进行设置管理。要结合区域环境、建筑特点、业态需求等设置户外招牌设施，在规范有序设置的基础上，能展现户外招牌的个性化，并没有要求全市户外招牌完全统一风格等。经过我们调研和实地检查，确实有个别街镇在户外招牌的管理整治过程中采取了简单的方法，统一制作了招牌。针对这一现象，我们将在户外招牌精细化管理过程中进行逐步改进完善。

（2）关于户外招牌数量问题。《上海市户外招牌设置管理办法》明确规定"中、小商铺设置户外招牌的数量一般符合'一店一招'的要求"。

（3）关于招牌夜间亮度和内容问题。户外招牌的设置要符合《上海市户外招牌设置技术规范》和《城市环境（装饰）照明规范》等相关规范要求。希望您一如既往地对本市户外招牌管理工作给予关注和支持。

从这个回复中可以看出，招牌统一，事出有因；实际操作，方法简单；一店一招，有据可依。有关部门称，已经设立专人负责做这方面的工作。但愿在不远的将来，企业可以自主设计安装个性化的店招。

商店的招牌是一个体系，从上到下包括屋顶广告塔、横置屋顶招牌、壁面招牌、侧立面突出招牌、悬垂幕布、窗面招牌、正立面招牌、小型突出招牌（如为老人设置出租车扬招点、除颤器安置点）、遮篷式招牌、悬挂式招牌、立式招牌等。改掉"一店一招"这个规定，不仅不会给城市添乱,反而能使城市更妩媚!

3) 开店不易,办证更难

找个能盈利的铺面已经很不容易,但办理证照就更难。便利店签约以后用于装潢的免租期一般只有两周,但办理证照的进度平均超过 23 天,一家便利公司,每年因此导致的租金损失高达几百万元。其实,证照(许可证 + 营业执照)办理慢主要是指许可证办理速度慢。

如今有些地方实施"证照分离",即先办理营业执照,获得营业执照后先开业经营,许可证待开业以后再缓办。有些城市实施"一区一证"或"一市一证"。这些用"新政"形式出台的新办法,其实在国办发〔2002〕49 号文中早有规定,但没有得到很好地落实与执行。

国办发〔2002〕49 号文规定,工商、卫生、环保、质检、消防等部门要进一步提高工作效率,简化审批手续,缩短审批时间。总部取得批准文件(或许可证)后,门店不需再办理相应批准文件(或许可证),可由总部(或委托门店)持加盖总部印章的批准文件(或许可证)复印件,向门店所在地有关部门备案,并由门店向所在地工商行政管理机关登记即可。有关部门在办理连锁经营企业经营上述商品或服务的批准文件(或许可证)时,对不同地区和系统内外的所有企业要一视同仁,不得歧视。对连锁经营企业要求设立非企业法人门店和配送中心的,门店所在地政府及有关部门要予以支持,不得设置障碍。

4) 过度管理,不胜枚举

(1) 上面多条线,下面一根针。事事都要求法人签字,连卖一个"安全套"也得法人签字。有些区实施了比较人性化的办法:先发营业执照,等法人有空再来签。但这也不是一个终极的解决办法,店铺天天开,怎么签都应付不过来。难道不能授权签字吗?

(2) 治安管理不合时宜。为了联防,要求装实时联网设备,一台设备好几万元,店铺合同才 5 年,成本要怎么分摊? 现在现金使用的少了,偷盗现金的小偷都改行了。有些大公司在全国 1 年只发生 3 起抢劫,总金额还没有超过 400 元。

(3) 卫生管理想当然,垃圾分类有难度。如今推行垃圾"干湿分类",便利店设置分类垃圾桶,其中有 10% 左右的垃圾是顾客吃剩的"湿垃圾",顾客随手扔进干垃圾桶,若被"打假者"发现,又有可能被敲诈勒索。

(4) 保健品、药品经营困难重重。例如,红牛、劲酒等商品都有"蓝帽子"(保健食品),营业执照上如果没有这个经营选项的,也要被罚;门店按规定要做台账,台账类型层出不穷,而且所有进货都要提供供应商资质证书等。但是这些资质材料全部是由总部保管的,门店没有任何自采权。

药品方面,药品销售分类管制太严格,很多常用药都不能卖,既没有达到便利居民的目的,也未能给企业增效。

个人加盟便利店是大趋势,但是个体户至今无法办理二类医疗器械备案证,所以加盟店就无法销售。这不仅是管理问题,而且是行业的利益之争。很多城市的药店比连锁便利店还要多。

5) 传统服务被瓜分,服务增项难实现

便利店是一个跨界经营的零售业态,移动化导致便利店的传统服务项目被快速分流,只有新增服务项目才能将便利店转型为社区生活服务站,这就与现有政策有一定的矛盾。

日本便利店可以办护照和户籍证明,部分的公证业务都可以在便利店快速完成。我国电商发达,移动支付发达,很多业务都往线上走了,水、电、煤等公用事业收费的生意越来越少了,手机充值更没有了。便利店服务项目有 40%～50% 已经被电商冲击掉了,服务增项却面临现行政策障碍。

以加油站便利店为例,从前在很多加油站边上有洗车服务,如今都没有了(原因在前文已有述及)。所以,加油站便利店的服务增项的空间就被大大压缩了。城市型便利店的品类结构中,大家都认为"鲜食"很有发展潜力,但这一块也只能做"加热"服务。

上述问题看起来都是小问题,但对企业来说个个都是大问题。

从竞争的视角来分析,我国便利店所面临的竞争对手比国外更多。路边餐饮店、早餐摊主、小超市、杂货店、快餐店、面包房、咖啡店、奶茶铺、外卖店、新零售餐饮化等,都是便利店的竞争对手。消费者到便利店消费的理由还不够充分,因为有更好吃、更便利、更实在的中食消费渠道。

27 "一店一招"没道理,商店招牌应该是一个体系

2019 年,"绿色上海"发布了《上海市户外招牌设置管理办法(草案)》(以下简称《草案》)征询公众意见的公告。对这个《草案》,笔者有以下意见。

第一,倾向性立规,忽视了两个基本点。《草案》第一条(目的和依据)规定:"为了加强户外招牌设置管理,维护城市公共空间市容环境整洁有序,保障城市公共安全,根据《上海市市容环境卫生管理条例》等规定,结合本市实际,制定本办法。"

《草案》的说明中指出:"近年来,户外招牌坠落事故的发生,反映出户外招牌设置管理还有待加强,凸显了户外招牌设置管理制度建设的重要性。"

意见 1:《草案》的重点是加强管理,但目前商店招牌被街道办"折腾"得面目全非。上海有不少街道的零售店因为招牌被格式化,已经完全不像一个国际化大都市。再"加强管理",不知道会变成什么样子。中央强调"放管服"相结合,不能只管不放,更不能没有为企业服务的意识。从背景来看,《草案》的出台与去年南京东路招牌砸死人有关。预防"招牌砸死人"悲剧重演的办法有很多,政府如果采取简单粗暴的"统一基础与招牌"的做法,那是一种过激反应。

意见2：《草案》的目的忽视了两个基本点：（1）民生：招牌被格式化的同时，城市也被丑化了，给城市居民造成了审美困惑与辨析困惑，是对民生的极大破坏。（2）规制：招牌虽然不是商标，但可以是专利，并包含商标与品牌，都属于企业的无形资产与知识产权，理应受到法律保护。统一店招侵犯了企业的合法权益，属于实质性行政违法。

第二，安全问题，过激反应。《草案》第四条（管理原则）规定："本市户外招牌设置实行安全第一、美观为上、政府引导、分类管理、社会共治的管理原则。设置人是户外招牌安全管理的第一责任人。"

《草案》第五条（市管理部门）规定："将户外招牌设置管理纳入城市网格化管理范围。"

《草案》第六条（区管理部门和街镇职责）："乡镇人民政府、街道办事处按照'一店一档'的要求建立辖区内户外招牌设置档案，并负责现场检查、安全抽检、预警告知、档案维护等日常监管。"

意见1：安全问题无小事，但因为一个店招掉下来砸死人，就实施网格化管理，把本来可以由企业按照国家相关法律法规与标准来做好的事情，由多个部门（如绿化市容、住房城乡建设、规划资源、房屋管理、文物保护、街道等）分而治之，会耗费纳税人的大量金钱，徒增企业应付检查的负担。

意见2：街道负责店招的"现场检查、安全抽检、预警告知"。街道是否有这方面的专业人员？如果没有，那就得增加编制。纳税人的金钱是不能这样乱用的！

《草案》第四条中的五条管理原则，再次体现了政府对安全问题的过激反应。

第三，允许各区设置设计导则，后患无穷。《草案》第八条（设计导则）规定："区规划资源部门可会同区绿化市容部门编制本辖区历史文化风貌区内户外招牌设置设计导则，并向社会公布。"

意见：市、区、街道各有导则，这是一种什么状态，招牌到底是"烫手山芋"还是"唐僧肉"？其实在这个《草案》发布前徐家汇街道就率先推出了全市首个街道户外招牌设计导则。这是促进有序，还是违法操作？请看澎湃新闻的一篇报道《店招该怎么设计？上海这个区有14条负面清单5组配色参考》，文中有徐家汇街道办事处主任董文曜回答记者的一段话："店招的美感是仁者见仁、智者见智。有时报上来的招牌，管理部门觉得难看，让商家回去改，但至于该怎么改，也很难明确指导。为此也有个别企业多次往返，才改到我们大家都觉得'合适'的程度。"管理部门感觉难看的店招，管理部门就有权要求企业修改吗？如果真有权修改，那就不需要商标法与专利法了。

建议：各区与街道一律不得设置设计导则。允许各区设置设计导则，后患无穷。

第四，"一店一招"，是商业的倒退。《草案》第十三条（数量要求）规定："户外招牌设置数量原则上'一店一招'。"但有三种情况可以设置多个招牌：多个出入口、位于道路转角两侧、同一经营主体有多个连续门面。实际上这一条所指的"多个招牌"都是指正立面的招牌。

意见：改掉"一店一招"这个规定，"一店多招"不仅不会给城市添乱，反而能使城市更妩媚。从古代到现代，从国内到国外，从发展中国家到发达国家，商店历来都是"一店多招"，如金陵东路、南京东路开在骑楼的商店，就更需要设置侧招，以便让路面和骑楼的行人都能看到招牌，有些公益性服务项目也需要通过侧招来展现。可见，"一店一招"的规定，是商业的倒退。

第五，零售店招内容与营业执照相一致，是不现实的。《草案》第十四条（内容要求）规定："户外招牌使用的名称、字号、标识等内容，应当与营业执照、商标注册证或者其他证明主体资格合法有效的文件核定的名称（或者规范化简称）和图案、文字相一致。"

意见：我国商标注册有 45 个大类，1～34 类属于"商品商标"，35～45 类属于"服务商标"。43 类是"餐饮住宿"，没有商品零售类的"服务商标"。实际上，用于招牌的"商号"与企业名称、商标不一定是一一对应的。当然，企业可以通过申请商品商标或外观设计专利，使商号与招牌的外观设计获得法律保护。但如果要求与营业执照相一致，是不太现实的。

基于城市形象与公共安全的考虑，对企业的店招基础、尺寸、材料、安装等制定技术标准，并进行专业的监督管理，是有一定必要的。但如果无视企业所拥有的商号、商标、专利以及与此相关的色标，管理部门自以为是地修改店招，甚至对店招实施格式化统一安装，这就与"城市，让生活更美好"的宗旨背道而驰，与千百年来所形成的商道背道而驰，与民生背道而驰。

28 行业吐槽统一招牌，招牌背后有不少秘密

2018 年 8 月 12 日，上海市黄浦区南京东路一商店招牌脱落，砸中 9 名行人，3 人经抢救无效死亡。此事件以后，一方面统一招牌越来越普遍，另一方面，吐槽统一招牌的人也越来越多。为了弄清楚有关统一招牌的一些细节问题，笔者拜访了在便利店领域做招牌的全国规模最大的上海汇达招牌制作有限公司（简称汇达公司）。汇达公司也是上海标识行业协会的副会长单位。

1）招牌标准归口管理部门是市容环卫部门

公司董事长陆永明说，他还参与起草了一个招牌设置的上海市地方标准。这个标准便是《上海市户外招牌设置技术规范》（DB31/T 977—2016）。

但在我国几乎所有标准都是不能免费获得，笔者花了 10 元从道客巴巴下载了该规范后发现：这个标准由上海市市容环卫标准化委员会归口，由上海市质量技术监督局发布。该规范上标识"DB31/T"表明：这是一个推荐性标准，推荐性标准属于技术文件，不

具有强制执行的功能。

2) 统一招牌的主要问题

有关统一招牌的问题,在前文已有述及,此处做以下总结:

(1) 为了统一形象、干净整洁,把零售店的招牌都格式化了,这种"光鸡"现象使零售店的门面失去了应有的色彩。

(2) 零售店有自己的商标、外观设计专利,用商标与专利制作成招牌进行展示,合理合法,而如今的做法剥夺了零售商依法展示自己形象的权利。

(3) 统一招牌以后,夜间光亮度严重下降。大型连锁公司各家自做的招牌,都配置了亚克力灯箱,透明度与光亮度都很高,统一招牌后,失去了原有的光亮,不利于社会治安。

(4) 上海有很多骑楼(如金陵路),应该允许零售商做侧招,也就是正面可以做招牌,侧面也可以做招牌。

(5) 上海是一个国际化大都市,著名的国际品牌所开的店(如罗森、LV),其招牌上再要求弄一个中文名称,反而不伦不类。

(6) 上海市地方标准《户外招牌设置技术规范》规定:户外招牌用字应当符合国家语言文字的规范要求;使用外文时,应同时标注醒目的中文字符;中文字符应占据版面主体。这个规定不具有强制性,但有关部门据此强制要求企业执行。

统一招牌的做法,已经严重影响上海零售业的形象,并对商业活动产生不利影响,还危及社会治安,这是有百害而无一利的事情。

3) 借光与发光

前段时间某便利公司老总说,招牌统一后,门头没有光亮,夜间怎么做生意,实在不行夜间全部关掉。

这样的关店对企业来说是减压,对城市来说是倒退。店铺招牌有一个演变过程。最早的店铺招牌就是一面旗帜,也就是"幌子",后来有了"灯笼"。店铺招牌的演变过程如下:

(1) 第一阶段用得较多的是牌匾式招牌,一块招牌正挂或斜挂在店铺正面。

(2) 第二阶段出现了平板式招牌,即在门头做好基层,再将招牌做在门头上,具体的形式也有多种多样。

(3) 第三阶段是 20 世纪 90 年代后,在连锁超市发展过程中由于营业时间一般到晚上 9 点以后,为了增强招牌的亮度,开始安装外置式聚光灯,出现了有灯光照明的零售店招。当然,霓虹灯在近代早已引入中国。

(4) 第四阶段是内置式灯箱招牌,一般使用 3M 材料,内置式灯箱,使零售店招牌一下子就明亮起来了。

(5) 第五阶段是亚克力灯箱招牌,这大概是受到肯德基、麦当劳等外资快餐连锁店的影响。

如今,招牌一旦统一,从第五阶段回到了第一阶段。所以说,统一招牌是一种倒退。

统一制作的招牌晚上会有一点光亮,但那是借光,而不是发光。以江达公司制作的招牌为例,其内置 LED 灯管或灯条、外罩亚克力透光面板的便利店招牌,夜间的灯光亮度可以达到 6 500~10 000 勒克斯(lux)。而一般适宜于阅读和缝纫等的灯光亮度仅为 500 勒克斯。可见,24 小时全天候营业的便利店等零售业态不仅是生活的服务站,更是照亮和温暖城市的一个桥头堡。

4)小产品,大市场

据陆永明介绍,他做过 10 年国企,后来又做过 10 年货架,最后自己创业做了汇达公司。这是一家专业的导光板与超薄灯箱设计、开发与制作的生产服务型企业,年销售额超过 1 亿元,主要服务客群是便利店。

便利店招牌是个小产品,但这个特定的细分市场,也是个大市场。尽管提供类似产品与服务的企业也不少,但真正能做到高质量的企业并不多。就这么一个市场,汇达公司一年可以做到 1 亿多元的销售额,其客户包括美宜佳、全家、罗森、百果园、良友金伴、生鲜传奇、生活驿站、壹度便利、富慧红府、喜士多、左邻右舍等 100 多家零售企业。

陆永明说,虽然他们公司提供的产品价格比较贵,但质量有保证,所以销售很好。保证质量的基础是选用优质材料,同时从制版,到压膜、成型,再到安装等每一个环节都建立了严格的质量标准与工程管控标准,从而保证了产品与服务的高质量。

29 上海购物"购什么"

商贸行业的老前辈们说,在计划经济时代,上海自行车配给要砍"十三刀"。

那时候,南京东路东海商都六楼有个房间专门放置一个铁皮大箱子,里面装的全是宝贵的永久牌、凤凰牌自行车票子,由专人管理发放。

每一"刀"都代表一个分配的领域,如外地、上海、军队、学校、机关等。各领域实行总量控制,经办人对票证的花色品种有一定的调剂余地。所以,自行车票证主管的权力很大,连军队派来领票的高级别干部也要敬他三分。这才是真正的"朝南坐"。

那时候,全国印票子多了,上海就多生产些自行车、缝纫机等日用工业品,以回笼货币。如今,上海印钞厂破天荒地不用加班了,现钞用得越来越少了。跳广场舞的大妈们从智能手机到微信支付再到支付宝,样样都活学活用。这些"110"后("50 后"+"60 后")"新生代老年人"对新事物的热情甚至超过了"9000"后("90 后"+"00 后")。

大约 5 年前,有专家调查发现:南京人到上海买房,但到中国香港或欧洲买商品。

从前全国人民来上海买东西,因为有"上海货"这个招牌,基础是"上海制造"的名声。如今的"上海制造"体现在哪里?是大飞机、船舶、隧桥工程、地铁工程、生物医学,还是五香豆、梨膏糖、云片糕、小笼包、大白兔？

上海购物"买什么"？我们的观点是：

（1）上海购物不是为了拯救老国企。2003 年上海成立百联集团，2007 年又成立了光明食品集团。两大集团拥有大量优质商业资源，曾经十分辉煌，如今也仍然拥有很大的商业体量。但无论经营业绩、消费者口碑、行业地位，似乎都面临着企业自身难以逾越的障碍，倒是一个小小的盒马鲜生，做出了一个大大的新零售市场。

这是为什么呢？有发展潜力的商业模式和商业集团，首先需要建立一个"商业逻辑"和"商业生态"。政府提出"上海购物"以后，国企积极响应，但如果没有把全行业发动起来，那是远远不够的。通过打造"上海购物"，应该建立起一个"开放、前卫、包容、融合"的商业服务与多样化消费的国际化平台。

（2）改善上海购物的营商环境。总的来说，内外贸流通体制、监管部门设置、法律法规、管理办法等，都存在传统做法与现代流通之间的矛盾。如自贸区的卡口式管理模式、部门分割的监管模式、"前台一站式＋后台孤岛式"的信息平台等，都需要变革与升级。

零售餐饮化是大趋势，虽然餐饮证与流通证已经合并，可是餐饮项目与流通项目不能混合互动，必须按区块划分，并需要做明显的物理分割。这种管理模式，与消费需求差距极大。零售娱乐化趋势明显，尤其是儿童场景设计更是吸引客流的重要手段。但按相关政策规定来看，2 楼以上基本不能设置与儿童娱乐相关的项目，而且必须设置专用的逃生通道。这也对零售娱乐化产生障碍。

（3）让上海变得更有风情与温情。杭州"车让人"已成为司机的一种习惯。就凭这一点，让人感觉杭州除了多姿的西湖外，还多了一份温情。在上海，除了老上海的"老克拉风情"（或称为"老克勒"），更应该创立新上海"前卫的温情"。

以倒卖为营生的"上海黄牛"，全国闻名。上海有"黄牛"，说明市场有活力，但这仅是"小河沟"的活力。"黄牛"的另一面则是投机取巧，这在消费者主权时代，越来越要不得。"黄牛"无孔不入，随需应变，与时俱进，是最活跃的市场因素。

如今"黄牛"甚至以高科技武装自己。他们不仅创造了营生，还培育了"体制缺陷发现机制"，成为市场规则漏洞的发现者。按理说，改革开放以来，随着体制与监管越来越严格，"黄牛"的营生空间会越来越小。但实际上，"黄牛"如雨后春笋，更如春风吹野火，层出不穷，花样不断翻新，技术不断更新，模式不断提升，日子过得还挺滋润。

"黄牛"的盈利模式有三个要点：一是发现需求；二是提供价值；三是成本控制。但"黄牛"太算计，属于"精于算计的小商人"，上海购物更需要有一大批、一大群有品质、有品位、有品格的"三品大商人"，要去掉一些"黄牛"的不良习气。这样才能跟上时代步伐，引领时代发展。

（4）上海购物从非购物入手。上海作为一个特大城市，其实就两个支柱产业：一是金融业，它服务于产业，金融繁荣则产业繁荣；二是零售业，它服务于民生，零售服务好，则民生安宁祥和。这是上海的两张王牌。如果能够把 2 500 多万上海居民服务好,让他们的生活更美好,就有可能去吸引更多的人来上海消费。

上海市商业信息研究中心主任朱桦说,上海有些区,把服务类消费计入社零总额以后,总量几乎翻倍。让游客在上海虚度光阴,闲逛了一天,花费了几百元几千元,但什么也没有带走,这是从物质消费向精神消费的升级,这才是"上海购物"的最高境界。

游客玩得开心了,住得舒坦了,吃得满意了,虚度光阴了,离家多日了,怎么也得买点东西回去哄哄人! 购物是前面各项活动的结果,而不是目标。

(5) 以新零售业态引领全国发展。上海大型零售集团从早期的"撒向全国"到后来的"走向全国"再到如今的"退居上海",实际上是规模在收缩。其实,零售绝对不是"轻资产"行业,不仅店铺与物流需要"重资产",人也是"重资产"。如果不在"铺面""物流""人才"这三个方面有持续的投入,就根本不会有未来。在新零售背景下,再加上"技术"元素,合起来是四个基本要素。盒马鲜生创始人侯毅说:"上海应该引领中国的新零售时代。"他所开创的零售新业态,其实是开创了一种新的商业逻辑,营造了一种新的商业生态,有可能引领全国零售业的新发展。此外,上海还应该挖掘更多诸如此类的新业态,如医养结合的养老场所,这将是最巨大、最具有挑战性的未来服务市场。

(6) 创新商业服务新方式。上海乃至全国的商家,大部分都实行折扣销售。厂方与经销商预先都约定了相互的扣率,再虚拟一个原价,最后做打折促销。这是占零售市场约 40% 份额的百货行业(单体百货店 + 购物中心)的行规。行业人士反馈:此类问题本该在 2005 年前后就解决,但一直没有解决,怕实价销售影响业绩。

零售不管怎么变革,效率、成本、体验等始终是核心问题。就顾客来说,不仅考虑价格,更考虑购物的时间成本、体力成本、比较成本、风险成本。互联网局部解决了一些信息不对称问题,但是,如何"减少顾客购物决策时间"是一个大问题,也是衡量商业文明程度的一个重要标志。建议摒弃一切不实原价,营造一个良好的购物生态。

举上海与日本的例子来对照。笔者参加过两次上海虹桥 2 号航站楼的评标,一个便利店的年租金高达 600 多万元人民币。尽管机场租金高,但便利店都承诺——同城同价,而实际情况是,连香烟的价格也比市区高,35 元一包的蓝牡丹、细枝凤凰都卖 45 元,软中华卖 80 元。虹桥高铁站甚至不让小店卖方便面,但小店主还在悄悄地卖。在日本,无论是机场还是小巷,价格基本相同,消费者无须关注价格,省去了很多麻烦。实际上是供货商在调节供货价格,地价贵的地方,往往是出货多的地方,进货价格就低了。

(7) 上海零售业与欧洲、日本、美国的差距,主要不是在大店,而是在小店。我国有几百万家杂货铺小店。上海有多少家呢? 目前只知道有 5 000 多家便利店。阿里巴巴、京东、大润发都想做面向小店的 B2B 业务。其实现在被马云引爆,被记者炒爆的新零售,由五个方面构成逻辑架构:体验、技术、资本、效率、形象。最后一个讲的就是整个社会商业的形象与格调问题。

我们在外国看到,哪怕是小镇上的一个小店,哪怕店主是老太太、老大爷,大多服务带有温情。上海的第一百货(马桂宁)有一句名言——把顾客当亲人! 真能做到这样境界,还有什么东西卖不出去? 这就又回到了"人"这一要素上。职工是便利店的形象代表,因此职工的福利问题不能忽视。杂货铺的面貌体现了一个城市的温度,也是城市居民消费升级的重要标志。

(8) 上海要打造几个拿得出手的商品与品牌。关于品牌,我们总是念念不忘百年老品牌。其实,对"9000"后("90 后"+"00 后")来说,他们已经不过分依赖品牌,而是靠购物体验、性价比、时尚性、颜值来决定是否购买。

"上海购物"是个"大命题",首先上海要从"小商人"转变为"大商人",不能光靠"算计",更要靠"算法",要培育独特的商业逻辑与商业生态;其次上海要从"大商人"转型为"小商人","大集团"要培育自下而上的创新力,基层有动力、活力与创新力,把每一个小店都经营好了;最后,上海购物得挖掘购物背后的商机,"风情+温情",才能留得住顾客,让顾客来了再来!

第 2 章

零售格局

现代零售必将会经历三局竞争,第一局是模式之争,第二局是规模之争,第三局是效率之争,第三局决定胜负。我国零售的未来将会是什么格局? 有行业专家预估:实体店 50% 销售占比;网店 30% 销售占比;社群 20% 销售占比。

1 对 2020 年中国零售的期盼

这是一个没有什么可以完全信任的时代，我们所看见的每一篇推文、每一段视频、每一张图片、每一个链接，都散发着浓郁的商业味。有人把这种现象称为娱乐化、互动化、社群化等。

那么消费者获得了快乐，消退了孤独，或是增进了友情吗？事实上，消费者在冲动消费下买回了很多并不那么需要的生活用品。

1）期盼 2020 年能有所改变

有些事情，期盼在 2020 年会有所改变：

（1）政府文件不要再出现"便利店是最贴近老百姓的零售业态"之类的表述。

（2）不要再来一个"ETC 运动"。

（3）让店铺招牌"百花齐放"，而不再"黑白绝配"。

（4）让社区菜市场恢复应有的公益性，由政府授权，公司运作，个体经营。

（5）让"前置仓"再前进一步，向"前置厨"发展，一切能烧菜做饭的地方，政府都要允许企业"把生米煮成熟饭"，可以让老年人吃上热菜热饭热汤。

（6）百货公司、购物中心、奥特莱斯的"原价"能变得真实。

（7）个体菜店出售的蔬菜能得到有效的监管。

（8）肉摊上方用来增色的红灯能够取消。

（9）朋友圈的谣言有机构监管。

（10）让一切看起来是"真的"东西，变为确实是真的，让自信建立在互信的基础上，让守信的聪明人多起来。

2）用诚信打动顾客

在旧时代，零售学徒有"三请规则"。那时候盛行讨价还价，如果学徒不"三请顾客"，就有可能被开除。但自从有了百货公司，就建立了"不二价"的经营法则。其实，现代零售的出现就是以"诚信"为标志的。

德鲁克认为，营销作为企业的自觉实践最早起源于日本。在日本江户时代，1673 年开设的一家名为"三井越后屋"的吴服店，就是如今的三越百货。这家吴服店把原本"贵族限定"的吴服引入民间，并运用"不会涨价""标价出售"等营销手法。

1852 年在法国创办的本·马儿谢百货公司，1884 年在美国创办的西尔斯百货，1900 年在我国哈尔滨开办的秋林洋行，等等，都实施"不二价"的诚信营销法则。这就是营销初心与底线。

当下零售，业态进化了，技术更新了，人也越来越聪明了，营销手法越来越隐蔽，有无诚信,尚需明鉴。这个时代,不缺人才、不缺资金、不缺地皮、不缺耕地、不缺梦想,唯一稀缺的是诚信、守信、守约。

3）该做的事情只有三件

不该做的事情有很多,该做的事情只有三件:

第一件事情:让用户招之即来。这需要建立便捷的触达用户的渠道,就是这几年来大家经常念叨的所谓"连接"。技术连接、内容连接、社群连接等都是"术"。只有人心连接才是"道"。所以,做零售实际上是做人的事业。

第二件事情:让用户来之即买。用户能来就说明对店铺有好感、有期盼,但来了之后能否消费,无论是实物商品还是服务,那就看营业现场的状况。如今有很多非常吸引人的噱头,装潢很美观,互动很劲爆,这些都是"形"。用户真正需要的是产品和服务的价值,那才是"神"。零售从"产销中介"发展到"创造用户价值与生活方式",这是巨大的进步。也正是由于这个原因才使零售成为大城市中除金融以外的另一个支柱产业。所以,我们时时处处、上上下下、里里外外,从投资人到 CEO,再到每一位中层管理者、基层管理者、员工,都要去思考"用户价值",去感受"用户感受"。这不仅是一种制度化的行为,一种写在手册上的"文化训示",而更应该是员工快乐工作的一种习惯、一种动力、一种回馈。让我们的员工能够在用户的微笑中获得工作的动力。只有那种能让顾客微笑且从容淡定的店铺才是好店铺。

第三件事情:管住钱袋子,做到收支平衡。零售,从经济学意义来说,历来都是一个投资成本较高,固定开支较大,保本点较高的行业。这个特点决定了零售的正常经营者都会极度关注销售额,因为在零售这个行业中,每百元销售额中大约只有最后 10 元销售额是有利润的。如果销售额下降 10%,就几乎没有净利润。因此,零售成败,一方面取决于销售额(当然还有周转),另一方面取决于成本(当然还有毛利率与损耗)。如果不能管好钱袋子,那只能是辛辛苦苦闹一场,热热闹闹走过场。收支平衡是头等大事。新零售之所以遭吐槽,其重要原因之一就是实际业绩并没有想象与传说中的那么好,甚至更差。当然,历史的车轮滚滚向前,谁也无法阻挡零售前进的步伐。但目前新零售确实面临着效率与业绩问题。

虽然我国人口基数很大,每一个细分市场都会拥有庞大的人群,但不要忘记,我们也是一个跟风的国度。你干他也干,一夜之间,满世界都是生鲜店,这个本来很大的细分市场就突然变小了。所以,在细分化的今天,有时候实施"反细分法则",会更有效。

人在这个世界上,大部分时间都在做没有意义的事情,只有小部分时间在做所谓的有意义的事情。一个企业也是如此,很多事情都是不直接创造价值的,但从长远来看,还是很有意义的。例如对顾客的点滴关怀,并不直接创造价值,但日积月累,则能给企业累积信誉价值。希望有更多的零售商多做看起来没有意义的事情,也千万不要忘记前面所说的三件事情。

2 中国零售将进入慢时代

20 世纪 50 年代至 21 世纪 10 年代的 70 年,大致可以浓缩为 7 天。

第一天 20 世纪 50 年代是"公有",特点是,鼓足干劲,力争上游,多快好省;第二天 20 世纪 60 年代是"争斗",特点是,造反有理,乌云密布,乌烟瘴气;第三天 20 世纪 70 年代是"重生",特点是,抓革命,促生产,学大庆,学大寨;第四天 20 世纪 80 年代是"承包",特点是,从农村到城市,从工业到商业,全国吹响了承包的号角;第五天 20 世纪 90 年代是"改革",特点是,发展才是硬道理,为了发展可以冲破一切束缚;第六天 21 世纪 00 年代是"网联",特点是,连接世界,预见未来;第七天 21 世纪 10 年代是"资本",特点是,大家都等风来,风吹动了行业,也吹翻了行业,多快好省爽,各取所需,各有所得。

但爽过之后,都处于极度疲惫状态,资源枯竭、精气枯竭、诚信枯竭、模式枯竭、动力枯竭,留下的都是"砖头""纸头""骨头",狰狞可怕。但对大多数零售企业来说,依然没有明确的方向。不改,等死;与平台合作,吊死;自己干,亏死。

时代需要我们慢下来,用户需要我们慢下来,如果有资本还想快马加鞭,到了第八天,一定得吐出来。人的能力与企业的能力一样,都是有边界的,但行业发展的边界似乎越来越模糊,最终胜出者到底是坚守者,还是四面出击者?

零售的本质是创造服务价值,而不是单纯地提供商品或服务。

改革开放以来,零售业的变革是沿着连锁化、组织化、规模化、技术化的方向发展的。但在这个过程中,需求方与供给方仍然有很多不对称,零售商仍然不能充分满足消费者对商品与服务的诉求。品质没有显著提升,而价格却居高不下。

近年来,由于互联网与新零售的兴起,线上与线下逐渐融合,极大地便利了消费者购物,尤其是支付方式发生了颠覆性变革。这是平台型企业为消费者创造的新服务价值。其结果是:主要依靠传统方式经营的企业,越来越走下坡路。新一代企业借助资本与技术的力量从经营模式与服务方式创新开始,吸引了越来越多新老用户,但业绩增长非常缓慢,更面临着巨大的成本压力。所以,那些缺乏自身造血功能的企业渐渐败下阵来。

我国零售市场,不缺实体店,更不缺电商平台,如今又加上了一个令人眼花缭乱的社群平台,三个空间弄得消费者无所适从。尽管出现了拥有几千万粉丝的网红,但消费者的忠诚度仍然很低。零售市场严重缺乏可以让消费者绝对信任的零售品牌与零售平台。中国其实不缺好商品,缺的是值得信任的服务平台。

在社区商业领域就更是如此,街边店虽然购物便利,但客流被众多的个体店铺分割,品牌的整合效应很差。盒马在开出了盒马鲜生、盒马 F2、盒小马、盒马 mini、盒马小站、盒马集市以后,前不久开张"盒马里"社区购物中心。盒马改变发展路径,不去赋能传统业态,走另一条道路,即整合社区的客群资源,这正如侯毅所说的:"马车永远无法改造成为汽车。"

有人说,"消费重视商品,不重视商家"。其实,商品与商家的关系有点像鸡与蛋之间的关系。因为商家不可信,所以,消费者不得不认商品。这是"简单事情复杂做"。在未来应该倒过来,先认商家再认商品,达到"复杂事情简单做"的境界。

商家作为一个服务平台,他们所创造的服务价值最核心的是消费洞察力、供应链整合力、商号信任力。所有这些能力的培育,都是一个持续改进的过程。社会经济发展慢下来了,消费者越来越理性,也会慢下来。所以,商家再也不能舍命狂奔。数字化也要向纵深发展,从引流、促销、营销向营运、管理、服务等方面转变。

总之,慢是一种态度、一种境界,更将是零售发展的常态。

3　中国零售:当下与未来的思考

2019 年 6 月 30 日早晨,在大雨中醒来,看到张一夫先生的留言,说 7 月初将上线一个叫"当代商业思维"的新媒体,约笔者写一篇稿子。

当代中国商业不仅需要创新,更需要务实的、有前瞻性的、理性的思考。开辟这样一个以"思维"为主题的媒体,引发大家对中国商业未来发展的思考,是很有益的探索。

一个城市的商业,有两种主导产业:零售业与金融业。零售服务生活,零售的繁华与繁荣使城市生活更美好;金融服务产业,金融的创新与有序使城市产业更有活力。

中国当下的零售,像梅雨季节的气候,潮湿而闷热,让人透不过气来,缺乏冬季的凝重,春季的勃发,秋季的成熟。望窗外飘泼大雨,看沟渠浊水泛滥,突然使人想起了中国麻将。那是一种从混乱中创造有序的游戏。麻将游戏,是从混乱的牌桌中抓牌,树立一个清晰的目标,一点点做成自己想要的牌局,最后听牌、和牌。牌局博弈的过程,既不能摇摆不定,也不能一成不变,既要有清晰目标,又要适时应变,才能"从混乱中创造有序",即使结果达不到"有序而和",也不至于有太大的损失。当下中国的零售业者,正需要这种"麻将精神"。

1)格局:三股零售力

最近 10 年,电商打破了实体店一统天下的格局,但还有两个局没有破:一是区域连锁的局,全国零售的格局仍然是 X + n,即 X 个极少数全国发展的零售商,n 个众多的区域发展零售商;二是新时代零售营运业绩并没有显著提高,新零售玩出了很多新花样,给消费者确实有了很多新体验,但"新效率"还是个谜,折腾到现在,甚至连底裤也被风吹走了!

经过改革开放的洗礼,我国形成了三股零售力:

一是动物型零售，大部分从中国大陆东部出发，从南到北，从北到南，从东南部沿海城市到中西部城市，渠道不断下沉，像游牧动物，吃掉一片再找另一片，目标就是占领全国市场。

二是植物型零售，如蚂蚁商联、齐鲁商盟等，他们由各个区域的优秀公司结成联盟，抱团协同，扎根区域，深耕本地，呈现出极具特色的本土化优势。

三是外生型零售，他们带着资本、技术与平台，拿着"手术刀"，随时准备给线下实体零售商动手术，甚至自己也偶尔躺在手术台上，内测手术的效果。但当他们打开"病人"的胸腔，发现用现有"医术"不仅难以治疗零售"顽疾"，而且连病因都无法找到，术后还产生了一系列后遗症。所以，他们在不断迭代思路、模式、医术、方子及其用药配比。阿里系与腾讯系，是这个外生型零售的主力，他们虽然都不差钱，也有一系列令人眼花缭乱的"智慧技术"，但共同面临着三个方面的挑战：供应链、人力资源、营运管理，归根到底是"千店千面"的营运效率问题。从这种格局来看，收购区域领先的公司说不定比收购全国性公司更有价值。

家乐福在中国大陆激战24年最终被收购，也许不全是家乐福的无能，而是由消费者的快速变化与区域零售商逐渐强大所致。高线城市的消费者越来越没时间也没心情去大卖场。家乐福虽然也在求变，但他们的变化没有消费者变得快。家乐福在全国的布点面临着强大的区域零售商的阻击，他们的学习力、洞悉力、应变力，以及悄悄干活的能力，支撑着能获得本地消费者认可的商品力和服务力。所以，区域零售商常常能完胜家乐福。

2）本质：就是价值放大

有人说："零售的本质是商品买卖。"这涉及零售的基本概念，零售从狭义来说，是向个人与家庭销售商品与提供相关服务的商业活动；但随着消费水平的提高，零售的外延不断扩展，也包括一系列独立的单纯的服务项目，如面向个人的银行服务、理财服务、教育服务、医疗服务、休闲服务、精神服务、生活服务等。可见，当下与未来的零售，是一种大零售，其本质已经不是单纯的商品买卖。

有人说："零售的本质是产生诱惑。"从营销视角来看，零售商确实在演绎诱惑绝技，他们通过定义新产品与新消费，为消费者制造新诱惑，从而改变消费习惯。但这仅是手段，诱惑必须有效与合规。

初期的零售，本质是实现价值，赚取商品差价，那是传统小商人最典型的商业模式，前店后厂的作坊式零售，使商业利润与生产利润合二为一。后来，票据与纸币的诞生使商业超越了地域限制，这是商业变革的核心动力。从此，零售进入一个以创造价值为本的时代，其本质是利用异地信息不对称，通过长途贩运和贱买贵卖，赚取商品溢价。当下市场，服务消费的占比越来越大，其实质是精神消费，满足的是人的心理需求。消费者在一个商业场景下转悠了大半天，有几百元甚至上千元的消费，但没有带走任何实物商品。

这种精神消费,是消费升级与商业设计的有机结合,其本质是定义价值,给消费者超越期望的舒适感,赚取心理溢价。上述三种零售类型,分别可以称为零售 1.0、零售 2.0、零售 3.0。零售通过自身的创新活动,实现商品或服务的价值增值,比产品制造方或服务供给方提供更大价值。所以,零售的本质是放大价值!

从百货公司的创办到如今,全球零售业在 167 年的发展历程中,每一次业态变革、组织变革、服务变革,都有三个核心点:一是顾客体验改善;二是投资成本提高;三是营运效率提升。体验需要投资,投资需要以效率提升作为回报。变革是否成功,关键就看零售业者有没有本事使零售实现价值放大。

但目前,我国确实还处于商品为本的时代。这正如一位"80 后"消费者所说:"免费最贵,优惠第二贵。"他进一步解释说:"免费得来的不是我要的,优惠得来的花了很多精力却不那么符合我的要求。1 499 元一瓶茅台酒,2 000 元照样有人买,买去一定能用上,他就很高兴,觉得很值很划算。从整体看,也是从常识看,只有不断把产品做好,消费者才是真的得利。"

可见,对消费者来说,也许得了些便宜,但事后想想,那便宜,其实就是浪费! 自说自话的品牌商与零售商,在越来越有话语权的消费者面前,变得很脆弱! 当下的零售业不仅背负着高租金、高人工费、高损耗的压力,更增添了三种新的成本压力:店铺美化的成本压力、供应链建设的压力、到家服务等成本的压力。重负之下的零售业,如何才能实现价值放大,这才是关键问题。

3) 扩张:只有三种战略

在互联网企业和众多风投资本的推动下,零售业形成了一个个风口。风是空气的运动。空气水平运动,如夏日徐徐来风,凉爽宜人。但如果在短时间内风速发生剧烈变动,这种"突风"就很吓人。如果是龙卷风,就会具有极强的破坏力。如果在飞机上遇到空气垂直运动则构成升降气流,甚至还有可能把飞机吹没了。

零售本来是一种平心、静心、安心而安逸的产业。经营者以人为本,淡定经营,旨在做百年老店;消费者自由购物,不用担心被骗被蒙被宰,因购物而舒适、快乐和享受。

但如今的零售,也许有不少"雾霾",需要清风甚至"突风"的吹拂,拨开云雾,让零售的天空更洁净、更明亮、更灿烂。

这几年的零售风口,确实吹走了一些"雾霾",但也带来了新的"雾霾"。从消费者的视角来看,用一句话来概括比较合适——技术让城市生活更便利,但离美好生活依然很遥远。

扩张的基本目标是占领更广阔的市场,拥有更大的市场份额。但企业发展与实证研究发现:市场份额高不一定能带来高利润。实际上,市场份额的提高并不是增加利润的唯一因素,而且这种正相关关系一般是在以下三种情况下发生的。

(1) 扩大生产经营规模,导致单位生产成本下降,这叫做总成本领先战略。总成本领先,看起来是低成本,实际上也是高投入的结果,只有应用新的工艺技术、新的生产方式、新的组织架构、新的营销模式,才能实现确保品质前提下的规模化生产的低成本。所以,扩大生产规模仅是实现低成本的必要条件,充分条件则是技术的应用与经营管理的创新。在零售行业,连锁超市通过高投入实现了规模化、标准化、简单化、低成本的运作,而从门户网站到 QQ、淘宝、微信、天猫、京东、唯品会、拼多多等社交平台或购物平台,再到新零售、社区拼团,都是高投入,至今还没有实现真正意义上的低成本。其关键原因不是物流成本高,而是客流量不稳定,不仅导致获客成本越来越高,而且顾客的不忠诚也使顾客保留(retention)的成本更高。

(2) 在特定领域做专做大做强,发展成为区域头部企业,这叫做专一化战略。在零售行业,进入中国的外资零售企业几乎全部实施这种战略。麦德龙、家乐福、沃尔玛、7-Eleven、迪亚天天等公司的主力业态就只有一种,即以单线发展,实现在全国的规模化发展。内资零售业正好相反,他们所采取的则是特定区域多业态发展战略,追求区域市场领先的目标。其结果是:多业态全国发展,失败多于成功;多业态区域发展,成功多于失败。所以,这种战略应用到中国,这个"特定领域"已经超越了"行业"的概念,也可以理解为"特定区域"。因为中国市场很大,一个特定区域也有足够的客群支撑。也正是由于这个原因,我国目前全国发展的连锁公司从精细化与营运业绩来看,除个别公司外,大部分公司还不如区域龙头企业优秀。全行业规模化、全国规模化、区域规模化,这是规模化发展道路上的三种基本选择。某些新零售企业,试图用多业态占领更多的细分市场,这种想法很好,但可能面临一个个陷阱。

(3) 通过建立具有独特性的产品与服务来树立竞争优势,这叫做差异化战略。价格差异是一种差异,但价格差异只能吸引顾客,却不能留住顾客。实现差异化战略的主要方式包括品牌形象、独特技术、产品功能、顾客服务、销售渠道、信息沟通等方面。最理想的状态是各个方面都具有独特性,但这样做不仅会使成本无限扩大,而且实际上也很难树立全面的特色。可见,全方位的差异化对大多数企业来说是难以实现的,因此企业应该选择局部的差异化。在零售行业,消费者主要有商品、价格、服务、环境、便利、沟通等六项基本诉求,零售商实施差异化战略时可以选择其中一两项加以强化。差异化战略与市场份额并不总是统一的,两者甚至会有矛盾。而且这一战略的实施过程往往伴随着很高的成本代价。如何有效地控制成本,让更多的消费者能够以相对较低的价格享受独特的产品与服务,这是对差异化战略的挑战。现代技术的应用为实现低成本的差异化提供了条件。但差异化与市场份额也存在一定的关联,这主要可以通过"品牌"来实现:市场份额的扩大,意味着品牌价值的提升,消费者愿意为"品牌"支付更高的价格。更低的成本与更高的价格相结合,给企业带来利润的增长。

企业利润源于战略选择,战略上摇摆不定,会使企业处于非常被动的境地,这正如一局麻将打到一半还改变方向,那基本上是和牌无望。当然,如果有谁能想出除此以外的第四种战略,那一定是经济领域的重大创新与突破。

4) 展望:从成功走向成功

回顾过去,展望未来,我们发现当下的出局者,往往是过去的成功者,如家乐福。家乐福草草收场有三方面原因:一是在大城市没能跟上消费者的变化与节奏;二是在中小城市没能战胜区域龙头企业;三是自己的傲慢与懈怠,延缓了触达顾客和跟上时代的步伐。

盛极必衰是任何生命运动的必然趋势,自然成长的企业也无法逃脱这一生命规律的约束。企业生生死死是社会经济进化的必然现象,只有让该死的死去,才能让该活的活得更好。但我国企业往往是在短暂辉煌以后"一击毙命"式地夭折,这是十分可悲的现象。难道成功是失败之母?希望这仅是教训和个案,而不是未来中国商业的归宿。但经营者应该保持清醒的头脑,做顾客忠实的代表,"严选"不如"民选"(消费者选择),有危机处理能力,才能化险为夷。

未来对零售企业有三点特别注意:

(1)踏实经商。中国企业做大以后常常会面临四个问题:现金不足,成本失控,官僚主义,官商联姻。如果有能力妥善解决这四个问题,那就能做得大一点,否则就得做实一点小一点。小也是美好的,小仍然可以发展得很有效,很滋润,很长久。如果大家都追求大与强,那就没有希望。在大与强之间还有第三条路,那就是"实"。不管做大还是做强、做实,有一点必须明确:决不打硬仗!

(2)善于变化。变化有三种:一是下属要变化。这种变化要适应企业、市场与环境。二是领导要变革。变革之下,领导的战略眼光、工作思路、工作作风要与企业规模相适应。三是体系要革命。通过革命要建立与经营规模和经营环境相适应的管理机制。只有变化、变革与革命相结合,才能适应市场,满足需求,实现发展。

(3)留住人才。电商快速发展对店商造成双重打击:一是经营上的打击;二是人才上的打击。"一人"企业肯定走不远,变一人之智为众人之智,变一人之能为众人之能,变一人之利为众人之利。只有这样,才能留住人才,稳住基石,从成功走向可持续的成功。

4　零售业继续混战:第三局定胜负

我国零售业仍将处于混战状态,一切都是为未来而战。无论是新零售还是无界零售或是全零售,都是为了占领未来市场先机。

1) 未来竞争是大集团之间的竞争

未来零售的竞争主要表现为大集团之间的竞争,大集团对大集团的渗透,对小 B 市场、区域市场、增量市场以及供应链资源与优质营运管理人才的争夺。这五个方面的表现力,决定了一家零售企业的市场地位。

新的零售集团对以往零售集团的渗透或瓦解,是必然的事情。以往的零售大集团的整体退化,与区域零售商的整体进步,已经形成明显的反差,这是实体零售企业发展的基本现状。长期以来,我国零售企业严重缺乏资本支撑,没有长期负债,依靠自身积累与占用供应商资金筑起了零售基业。当下零售在资本助推下虽然表现出一些混乱,但总体来说,有力地推动了行业的发展。资本也好,电商也好,谁来主导未来零售业并不重要,重要的是能否提升流通的整体效率,能否给消费者带来新的价值。

大集团以及新型供应链整合企业对小 B 市场的整合,已经取得了一定的成果。这件事持之以恒地做下去,将会提高小型私人商户的营运效率,更会改变传统杂货铺的面貌,从而改变整个零售市场的面貌。改变生活从小店开始,当前的天猫小店、苏宁小店、京东便利店只是一个开端。

大集团之间的竞争,必然落地到对区域零售商的争夺:有些区域零售商被大集团"招安";也有些区域零售商独立上市;还有些区域零售商坚持走自己独立发展的道路。

2) 三局一胜

零售行业的本分是服务客人并追求效率,进而为客人提供较低价格的优质商品与服务。这是一个循环,如生鲜农产品供应链能力与效率,主要体现在六个方面:一是选区域。区域农业是发展趋势,特定的天时地利生产出特别的农产品。二是选伙伴。合作伙伴的优选与整合,是农产品品质的第二保证。三是管控。农产品生产过程的管控,包括按照标准生产与采摘等。四是流转。如保鲜、加工、物流、储存、推广等。五是销售。农产品流通的末端环节是产生效益。六是消费。"日日鲜"是树立品牌信誉的一种有效策略,但如果前面五个环节做好了,即使不是"日日鲜",也照样是好的农产品。新鲜只是农产品消费的最基本要求,怎么把新鲜的食材烧制出色香味俱全的安全食物,那才是关键。

追求流通效率,从企业的小视角来看,首先得有毛利,其次得有周转,再次得尽量减少损耗,最后得有现金流量。流通效率还具有特殊的社会意义。生产效率是局部的资源配置效率,反映人与物之间的关系;流通效率是社会总体资源配置效率,反映人与人之间的关系;流通效率在很大程度上决定了全社会经济运行体系的整体效率。

如果各行各业、各级服务与管理部门都忘记了自己的本分,那整个社会就乱套了!这正如我们常常看到的现象:该管的不管,不该管的瞎管,出了问题,让"临时工"背黑锅!其根源是有关部门违背经济规律,越俎代庖,因噎废食,大包大揽,这是与"不作为"属于同一性质的"乱作为"与"烂作为"。零售效率的提升,不仅要靠零售企业的创新转型与勤勉勤俭,还要依靠更智慧、更勤勉、更高效的政府服务。

现代零售必将经历三局:第一局是模式之争;第二局是规模之争;第三局是效率之争。而第三局将决定胜负!

当下的新型零售,主要以争夺存量市场为主,随着消费需求持续升级,新消费等增量需求会持续增长,对增量市场的占领与占有会提升对存量市场的影响力。最终,无论增量市场还是存量市场都将被高效率的新企业占领与占有。

所有问题的有效性与持久性,最终将取决于供应链管理能力与营运管理能力。不管谁来投资与管控零售业,都无法逾越商品与服务两道坎,商品需要供应链整合能力的保障,服务需要营运管理能力的保障。技术助力是基础,但关键还是取决于人。如果缺乏专业的营运管理人才,任何资本、技术、供应链、规模、新业态、新体验,都将只是空中楼阁。人的问题,不仅仅是专业性问题,更是职业化问题。尽管专业性强,但如果缺乏基本的职业操守,再有本事,也迟早会出问题。零售的效率,有很大一部分是被没有操守的所谓职业经理人给吞噬了的。新时代零售应该渐渐改变这种状态。

我国零售业需要更大的外力冲击,否则永远不会强壮。2019 年的零售业还需要在荆棘的道路上继续前行。在艰难险阻中,零售业或将进入新一轮的沉痛反思期。

5 中国零售业的格局与变局

2019 年 4 月 25 日,"上海国际连锁加盟展"在上海新国际博览中心举办,参展商中的餐饮商户约占七成。实物商品都可以通过在线渠道购买,唯有餐饮还需"肉身体验"。2018 年餐饮销售额首次突破 4 万亿元,但增幅首次跌破 10%,其中增长最快的是**快餐、饮料、冷饮以及外卖**。"快餐饮"已经成为餐饮消费的常态。在加盟展中,总共有 260 家特许加盟参展商,其中快餐小吃 116 家,占比约为 45%;甜品茶饮 55 家,占比约为 21%,两项合计为 66%。

从前,菜市场是买菜的主要渠道,但近年来,菜市场和社区周边的菜店越来越多。水果大卖场开始转型为蔬果大卖场。怪不得百果园的几千家店也要做前置仓、卖蔬菜了。同时,近年来大家都在向类似盒马鲜生的新零售大店与类似生鲜传奇的社区小店学习,卖大海鲜,推行包装化销售,推广每日鲜,做堂吃,配外卖,发展到家服务。

盒马鲜生之后,永辉超级物种、京东 7FRESH、美团小象生鲜陆续跟进,苏宁小店也正在快速抢占社区的制高点,百果园开始卖菜了,步步高布局生鲜便利店汇米生鲜。在猪年春节前,原来的叮咚小区改名为"叮咚买菜",线下广告打入了上海的很多小区,生鲜电商的概念也越来越深入人心,并且颇受欢迎。"卖菜"似乎已成为新时代零售的一个聚焦点。

当前的零售格局可以从八个方面来分析:

(1)从数据来看:2018 年我国实现社会消费品零售总额 38.098 7 万亿元,主要是指实物商品和餐饮销售额。实物商品网上零售额首次超过 7 万亿元,社零总额占比18.4%,

增幅 25.4%，即线上线下销售额的大致格局是 1∶4。餐饮业营业额首次突破 4 万亿元，社零总额占比 11.21%，但增幅首次跌到 9.5%。

（2）从消费来看：2018 年全国居民人均消费支出 19 853 元，在人均消费支出中，所举占比为 97.7%，食品烟酒占比 28.4%，人均居住占比 23.4%，交通通信占比 13.5%，教育文化娱乐占比 11.2%，医疗保健占比 8.5%，衣着占比 6.5%，生活用品及服务消费占比 6.2%，其他占比 2.3%。服务占比提高是大趋势，但这有一个过程。零售企业过分依赖服务而不好好地去做商品会误导经营方向。

（3）从业态来看：尼尔森提供的分析数据显示，2018 年我国大卖场零售业态中的销售份额已经不足 42%，而小型超市、便利店、杂货店的销售额占比高达 58%。另据新一线研究所提供的数据显示，在上海，杂货铺有 1.5 万家、五金店有 2.8 万家、水果店有 3 000 家，这些小型店铺是一座城市的韵味之所在。大小业态、新旧业态的多业态并存格局将长期保持，但特色更明显、离用户更近、使用户更便利的小型业态将会有更好的发展前景。

（4）从营销来看：这方面的问题比较多，总体趋势是数字化，即"选址＋引流＋跨界＋会员＋营运＋分析＋推送＋现场＋社群"等都将实现数字化，但基础是信息化。

（5）从人才来看：零售人才青黄不接的情况很严重。例如，大学生不愿意进零售行业，导致传统店铺的升级速度十分缓慢。

（6）从竞争来看：线上线下销售额大致是 1∶4 的格局；全国销售额的格局是 X＋n，X 是少数几家全国头部企业，如大润发、永辉超市等，n 是区域头部企业，如冠超市、步步高、生鲜传奇、家家悦等；到家与到店是相互渗透的；社区与社群各有所长，社区是地理概念，社群是心理概念。

（7）从渠道来看：全渠道目前尚停留在"引流＋卖货"阶段，全渠道服务难在立场、难在利益。大部分声称已成为全渠道的企业，实际还不能做到消费者实体店买的东西遇到问题可以通过线上解决。

（8）从管理来看：阿里巴巴集团 CEO 张勇曾在月度会议上提到了"做人"问题。如果一家公司只有一个老板，是走不远的。如果一家公司只有一个权威，也是走不远的。对员工好，才能对顾客好，才能永续经营。这不应该是一种管理技术或管理艺术，而应该是一种文化基因。

中国最大的格局是人口，中国最大的变局是入口。入口有很多，从流量入口来说，从店商发展到电商，再发展到社群，是移动互联网赋能的结果。如今，线上获客成本已越来越高，线下小店却自带流量。能提供供应链赋能的大平台因而开始在线下布点。线下门店不是传统意义上的加盟店，具有很大的自由度。他们只管卖货，并通过"店群"开展服务与销售活动，最终从销售提成中获得盈利。这是典型的 S2B 模式，它的最大优势是通过平台赋能使小店升级并提升经营业绩。小店既能充分自主经营，还能依靠人脉拥有自带流量的功能。

业内人士认为,过去的商家与用户之间处于"失联"状态,会员制也不可能实现即时、实时、全时的连接与沟通。但在移动互联网的背景下,商家与用户有了更多的连接,包括技术连接、内容连接与社群连接。这三个连接的基础是人心连接。如果连接以卖货为主导,而不是以服务连接为主导,那么其他连接都是弱连接,就不可能持久。现在有不少微店、店群、社群,越来越有"杀熟"的倾向。提供零售服务,不得不同时思考两个问题,首先是给用户提供新价值,这是外部效率;其次是比竞争者更有内部效率。零售企业只有做到内部效率与外部效率的平衡才能永续经营。

从餐饮入口来说,包括内食(在家吃)、外食(外面吃)、中食(快捷吃)。内食销售额超过 5 万亿元,外食销售额超过 4 万亿元,中食销售额不到 5 000 万元(外卖 + 便利店销售)。尽管有人称外卖为"毒瘤",但便捷的外卖服务已成为很多人的消费习惯。没有特殊原因,很难改变这种消费习惯。所以,外食与中食的增长态势不可阻挡。

总的来说,我国零售业的变化呈现出以下基本趋势:业态会裂变,会形成更多的细分市场,其基础是差异化需求;品牌会聚合,会出现更大的头部企业,企业的组织化程度会进一步提升,其基础是技术、资本、人才的聚合;渠道会分化,越来越多的消费者会接受到家服务;生鲜需求增幅会减少,更多的人将不得不接受外卖的方式;边界会模糊,但对大多数零售企业来说,经营还是有边界的,跨界要特别慎重,应该回归专业化;人文要保留,有些县级城市为了整治环境,对路边设摊卖菜采取了"一摊不留,引摊进室"的政策,对此农民与消费者都很不满意。消费者需要的东西常常与城市不相容,这就需要管理者对城市进行智慧管理。

6 还消费者一个干净的"双十一"

2009 年,淘宝网打造了"双十一",后来演变成为"中国消费日";2014 年,李克强总理称赞马云:你们创造了一个消费时点!

11 月份历来是零售行业的小淡季,自从有了"双十一",小淡季变成了大旺季,本质上是培育了一种新的消费机制。

在传统的消费机制中,购买行为主要源于消费者内在需求,外部广告只是一种有效的刺激因素。"双十一"则是一个大漩涡,不管消费者有没有需求,都被卷入其中。这已经不是简单的购买行为,而是一种社会行为,像春节过年那样,是集货与囤货的节日。

从光棍节到购物节,从购物节到狂欢节,从狂欢节到吃土节,"双十一"的销售额年年攀升,概念节节高升,问题也不断演变。2009 年缺货严重,2010 年物流崩溃,2011 年支付不给力，2012年网络堵塞，2013年实施O2O等新模式，2014年抱怨价格与质量问题，2015年全球购与商业基础设施面临大考，2016年先涨后折受规制，2017年"套上加套"，2018年宣称要减少套路。

但是"双十一"的套路还是深不见底。满世界的"红包"，满屏的"广告"，甚至连关闭按钮也找不到。"双十一"前夕，我们进入一个"严重雾霾"的时空。所以，从消费者视角来看，"双十一"最大的问题是不干不净。

我国经过40多年的改革开放进入了移动互联网时代。有人声称这个时代就是消费者主权时代，但实际上，营销仍然处于"傻子时代"，先用利益诱惑，再用套路做局。如今还延伸出很多骗局。"双十一"也成了天下骗子的饕餮盛宴。

尽管有很多人声称不买或少买，但还是有很多人在购买，因为中国的人口基数大，吃土族代谢了，潮流长辈加入了，长江后浪推前浪，一浪高过一浪，相信"双十一"还可以维持很长一段时期。

但我们确实也应该反思，不做套路就做不成生意吗？在纽约的Woodbury直销店，一切都非常简洁，一目了然，商品原价印在吊牌上，打折POP立在商品上方，或把打折后价格直接印在吊牌上。如Tommy Hilfiger男式衬衣原价59.99美元，折价50%，商品实际售价为29.99美元。

"双十一"是一个"大喜"的日子，但也存在四点值得改进的地方：

第一，套餐套票丧失了自由消费的快感。对移动的18元套餐，消费者想取消都不行，据说投诉到工信部就能立马改为只有新用户才能享受的8元套餐。如今，五花八门的套餐已经蔓延到商业服务领域的各个方面，套来套去，套上加套，一次次给消费者下套，失去了消费活动应有的快感。这是消费者最不爽的商业侵权行为。

第二，欺骗性的折扣优惠。尽管消费者越来越理性，但最理性的消费者也总有不理性的时候。"先提后折"的事情我们都亲身经历过，对此服务员还很诚实地说：因为要打折，所以先提价。线上线下，打折促销，原价何在？如果没有实实在在的原价，所有打折促销都属于违法甚至是欺诈。这话也许说得有点重，因为大家都这么干，都自以为合情合理，但就是不合法。但这也是消费者最习以为常的商业侵权行为。

第三，商品质量有待提高。2018年"双十一"，笔者3点起来还没有完全醒透就买了一双斯凯奇跑步鞋，确实比平时便宜了不少，感觉终于获得了"双十一"的红利。没想到只穿了一年不到就出现了两个问题：一是发出咯吱咯吱的响声；二是漏水。不知道是斯凯奇鞋子本来质量就不好（或只能穿一年）还是"双十一"销售的斯凯奇质量不好。但有一点是肯定的，斯凯奇对上述质疑毫无反应。

第四，排他性的商业行为。"双十一"是一个全民的购物节，而不是任何一家公司的节日，这与谁创办这个节日无关，也与谁注册这个名称无关。在网上搜索"黑色星期五 注册"，也没有显示有哪家美国公司注册了"黑色星期五"商标，倒是有杭州企业已经注册了这个名称。什么样的知识产权应该受到保护,什么样的知识应该共享,这不是一个简单的法律问题,更是一个三观问题。"双十一"不是一个象牙塔,更不是私家宅院,它是一个开放的大观园,应该是全业态"双十一"、跨行业"双十一"、全民"双十一"、全球"双十一"。

对"双十一"的总体印象仍然是:很热闹,有烦恼;很期盼,有顾虑;很不错,需转型。希望"双十一"变得越来越开放,越来越诚信,越来越合规。

7　企业重约

"约"字有多种含义:一是信守承诺,二是简约干练,三是公开透明,四是追求效率。随着移动互联网的发展,以及搜索时代向推送时代的进化,微信群、自媒体、互联网上的信息越来越带有浓厚的商业味道而让人不敢轻信。垃圾文字满天飞,图文视频分分秒秒变成了销售渠道,到处都是便利的购物平台,也到处都是或深或浅的陷阱。所谓"消费者主权时代"似乎真的还没有到来。

从联商网董事长庞小伟发表的《对 ALDI 企业文化的剖析研究》一文可以看出,ALDI 的原始文化就只有一个字:简!这可以从两个方面来看。第一,有一本书叫《只放一只羊》,写的就是 ALDI。书中写道,有一对父母问孩子,你不读书以后想干什么?孩子说,放羊!父母接着问,不读书你能数得清丢了几只羊吗?孩子回答说,我只放一只羊。可见,只放一只羊真的很简单。但我们缺少一种做简单事情的意识。第二,ALDI 的店面也很简单,店员少到不能再少;包装箱都让供应商做好切割线,印有色彩,到店一拉就直接整箱陈列。ALDI 早期的店铺甚至不装电话,他们说:"装电话,多废话。"后来有一家店发生了火灾,店经理不得不到附近的公用电话亭报火警(那时候没有手机)。此后 ALDI 才开始在门店安装电话。ALDI 店铺进出的门是液压的,一边进一边出,这也是为了减少人工。其实很多美国零售店也是这样。有家中国企业看到德国 ALDI 用液压门,就打电话、发图片叫国内生产同样的液压门装到新开的店铺。装液压门的新店开张不到两天,液压门就坏了,从此再也不敢用液压门。因为中国人太多,也不太守进出分离的规则。

过去,发展是硬道理;未来,有效是真道理。有效要看三个层次:第一层次,热热闹闹走过场,也是一种有效;第二层次,先做事,接着有口碑,再有热度,最后有规模、有利润,使消费者、企业、投资者、员工、政府、社会公众都得益;第三层次,对整个社会、公众及其长远利益有帮助、有改善、有推动作用,不会对环境和人的良知造成不良影响或影响可控。

约,既是一种作风与习惯,更是一种组织与制度。人生的许多烦恼事,都源于人际关系的复杂化;企业的许多低效率,也都是源于组织体系的臃肿化。

愿国人更加守则,从我开始,人人守则。我们也要评估当前的"则",看有哪些需要完善或重建。

8 全渠道服务难在立场与利益

当下我国零售业的全渠道主要是引流导向,而不是需求导向。这种全渠道发展模式,实际上是以"卖货"为主,主要解决支付问题,给用户创造的新价值并不多。

1)全渠道需要那么多花样吗

2015 年上海某大型商业集团提出了"业务链围绕五个环节"(即引流、转化、交易、交付、售后)的 33 项 O2O 业务模式,其中,售后环节,试图"打造特色的会员通,从统一会员后台管理入手,逐步整合跨业态积分与基准礼遇,建立符合各业态特点的售后体系,并利用大数据精准定制"。4 年以来,从消费体验来看,这个目标似乎没有达成。从消费者的购物体验中也可知,其他很多大型连锁公司似乎也都没有做到服务全渠道。

2)服务全渠道是短板

2019 年 3 月底,笔者在上海松江区特地到离家不远的一家生活超市购物,买了一些奶制品、饮料、啤酒、咖啡等商品,其中有椰树牌椰奶。清明节前回浙江奉化老家,亲朋好友聚在一起吃饭时发现,椰奶出现分层,口感微酸。当时问朋友圈行家后获悉:出现分层,一定是变质了。但该批椰奶的生产日期是 2019 年 2 月 22 日,保质期内的商品是怎么变质的呢?

昨天在虹桥高铁站候车的时候,偶然从手机中翻出该生活超市的 APP,就在线询问情况。但被疑似机器人客服告知:"很抱歉,这边线上下单可以查询,线下门店销售的无法查询处理。"

在移动化、数字化、到家化的新零售时代,遇到这样的情况,令人既奇怪又郁闷。难道数字化仅仅是喊口号吗? 如果是盒马鲜生这类"神仙下凡"的具有移动互联网基因的零售商,那么不可能把线下门店与线上门店的购物服务截然分开,而一定是完全融合在一起的。但从"旱地"里诞生的零售商即使有了 APP,有了在线购物,有了到家服务,他们的基因仍然是"坐商",是朝南坐的"坐商"。

不知道该生活超市还有没有其他在线途径可以反馈顾客的意见与建议? 如果全渠道是这样做的话,恐怕与用户的期盼存在很大差距。

3)服务态度和组织体系

张一夫先生说:"以线上线下的名义回避基本的售后服务责任,只能亵渎新零售这个概念。"他还说:"如果是社区夫妻店(优质店),一定会马上解决(退货,道歉,送点小礼品),然后顾客宾至如归,又买一大堆,社区客户越来越多,小店生意越来越好。如果是大型连锁企业,门店问营运部,营运部拖采购部,采购部拖企划部,企划部拖信息部,一不小心物流部也加入混战……打仗不是人越多越好。没有组织体系,人越多越容易踩踏。服务也是如此,中国企业服务缺乏的不一定是态度,而是强大的组织体系。组织体系的设计是复杂的、严密的,但分解到每个部门、每个人却应该是最简单的 1＋1,因为顾客需要的就是 1＋1 式的便捷服务。"

张先生的话说得极有道理! 笔者在企业做营运总监的时候,在总经理办公室曾接到过一个投诉:一位老伯投诉称,他的小孙女吃了"黄天源糕团"拉肚子发烧了。他投诉到门店与营运部门,都没有得到满意的回复,于是便投诉到了总经办。笔者接到电话以后,只给他一个承诺:一刻钟后给予回复,并责令营运部上门慰问。没想到,还没等笔者打电话给老伯,老伯自己就打来电话说,有你们这个反应速度,他就很满意的。其实,糕团与拉肚子也许会有关,但发烧一般不太可能。气消了,能理性思考,一切问题就迎刃而解。

一个简单的商品投诉,如果处理不当,就很有可能转化为服务投诉,这是顾客投诉的升级。一旦升级为服务投诉,就不可避免地出现情绪化。如 2019 年 4 月发生的"奔驰事件"。

一个客服人员,一个售后服务人员,绝对不应该是一个只讲道理的人。与顾客没那么多道理可讲,应把道理与面子留给顾客,一切就会很顺当。当然,处理顾客投诉,还有一个基本原则——不能"按闹分配"。处理顾客投诉应该有一个组织体系与法律依据,更不能以断章取义的方式,以法律的名义去忽悠消费者。

4) 做全渠道服务的难点

全渠道服务主要难在两个方面:

第一,难在立场。当前的全渠道,还是以引流与卖货为主,不是以服务为主。其实,O2O 或全渠道的核心就三点:一是能够给消费者提供更好的体验,即更便捷、更灵活;二是交易全程都可以被计量;三是以计量为基础实现数字化营销与营运。在企业内部各个渠道、各个组织机构、各个服务平台没有打通的情况下所谓的"全渠道",至多只能实现引流、销售、结算等交易功能,而难以实现便捷的服务功能。企业站在自身的立场,而不是从顾客的立场出发,结果就难以用组织的力量来实施全渠道打通的服务。

第二,难在利益。虽然从传统的线下渠道走到线上渠道,但企业的主体业务还是在线下,线上只是锦上添花的事儿。这两条渠道的营运模式、品类结构、价格体系、促销方式、激励机制等都存在很大差异。众多的线下营运问题,如果允许在线解决,恐怕在线部门会无所适从,难以应付。所以,企业不敢打通线上线下的服务渠道。

但我们应该看到:顾客不关心企业的零售叫什么,他们只关心自身利益。顾客对全渠道有五种真实需求:一是保证跨渠道商品价格的一致性;二是在实体店发生商品缺码断货时,能够异店或者从仓库直接快递至指定地址;三是可以对各渠道订单进行实时跟踪;四是不同渠道有稳定的商品分类;五是能够在实体店内完成虚拟渠道订单的退货,或能够在线完成实体渠道订单的退货等。

企业不仅需要依靠"大数据"指导经营,也需要依靠"小数据"挖掘真实需求。我国零售业发展任重道远,平心静心得安心,才能打好永续经营的牢固基础,才能获得用户的好评与忠诚,而不应该像当下很多企业那样以"默认五星评价法"来获取消费者的"虚假好评"。

9 | 未来五年:消费者的五大期盼

过去几十年,我国零售从消费视角来看,最大的变化是销售终端前移,迎合了懒人的便利需求。但这并不是零售的本质,更不是零售的未来。在我国这样一个人口众多、资源有限的国度,甚至应该适度限制便利性,提升公共资源利用的有效性、公平性、节俭性,更多地做惠而不费的事情。

1) 数字化服务

业界已经普遍认同数字化的转型发展趋势。为什么要数字化? 绝不是为了挖掘消费者的隐私,更不是坑蒙拐骗伎俩的升级,而是要让消费者获得超越期望的服务。笔者的朋友一家人相约去莱茵河、多瑙河旅游,不料女主人脚扭伤不能成行,但最后还是决定坐轮椅出游,购买了国外航空公司的机票。轮椅托运以后,就立马有航空公司服务人员提供轮椅推行服务,飞机到达目的地,又有专人伺候,每一个旅游景点都无须排队等候,直达电梯通行。后续的一切服务,都源于"轮椅托运"这个信息源。这虽然不是什么"大数据",但服务效应却超越了顾客的期望。在 3T 时代(实时,real time;适时,right time;全时,all the time),零售商所能获得的消费者信息越来越细化,可以通过数字化为消费者做更多的服务。如果背离了服务这个初心,那么大数据与数字化只会有损零售品牌。

2) 真实的故事化

很早以前的商人,主要靠品质取胜。后来,商人发现消费者不仅需要好的产品,还需要好听的故事,于是,故事化传播便成为产品推广的重要手法。开始的时候所讲的故事 100% 是真实的,后来是半真半假,到如今很多故事都是空穴来风,唯有消费者被蒙在鼓里。例如,酸奶与长寿村到底有什么关系? 金牌牛奶是谁给封的? best 能在商业包装与广告上使用吗? 手工制作是真的吗? 机器生产的面条居然也能打上"手擀面"的标识? 超市应该把有坑蒙拐骗嫌疑的商品全部清理出去。我们不反对故事化营销,但消费者总有一天会觉醒,如果用蒙人的故事去忽悠消费者,不管企业的规模做得有多大,最终都会倒在"故事"这个坑里。唯有真实故事,真材实料,用心制作,才能获得消费者的芳心。

3) 开发四类自有品牌商品

很多自有品牌商品,在品质与食用体验上,还不如供应商的品牌商品。做自有品牌更应该坚守以下规则：（1）相同品质，价格更低：消费者从性价比考虑，对品牌不是很敏感的品类，消费者会选择价格较低的自有品牌商品。所以，品质相同，价格更低，是消费者选择自有品牌商品的理由之一。但低价不是做自有品牌的主导逻辑。（2）背书原产地：对优质农产品的原产地，消费者真假难辨，如西瓜、石榴、冬枣、莲藕、蜜柚、芋头、黄桃、葡萄、猕猴桃、大枣等，如果大型零售商能够自采直供，以零售品牌背书，就能获得消费者的信任。（3）品质改进：包括内在品质的改进与外在品质的改进。内在品质包括原材料的选用与配方、添加剂、加工工艺等。外在品质包括包装容量的小型化、使用的方便性与安全性、可视外观的美化等。包装改进是开发自有品牌商品的一个重要途径。现在的牛奶、食用油、桶装水、酱油、糖、盐、醋等商品的瓶口都特别难开，或袋口设计不便使用。只要改进包装，就能给消费者很好的体验。再如衬衣、T恤等贴身衣物，标签都缝在领子上，不剪去会扎脖子，剪去又常常会剪破，这类问题都应改进。（4）创新品类：开发供应商没有的新品类。自有品牌商品的开发还应该不断挖掘消费者关注的新品类。例如，料包对不会烧卤肉的年轻消费者就是一种福音。当下消费者比任何时候更关注健康，所以，开发任何一种食品，都应该注意：甜度不能太高，颜值不能太低。又如对生态农产品的开发，在有机、绿色、无公害之外，还可以开发出更多的值得信任的农产品，如"无害农业""农药化肥减半"等。再如海鱼可分为大网捕捞的鱼与钓的鱼，钓的鱼更美味也更环保，所以价格也稍高一点。不是说价格高就一定要实现高毛利，可以把一部分毛利用于互惠活动，这样就能开发出一个互惠系列产品，以鼓励公众的环保意识。好产品具有引流作用：因为有好产品，所以消费者买东西时会首先考虑这个店铺。

4）菜市场不要改超市

很多做超市的人总希望把菜市场灭了，然后自己就可以做更多的生意。其实，菜市场是灭不掉的！菜市场的生鲜食品比超市丰富，价格也更便宜，结算更方便，服务更温馨，营运更细致，更重要的是品质比超市好（至少看起来更新鲜）。这些都值得超市学习，而且在几年内超市不可能赶超菜市场，所以，超市要放下架子好好学习菜市场的经营方式。如果菜市场没了，很多提供生鲜食品到家服务的平台也会少了很多实体店的支撑。日前在上海松江区九亭镇的虹泾路一个居民小区附近的大菜市场变成了两家杂牌超市，令人不解！菜市场是公益性设施，怎么可以擅自出租给私人经营超市。随着我国老龄化问题越来越严重，应该加强社会公共资源使用的规范性，不能随意更改公共资源的用途。但菜市场可以由街道托管给连锁经营公司管理，在品类规划、卖场设计、线上线下、社区服务等方面都会有很广阔的想象空间。

5）零售新时代的四个坑

阿里巴巴新零售、京东无界零售、苏宁智慧零售、CCFA全零售，分别代表不同的话语体系，具有不同的关注重点。当下可以称为"零售新时代"。零售新时代的基本特征是"有钱"。有钱既是一件好事，也是一件坏事！因为有钱了，企业就会加快发展速度，用金钱去消灭别人,甚至做出不少违规违法的事。但由于企业规模做大了,有利于扩大就业,所以开始的时候政府会任其发展,等到最后忍无可忍,才会重拳出击,一击毙命。做新的零售,要记住《小兵张嘎》里面的一句话:别看今天闹得欢,小心将来拉清单! 这是规制之坑。另外三个坑分别是:人才之坑、商品之坑、资财之坑。店开得多、开得快,人才却始终跟不上,招聘跟不上,培训跟不上,店长、主管、基层员工都跟不上,这直接导致顾客体验下降,企业营运业绩下降。店开得多了,自采商品多了,自有品牌多了,到最后不良商品也越来越多,更严重的是商品品质可能不是越做越好,而是越做越差,最终影响到零售品牌。"人"与"货"的问题,必然会传递到"场",即顾客的体验场景,最终使企业财务状况出现严重问题,使投资人失去耐心与信心。所以,新的零售照样会掉入资财之坑。

做零售服务,要遵循需求规律、服务规律、经济规律,要防止用资本去放大伪需求! 我国资源有限,未来零售应该更多地依靠技术的创新与一线员工的热情,以更少的耗费,去关怀消费者;以优质的商品与良好的服务,提升消费者对零售品牌的信任度,让他们更轻松自在、无后顾之忧地消费;以数字化给消费者带去超越期望的惊喜。

10 从阵地战到支付战

零售的阵地战刚刚开始,支付战已鸣锣开战。据报道:沃尔玛与步步高部分门店不支持支付宝支付。

总体来说,站队导致支付战。但站队不应该影响到消费者便利性。与联商网总编诸振家聊起此事,他形象地说:神仙打仗不能殃及凡人! 这同时也是消费者的呼声。对此,有关部门应站出来依法监管。

企业行为有自主性,但也应有一定规范性。据说国外也有霸道的公司,只允许现金消费或公司自己发行的信用卡消费,但支付宝与微信这两个支付工具,已经不是一般的预付卡。有关部门应该对它们重新定义,以便分清这种行为是简单的商业竞争行为,还是影响经济正常运行的非正当竞争行为。

现在还出现了微信或支付宝的高速收费通道。这也是趋势吗? 任何一种方式的有效性,不仅应该考虑局部的便利性与有效性,更应考虑整个社会生产与流通的整体有效性。生产考虑的是局部效率,流通考虑的是整体效率。

未来会产生一种更简单的适合老年人的支付方式,到超市、食堂、餐馆都可以使用的小额预付卡。这种预付卡可以挂在老年人的脖子上,由儿孙用支付宝、微信、银行卡等进行充值。

总之,零售的一切变革最终都可以归结为支付。零售企业应关注支付方式的变革,以及支付方式的灵活运用。

11 不要再为贬低新时代零售而鼓掌

不要再为调侃、讥讽或贬低新时代零售而鼓掌。这个观点源于对盒马、罗森、音米眼镜、垂衣等的当家人分享的感悟。

盒马与"河马"谐音。盒马的图形 logo 就是一个张开大嘴的"河马头",河马的两个眼睛虽然只是两个小圆点,但很有穿透力和变幻空间。

盒马创始人侯毅先生在 2019 年联商网大会上以"2019,填坑之战"为题,与大家分享了盒马的实践反思,得出了一条差异化经营的结论。大会期间,罗森张晟、音米眼镜李明、垂衣陈曦等业内当家人,都提出了差异化主张。他们的年龄跨越四个年代,观点也不尽相同,但他们的商业逻辑则完全趋同,即差异化。

差异化本来就是三种最基本的竞争战略之一(其他两种分别是总成本领先战略与专一化战略)。

当前是一个多元的时代。消费者更需要用差异化来体现自己的存在。当下的差异化早已超越了"南甜北咸东辣西酸"等传统的地域消费差异,形成了群落消费差异,甚至出现了更细分的心理消费差异。这正如费芮互动蒋美兰老师在 2019 年联商网大会演讲中所说:买同样包包的人不一定是同类人。

在这样的环境条件下,从规模经济走向范围经济,不代表不要规模了,而是要通过范围经济实现规模经济,做到"需求 + 技术 + 战略 = 差异化落地"。所以,当下的差异化,不仅是一种现实需求,更是一种基本战略,而且还具备了技术条件,三者合一,最终落地到"现场管理",这就要依靠一大批热爱服务的一线员工和带兵干将。

有一个误区,值得警惕,即认为零售没有新旧之分,进而贬低新零售。其实,我们过去只知道差异化有必要也很重要,但一直没有重点去做差异化的事情,只是重点在做规模化的事情。如今,新零售通过"挖坑""填坑""躺雷",不仅重视了这个道理,而且发展了新道理,还去实践这个道理。这就是对行业进步了不得的贡献。

不要再为调侃、讥讽、贬低新时代零售而鼓掌和喝彩!我们正处在连锁规模化的起步阶段,多么希望能得到各方面的鼓掌、喝彩与支持。如今我们在规模化、差异化与精细化发展的道路上,看到了新的景观,看到了自己的努力成果。我们不仅要为自己的努力而鼓掌,也要为同业的发展而鼓掌。我们要清除心中的那个魔鬼,让自己亮堂起来,照亮前进的道路,最终到达水草丰茂的彼岸。

1) 盒马的填坑之举

侯毅分享的主题是"2019,填坑之战",指出了零售的五个坑。其实零售远远不止五个坑。侯毅把盒马的效率逻辑已经说得很清楚,最核心的一点是买手制。按照这个思路做下去,不仅改变盒马自己,而且将改变行业,最终颠覆传统的农产品流通体系与工业品分销体系。

不少人对侯毅提出的"反腐系统"不屑一顾,认为反腐关键看领导,想反就能反,不想反就反不了。其实,侯毅折腾的这个系统真的很有用。人的良心与道德在金钱与利益面前常常是很脆弱的。人的意识与道德也难以判定。因此通过系统监控人,是一种进步。零售应该积极面对现实,大胆拥抱技术。

2) 新零售的坑

(1) 包装食品是否具有竞争力? 在盒马菜市的新模式中,就取消了包装菜,取而代之的是有烟火气的现场现制现售。

(2) 大海鲜还性感吗? 大海鲜还有需求,但已经不是主导。侯毅先生说,虽然大海鲜还在做,但已经没有过去那么火爆。倒是梭子蟹、小龙虾这些消费者习惯的传统商品会有持续的消费需求。

(3) 餐饮是否成为标配? 答案是否定的,因为各地差异太大,要因地制宜。侯毅特别提道:要向超市发学习,向物美学习;要去了解当地的收入水平与消费习惯;要回到定位理论、品类规划、精准营销、差异化营销等零售业的本质上。

(4) 线上物流配送成本能否被覆盖? 便利是需要成本来支撑的,而所有成本从商业视角来说,最终都要被转嫁到商品价格之中。只有提高效率与提升顾客感知价值,物流成本才有可能被覆盖。

(5) 盒马的商品结构是否是最佳模式? 侯毅说:本来以为可以改变传统零售,但马车怎么改造也不能改造为汽车。因此,各企业都应有自己的最佳模式。

3) 盒马的效率逻辑

(1) 门店营运效率:"大中台＋小前台"的门店组织模式和作业模式(新的 PDA 营运模式);数字化门店营运管理系统,如自动调度、自动打折;全员数字化。

(2) 销售效率:线上线下;数字化精准营销;全时段的客户连接。

(3) 供应链效率:"全球采购＋基地采购＋区域性采购";从源头到消费者的全链路数字化;"7×24 小时×30 分钟"到达的物流配送服务。

门店营运效率、销售效率、供应链效率,回到原点就是交易制度的变革,即买手制。侯毅说,盒马做了一套大数据的反腐系统,分绿灯、黄灯、红灯三种情况,从业绩细节积累数据,分析利益相关人群的行为是否有不经济行为,为内部反腐提供依据。

侯毅说,真正把商品做好,把服务做好,才能填好新零售的七坑八坑!

4) 盒马的商业体系

盒马用 3 年时间从盒马鲜生发展到盒马集市、盒马 f2、盒小马、盒马 Mini、盒马菜市、盒马小站等多种业态。但侯毅在分享中没有提到盒小马,也没有提到在浦东新区开设的盒马集市。不过侯毅提到了差异、变化、迭代、更新等方面的信息：在不能开盒马菜市的地方开盒马 Mini；盒马鲜生卖包装菜，盒马菜市则卖散装菜；在盒马 f2 有一个盒子柜，专门放置"预购＋到店"的拿了就走的商品，这种服务在猩便利等企业虽然早已实施，但能够把它应用到成熟的业务营运系统中，解决顾客痛点，则是盒马的一大进步。

其实，很多大卖场超商与收银排队痛点相关的另一个痛点就是生鲜称重排队。目前有些企业已经可以自助称重。用技术与营运规则的改变来解决消费者的一个个痛点问题，这才是零售服务的改进方向。所以侯毅说，零售的本质，除了消费，就是技术。

技术手段还为传播带来了便利，盒马利用抖音制作豆奶等商品的营销推广视频，拍得真不错，很有吸引力。

侯毅说，最大的粉丝需求一直在变化，因此企业最大的能力是学习能力，我们要向超市发学习，向物美学习。

在这个变化的时代，我们都是"学者"，相互的学习者。

12 零售行业提效的根本出路

新时代的零售行业不再是单纯的商品买卖行业。凡是服务终端消费者的行业，甚至包括政府服务，都可以称为零售。零售行业提效的根本出路在于：站在人民群众这一边，充分发挥品牌的诚信度。潘玉明先生在"联商网新零售干货群"说：线上，总体上诚信度低，次品率高。同时，林夕瑜先生说：目前我们的消费体系还全靠消费者的判断能力与运气，因为诚信商家可能不足 20%。

用户对商家诚信度的感知是主观评判的，而不一定是商家的实际诚信度。

（1）有诚信的商家，也有不诚信的商家。诚信的商家也不能万无一失，也有可能做出一些不诚信的事。所以，有关部门颁发"守信"铭牌，其实会误导消费，导致不公平竞争。政府应该取消一切"守信"铭牌。

（2）要区分"故意失信""过错失信""意外失信"。以欺骗忽悠消费者为目的，就是故意失信。如百货公司的虚假吊牌价。而像 2014 年被罚的"低标高结"行为，则应属于过失失信，其牌卡由人工处理，POS 价由系统处理，两者有差异的主要原因是不同步。顾客买到保质期之内但已经变质的粽子，此类情况就属于意外失信，这是由外部不可抗力或人为破坏导致的。

（3）新经济新模式背景下，套路与忽悠人的花样在不断翻新，但不一定全是欺骗。有些人喜欢套路，有些人不喜欢套路，萝卜青菜，各有所爱。就以"双十一"为例，"双十一"当天的巨量销售额实际上是把前后一个月甚至几个月的购买意愿堆积到一天释放的结果。"双十一"玩法越来越多，有人讨厌，有人喜欢。有需求就有市场，有市场就会有商家不断去开发新套路,直到消费者厌倦套路,商家才会明明白白地实事求是地打折销售。在这里,政府规制可以有所作为,行业自律也可以有所作为。这是一个渐进过程。

(4)小黄车事件对整个社会的影响不仅是押金拖欠,更严重的是由于企业的失信行为导致消费者对商家的诚信度产生极大的信任伤害。从此以后,押金模式会受到极大的不信任。但荒诞的是消费者也总是健忘,这样的事情,在线下也很多。健身、美容美发、私教培训、咖啡餐饮等各行各业都存在此类风险。实际上这些会员卡、充值卡都是变相的预付卡。预付卡"管大放小"的现有规制模式存在很大的履约风险。即使纳入预付卡管理体系的预付卡,一旦出现问题,退款也存在法律障碍。

(5)网购存在欺诈现象是毋庸置疑的,但假货蔓延到什么程度,营销忽悠到什么程度,没人说得清楚。线上线下都有欺诈,但随着市场规制越来越健全,消费越来越理性,这个问题会渐渐好转。实际上现在已经有所好转。对消费者来说,与其被商家高昂的原价忽悠,还不如选择性价比更高的网购方式。所以,网购的性价比与便捷性和实体店的不诚信共同提高了消费者对电商的容错度。

(6)一件假冒的或高价的或过保质期的或质量有瑕疵的商品,对消费者也会造成不同程度的伤害。很多时候,能忍则忍,能自我消化则自我消化。但对在汽车、房子、医疗、教育、养老、金融、保险等涉及重大民生方面的规制,特别应该引起政府的重视。对这七个方面的规制,首先是立场问题,一定要站在人民群众这一边。目前很多规制都还有很大的改进空间,甚至需要重写。

给电商、店商或其他零售服务行业的诚信度打个百分比,并没有多大意义,也说明不了什么问题。但有一点是可以肯定的,即当前的消费选择过多地依赖于消费者的判断能力,品牌的象征意义没有得到充分发挥,整个流通的效率因此而大大降低。

提高企业诚信度,充分发挥企业的品牌效应,这是行业提效的根本出路。

1.3 影响我国流通效率的因素

制约我国零售流通效率的主要因素有六项:

(1)产销信息不对称,存在"牛鞭效应"。流通仍然停留在"惊险的跳跃"阶段,跳不过去的商人就只好"跳崖"。流通中的库存是影响效率的核心因素。

(2)零售流通的待客等候成本比较高,需求与供应常常处于不均衡状态,即流通环节人、财、物的配置与顾客需求的时点、地点、痛点、痒点不匹配。这是由经营模式、经营定位、经营方式、顾客服务等企业营销与管理问题所导致的,是影响流通效率的内部因素。

(3)纵向与横向产业链之间缺乏合作甚至产生恶性竞争,不仅导致流通资源浪费,而且也使利润流失。这是影响流通效率的外部组织化因素。

（4）部分流通企业缺乏底线与诚信，导致消费者对整个流通环境缺乏足够的信任，极大地降低了交易速度。这是影响我国流通效率的心理因素。

（5）流通规制尚需完善，管理方式尚需优化，什么问题该严管、什么问题该宽容尚需厘清。这是影响我国流通效率的营商环境因素。

（6）流通方式与生产方式不匹配，流通的现代化并没有全面带动生产的规模化与标准化，作为中国流通基础的农产品市场尚未建立比较稳定的市场体系。这是影响我国流通效率的生产因素。

从整个社会而言，上述六个方面也是提高流通效率的途径。但从企业而言，以下三个方面特别重要：

（1）建立消费者的品牌依赖，这要靠商人持之以恒的守信积累、货源优化与服务到家。这是一种"慢功夫"。

（2）通过内部的整合与优化、外部的跨界与合作，从商业模式创新、商品服务营运两个方面提升流通效率。这是一种硬功夫。

（3）流通应该与生产协同发展，利用信息技术、互联网手段与智慧智造，建立起快速反应机制，实现低成本、个性化定制服务。这是一种快功夫。

硬功夫是基础，慢功夫是核心，快功夫是关键。没有硬功夫这个基础，难以成为商人；没有慢功夫这个核心，就不可能持久；没有快功夫这个关键，就跟不上消费者步伐。

1.4　对新零售的反思：效率与定力至关重要

如果发展是硬道理，那么，有效发展才是真道理。新零售虽然由技术而引发，以体验为表现，但其核心仍然是效率。如果效率的提升不能覆盖因体验改善而追加的成本，那是不可持续的。

其实从 2018 年开始，零售业者都开始在反思：哪些事我们做对了？哪些事我们做错了？到 2019 年上半年，有些反思结果以零售的新形态落地了，某些反思探讨也公之于众。认识到自己的局限性，这是进步的表现，更是难能可贵的。

很多企业从繁荣走向萧条，从成功走向失败，主要不是环境原因，更不是因为跟不上时代的变化，而是过于自信，总以为自己对市场的判断是正确的，总以为一切尽在掌控之中。

其实，经验是过去的积累，经验只能被用于创造新的经验，事物发展的规律一旦发生变化，凭经验办事就会犯经验主义的错误，使自己陷入经验的泥潭。

由于我国人口基数太大，消费的分层化、地域化、差异化特征非常明显，经营上的单一视角往往会使企业误入歧途。现在的消费者求便利、求品质、求高价,都没错。但也有消费者既要便利,又不怕麻烦;既要低价,又不在乎高价;既要品质,又不在乎品质。消费者是矛盾的对立统一体,有时候这样,有时候那样,变化无常,连他们自己也不太清楚想要什么。

特定区域的消费需求原本是一个常量,但有了拼团与接龙后,一家店一天的榴莲销售额可以达到上万元甚至几万元。调查发现:很多买榴莲的人不仅买给自己吃,还开始送人,分享给亲朋好友吃。于是,常量成了变量。如果消费的欲望没有被激发,仅依靠理性购买,销量是上不去的。可见,销量做大的一个基本原理就是让消费者开始浪费。

我国在世纪之交就有了社交平台,并建立了三大门户网站。2003 年有了淘宝,紧接着网上购物平台纷纷上线。但网购狂潮的真正到来则始于 2009 年的"双十一购物狂欢节",这个节日把浪费式消费一次次推向新高潮。

尽管 2012 年已经开始提"O2O",但线上线下仍然各自为营。2014 年"双十二",试图通过"减半优惠"将用户从线下引流到线上。2015 年则升级为全渠道、大数据、"互联网+"。如今,线上拉新的代价越来越高,所以电商又看中了自带流量的实体店。

从整个发展轨迹来看,这是一种引流导向的发展思路,现在甚至有人说,换圈子引流才是未来。

其实,我们忽略了另一种策略导向——需求导向,包括满足现实需求,挖掘潜在需求,创造未来需求。引流导向靠的是张力,包括现在的拉新、拼团、网红等;需求导向靠的是耐力,是一种迎合心智,培育心智,改变心智的心力。短期效率靠张力,长期效率靠耐力。

也有人认为:零售要回归本质,前端靠固化用户的能力,后端靠掌控供应链的能力。其实,这两种能力的黏合力是现场管理能力,即店面营运力。如果有了用户,也有了商品,现场营运能力不佳,就会前功尽弃。

所以,互联网企业想做实体零售,得去学习柴米油盐等婆婆妈妈的事情,如果对这些事情不屑一顾,更不愿意去学习,就难以从根本上提升效率。

苏州有一家做地锅菜的餐饮企业——苏州原始煮意餐饮管理有限公司,注册品牌名称叫"原始煮意",副标题是"地锅鸡守艺者"。他们坚守的不只有"艺",还有"道",守的是传统工艺与传统口味,守的是原味食材与朴实初心。他们只选择散养鸡,只有姜、蒜、八角、醋、盐等几种最原始的调味料。尽管口味较重,但食后不会口干舌燥。他们只供应五种地锅:地锅鸡、地锅杂鱼、地锅排骨、地锅排骨鸡、地锅鹅,每锅从 158 元到 238 元不等。他们只有 12 款均价 10 元的冷菜。他们只用自然晾干的豆角干,而不用脱水豆角干,要的就是口感。

2019 年 7 月 12 日,一直在街边开店的原始煮意的第三代店首次出现在城市综合体——苏州新区永旺梦乐城。公司创始人孟庆雷说:别人要提高客单价,我们就要想方设法控制客单价;别人要跨界,我们就要守"艺",用原始的食材,守住老一辈人传统的制作菜品的手艺;别人要"好吃",我们就要"回味",所以选材要优质,用料要单纯;别人要"创新",我们就要"传承",把民间失传的菜品重新找回餐桌。

在急火攻心的时代,有这样一份"坚守之心",应该值得行业深思。

做零售,一年入门,三年入行,五年入道,八年入定,十年入化,定力是靠磨炼得出来的。零售人的一切努力最终将化为顾客发自内心的笑容。当我们沐浴在顾客笑容的场景中,我们也将因此提高效率。

15　服务消费别被忽悠,要回归产品属性

场景之一:与大学同学聚会时聊起"双十一"的消费支出,有个同学说 2018 年"双十一"消费 8 万多元,主要购买了斯里兰卡双人头等舱来回机票、酒店住宿以及相关服务,没有一样是实物商品。

场景之二:猪年春节期间,临时想去看场电影,以为可以"独霸影院",一看手机预定,全场几乎爆满。

从前节假日逛超市、买商品,如今节假日坐飞机、去旅游。表面看,服务消费增长是大趋势,服务消费的花样也越来越多。但服务消费的占比到底有多大? 各家说法还不尽相同。

2018 年 8 月 2 日,国家发改委综合司巡视员刘宇南先生在"扩大消费专题新闻发布会"上指出,根据统计数据,目前我国服务消费占居民消费支出的比重超过 40%。

2018 年 11 月 28 日,在上海市商业联合会"纪念流通改革四十年论坛"上,商务部党组成员、部长助理、中国流通 30 人论坛理事长黄海先生在演讲中指出:服务消费比重提高,是温饱走向小康阶段的普遍规律。2017 年,我国居民消费支出中,服务消费的比重为 49.2%,今年前三季度达到 50.2%。各种"零售 + 服务"的业态成为主流。但他补充说,这个数据可能偏高,此处仅强调服务消费的占比在提高。

2019 年 2 月 12 日,在商务部召开的专题新闻发布会上,商务部副部长钱克明表示,居民服务消费支出占消费总支出比重升至 49.5%。

在扩大消费的重要性被推到前所未有高度的背景下,服务消费也越来越被看重,其占比也不断被刷新。但其实际占比应该没有这么高。目前连商品需求都没有充分满足,服务消费怎么能做得这么多。

2018 年,我国社零总额 38.098 7 万亿元,同比增长 9%。以下几个数据特别引人关注:

(1)限额以上单位的消费品零售额仅增长 5.7%,增幅比 2017 年下降 2.4 个百分点。

（2）限额以上单位实现消费品零售额 14.531 1 万亿元，仅占社零总额的 38.14%。从 2012 年（48.82%）到 2018 年，这个指标每年平均下降 1.78 个百分点。

（3）在社零总额中，餐饮收入 4.271 6 万亿元，占比为 11.21%，限额以上单位餐饮收入仅为 0.923 6 万亿元，占社零总额的 2.42%。

社零总额的体量越来越大，但主营业务收入 500 万元及以上的"限额以上单位"所实现的零售额的社零总额占比却连年下降。组织化程度、标准化程度、技术水平、管理水平相对较高的大中型零售企业，为什么不能吸纳如此强大的消费能量，反而市场份额不断缩小？这是值得零售人深思的问题。这些数据表明：小微零售企业尽管被电商打垮了一些，被拆违强关了不少，但总体来说，比大中型零售企业更有活力。

（4）国家统计局官网对"社会消费品零售总额"的定义是："企业（单位、个体户）通过交易直接售给个人、社会集团非生产、非经营用的实物商品金额，以及提供餐饮服务所取得的收入金额。"

个人包括城乡居民和入境人员，社会集团包括机关、社会团体、部队等。社零总额包括实物商品网上零售额，但不包括非实物商品网上零售额。社零总额包含商品零售和餐费收入等商品性经营收入，不包含服务性经营收入，如住宿收入。可见，社零总额这个指标主要是统计实物消费，很多服务消费未能统计在社零总额之中。

（5）既然很多服务消费项目没有包括在社零总额这个指标中，所以，服务消费与社零总额这两个指标就缺乏可比性。因此，服务消费占比接近 50% 的说法，主要是指消费支出的占比。但消费支出中有很多项目并没有包括在社零总额中，如占消费支出接近四分之一的住房消费。

（6）从国家统计局公布的居民消费支出结构来看，2018 年全国居民人均消费支出19 853 元，人均食品烟酒消费支出比重为 28.4%，人均居住消费支出比重为 23.4%，人均交通通信消费支出比重为 13.5%，人均教育文化娱乐消费支出比重为 11.2%，人均医疗保健消费支出比重为 8.5%，人均衣着消费支出比重为 6.5%，人均生活用品及服务消费支出比重为 6.2%，人均其他用品及服务消费支出比重为 2.3%。

其中，交通通信、教育文化娱乐、医疗保健三项消费支出的比重为 33.2%。所以，从支出项来看，服务消费占比在 35% 左右是比较客观的。

关于服务消费，需要澄清以下几个问题：

（1）服务消费的实际情况比统计指标所规定的范围更为广泛与复杂。如家庭保健中心、社区老人护理、个性化设计服务、内装饰设计服务、博彩业、电话服务、卫星通信、临时帮助、紧急救助、食疗减肥中心、带有便利食品店的加油站、宠物护理、美容护理、法律服务、教育、个人理财、心理咨询、文化娱乐、健身体育、交通旅游、住宿餐饮等。

从复杂性来说，同类的一笔开支，可能是商品性的，也可能是服务性的。如物业费、停车费，主要是服务性的，而房租开支则主要是商品性的，但购房款项一般都作为"投资品"而不统计在社零总额中。我国统计指标源于计划经济,已经远远落后于社会经济的发展,如果不改变统计指标、统计口径与统计方法,则统计数据永远是个谜。

(2) 传统的商品零售业将会升级为现代服务业。从服务业覆盖的行业来看,现代服务业主要有四个动力来源。

第一,传统服务业的更新改造提升。如便利店,属于传统的商品零售业,但引入连锁机制,提升服务内涵,就成为现代的服务业态。便利店将从"Stores"(商店)变"Station"(站点)。如日本罗森的便利店已经改为"便利站",便利店是售卖商品的商店,便利站则是提供服务的站点。一字之差,意味着经营思路与经营模式的重大变革。国内实体零售商应该看到这种变化中所孕育着的商机。

第二,新产业革命带来的在新技术背景下全新的服务业。卫星通信就是全新的现代服务业,如 5G 通信背景下会产生许多新的服务项目。

第三,产业融合蜕变成新的服务业并赋予原有服务业新的生命力。带有便利食品店的加油站就是一种产业融合的典型模式。

第四,新生产方式和新生活方式产生新的需求催生现代服务业,如个性化定制服务。

(3) 服务要回归到产品。最初的商业活动是前店后厂,商品生产、销售与服务提供融为一体,20 世纪 50 年代尤金・麦卡锡提出了 4P 营销组合理论,这就是传统的纵向营销理论的经典,即从产品(product)、价格(price)、渠道(place)、促销(promotion)四个变量来组合营销策略,其中,服务包括在"产品策略"之内。

1984 年,美国证券交易所(AMEX)负责人告诉《商业周刊》:"服务是我们最有效的战略营销武器,它是我们的产品在市场上取得差异性优势的唯一途径。"也就是从这个时期开始,服务营销渐渐流行,其营销逻辑是服务利润链:大部分利润源于忠诚客户;有效的客户关系管理培育客户满意与客户忠诚;内部员工的满意度和忠诚度决定了服务价值。

如今,消费者更注重产品(有形或无形)本身。如果产品不好,再好的关系也会崩溃,所以,应该把服务当作一种产品来营销,而不仅是靠服务来拉近与客户的关系,进而达到产品销售的目的。

在"服务即产品"的新消费时代,消费者更关心的是服务本身的价值。如对于旅游服务,消费者的基本诉求点包括交通、接站、住宿、餐饮、景点、衔接等,如果这些服务内容安排不当,就是服务产品不好,其他一切努力都无济于事。服务从产品的一个附属部分,发展到服务营销,再发展到作为一种独立的产品,这是服务的第三次进化。

首先,服务是一种产品;其次,服务也可以是产品的延续;再次,服务是一种心的感受;最后,服务是品牌的象征符号。服务就是要让人没有后顾之忧,服务就是要让人开开心心,服务就是要让人超越期望,服务就是要让人信任品牌。

有零售,便有服务,服务是永恒的话题。好的服务更能打动人心、留下顾客,它藏于每一个细节中。服务是软实力,是长期积淀,更需持续打磨。

16 零售企业要避免三种不友好

1) 企业要分清不能相互替代的四项责任

一个企业有四项责任:经济责任——保持投入产出的平衡;法律责任——做一家守法的企业;伦理责任——平衡企业利益与社会有效发展的关系;公益责任——自愿承担让社会公众受益的事情。

不少企业直到做得很大,还分不清这四项责任,甚至以为这些责任是可以相互替代的。有些企业以为提供了几万、几十万个就业岗位就可以获得某种豁免。有些企业的当家人甚至以此为借口,要求获得额外的公共资源或政策倾斜。当这种不良风气在全社会蔓延甚至盛行,规制就很容易被大企业绑架。尽管在西方国家这也算是一种常态,但在中国特色社会主义建设的新时代,通过初心学习,企业应该更有初心。

"二选一"虽然早已有之,但实施"二选一"是在体现自己的强大,还是弱小?"二选一"来源于两方面:外在源于强大与强势;内在源于担忧与贪欲。对市场份额的追求,是传统企业的无尽欲望。但经济学家早就已经证明:利润的关键来源不是市场份额而是用户忠诚。

2) 比"五新"更重要的是"新反思"

有投资者说,阿里巴巴对股东不友好。他说:最惨的是 2018 年上半年发的战略配售基金,公开募集几百亿元,老百姓要凭借身份证限额认购。当时说阿里巴巴马上要回归 A 股,可以折价配售,结果到现在影子都没有。

阿里巴巴的高德地图上的 AA 出行,对用户也不友好。如果将车费用微信支付给司机,那么系统仍会提示欠费,但过 7 天就不能投诉。作为一家大公司,一家有责任心的公司,不应该做这样的事情。

如果种种不友好的情节继续蔓延,总有一天会自食恶果。中国企业稍微做大以后或多或少有一种"帝皇情节",过去想做行业霸主,现在随着消费升级企业也升级了,似乎想做全社会的霸主。要知道,这是一个消费者的时代,有时候并不完全由企业说了算。

如果再加上对供应商不友好,那就变成三种不友好。如果投资者、消费者、供应商这三者揭竿而起,那么企业必定会陷入四面楚歌的境地。

玩花样的零售虽然也满足了一部分喜欢花样的消费者的心理需求,但他们总有一天会觉醒:不该这样被"价格"忽悠、被"狂欢"忽悠、被假想的"梦中情人"忽悠。

17　零售怎样才能让消费者更喜欢

未来只有两种零售模式:越来越简单与越来越复杂。

过去,零售人说:建立 POS 系统是零售业的根本出路。当下,零售人说:数字化是零售业的必由之路。

技术应该让零售越来越简单。当下的技术在方便消费的同时却也让消费变得越来越复杂,而让服务变得越来越简单。在人心向钱的今天,连真诚的笑容也日益稀缺。

1)"双十一"是伟大的创举

"双十一"是一个伟大的创举。之所以这么说,那是因为:

(1)淡季变旺季。当下零售人都把 11 月当作比春节更旺的"旺季"了,但在"双十一"出现之前,11 月就是一个"小淡季"。能把行业的淡季变旺季,这是一种扭转乾坤的丰功伟绩。

(2)创造了销售奇迹。2018 年"双十一"全网销售总额高达 3 143 亿元。其中,天猫实现销售额 2 135 亿元,约占全网销售额的七成;京东、苏宁、亚马逊、唯品会、拼多多以及其他平台仅占三成。

(3)让人有了一个期盼。把"双十一"定义为"狂欢",有点夸张。但它确确实实给人带来了种种期盼,从期盼抢购到期盼快递,从开始到结束,一路都在期盼。其实,能创造期盼,是很了不起的创新。

2)为什么不能做到更好一点

每一个商人都有自己的套路,但合规是底线。"双十一"期间的"二选一"是否违法现在虽然还没有定论,但在这个前卫、开放、包容的大时代,商人尤其是大商人更应该有一种开放的胸怀与气度,做出一些好的表率,让竞争变得更有序。

节日里玩些花样,让消费者开心,是很有意义的。如今的消费者,不是单纯为了购物,而是多了一些娱乐成分。但是,如果商家的套路太多太深,那就不好玩了,互联网就变成"套路竞技场"了,热闹非凡的结果可能是"自取灭亡"。"因为成功,所以失败"往往比"失败是成功之母"这句话更灵验。

高德地图把很多约车平台都整合在一起了,如聚的出租车、首约出租车、嘀嗒出租车、大众出行、滴滴快车、阳光出行、首汽约车、享道出行、AA 出行、神州专车、神马出行等。这是一件很有意义的事情。但由于高德地图已被阿里巴巴收购,因此竟出现消费者使用微信支付车费,高德地图无法正常显示"支付成功"的提示。

数字化时代的超大公司的服务,就是如此令人沮丧。在数字化时代,企业掌握着消费者的数据,可以套路消费者,但消费者却投诉无门。

3) 不能全怪互联网公司

从总体来说,互联网出身的公司还是给消费者带来了很多惊喜与便捷,这是不可否认的。传统企业也存在服务不到位的情况。常常是一项不起眼的制度,就能改变消费者的态度。

前不久参加了一个"上海商业优秀创业企业家"评选活动,其中有上海聚通装饰集团有限公司(简称聚通)的董事长徐国俭参评。在交流中,我们发现拥有 25 年发展史的聚通也没有建立用户回访制度。如果有一种回访制度,既能弥补设计装潢的缺陷,解除客户的后顾之忧,还能促成许多后续服务。但令人遗憾的是,做这样细致服务的公司实在太少。

在公共服务方面,这样的服务缺陷也屡见不鲜。如今手机丢了可以去复办一张原号新卡,卡里的信息与资产都可以完整地保留下来。但如果手机拥有者身亡,按照现行规则就没法办理复办。再如上海某些区的煤气公司实行先充值再使用的办法,煤气用到只剩 10 元余额就会自动断气。

大企业有霸道的资本,但也应该更合规更坦荡,成为照亮人心的表率。

18 关于新消费的三点思考

有报道称,平安养老险 10 小时内完成埃航空难首单理赔,保额合计 120 万元。看到这个新闻,联想起笔者 15 年前曾投保友邦保险,每年只管付钱,连续支付了几十万元,到最后还没弄明白自己的权益是什么。也许不是友邦保险的错,而是保险代理人的服务不到位,或是笔者理解力不足。但不管怎么说,笔者对友邦保险的感觉一点也不好,以后不会再投友邦保险。

从这个事例可以看出:企业做得怎么样不重要,重要的是顾客的感受如何。新消费能否被顾客接受,很大程度上是一个心理感受的问题。所以,新消费往往与心服务联系在一起。

1) 新消费与心服务

2019 年联商网大会的主题是"新消费·心服务"。联商网 CEO 王跃林先生说:"有痛点,就有新服务和解决方案。"新服务从消费需求来看,有新的服务模式与方式,并通过非接触服务提高服务效率与便利性。新增服务项目与类型,实现专业化与社会化服务,如早餐服务。不管是商品服务,或是纯服务,还是混合服务,归根到底,都是解决消费的问题,给人提供方便,让人获得舒心,这就需要"心服务"。服务从作为营销的一种手段,发展成为解决问题的一种产品,以及树立品牌的一种逻辑,是服务的一次飞跃!但服务归根到底是诚信。

做服务工作,如果没有用心与诚信,光靠"颜值"是不够的,形式、表演、仪式感对促进销售很重要,但皮之不存,毛将焉附!

现在的零售问题是:皮质不好,毛色可爱,只能远眺,不能近瞧。如果皮质也很好,那不仅卖场能火起来,而且能得到顾客的信任。这才是永续经营之道。

2)新消费的四大推动力

新消费的出现,有四大推动力:收入提高、产品研发、营销推广、自然传播。

(1)收入提高。收入激发新需求。人民的收入提高了,就会有新的消费欲望,原本是富人消费的商品,渐渐地就变成了大众化商品。如汽车,再以后,机器人可能会成为大众消费的一个热点,从现在的扫地机器人发展到老人护理与做饭的机器人。城市人不管有钱没钱都买房子,房子一买就限制了很多新消费,但也带动了很多与房子、汽车相关的新消费。农村人有钱了就造房子,也派生出一系列与建筑和装潢相关的新需求。新需求的发展已经从过去的波涛式、单一化的发展转变为分层化、差异化、多样化的发展。

(2)产品研发。如果没有电视机、洗衣机、电冰箱、空调、手提电脑、手机等产品的一代代升级,那么新需求就无法实现。当然,支撑产品研发的是科研与技术,最根本的是大学与研究机构的基础研究。我国大学不是实践不够,恰恰相反,是基础研究不够。理科生多做实验,文科生多读书。读书才是世界上最赚钱的"生意"。现在的大学生不是实践与创新不够,恰恰相反,是太少读书。当前大学所倡导的"实践导向""就业导向""应用导向""创业导向"等转型思路,不能说没有道理,但不是什么"真道理"与"硬道理"。大学最重要的使命就是基础研究,因为大部分企业很难做基础研究。如果没有基本理论与基本原理,企业的应用研究就没有方向与依据。如今的大学却在做自己的弱项,去折腾应用研究与实践研究,这其实是企业最拿手的事。

(3)营销推广。很多产品通过营销,从滞销变成畅销。"钻石模式"可以说是由营销带动消费升级的最成功例子。"钻石恒久远,一颗永流传",把钻石与爱情联系在一起,描述了一个动人的爱情故事:穷困潦倒的年轻人,抵押房产购买钻石,感动女神而获得幸福生活。这个营销案例告诉我们:营销确实能创造一个新消费时代。营销推广改变了人们的生活观念与生活方式,使消费更有仪式感、成就感与荣誉感,这才使消费不断升级。

(4)自然传播。如果说营销推广是有意识有目的的传播,那么自然传播就是社会群体相互之间无意识的传播。这种传播,从前表现为英雄效应、领导效应、明星效应,如今这一切都被看作粉丝效应。文化开放、经济互通、人文交往、全球一体,创造了新的消费模式、服务方式、产品形式等,会很快从一个城市传播到另一个城市,从一个国家传播到另一个国家。从食品到营养品,从炒菜锅到电饭煲,从切菜刀到马桶盖,从化妆品到眼药水,这一切都体现着中国人对进口商品的狂热。社群时代为产品的自然传播提供了无穷的空间。

3）返璞归真

当下的营销，变得越来越"粗暴"：早中晚黄金档电视机里各类广告交替播放；在追剧中，最显眼的广告则是高档化妆品，看看偶像剧，买买化妆品，也许就是部分女性的生活方式。在手机微信中，满世界都是软文，卖书、卖水果、卖蔬菜、卖衣服、卖面膜、卖鸡蛋、卖营养品，卖一切能卖的东西。打开电脑，首先跳出来的是"985、211名校一年速成本科"的招生广告。

在铺天盖地的广告世界里，让人不禁怀念、向往只卖商品的百货公司。实际上，不要餐饮，不要娱乐，不要任何添加物，只需要商品的顾客大有人在！这与高端低端没有关系，与消费升级也没有关系。当大家都变成"混血"的时候，如果有一家是"纯种"，也算是富有特色！

再如青团，五色青团很多，就是没看到传统青团。传统的青团，简单、好吃、不奢华但厚重！有的人喜欢传统的青团，但也不排斥五色青团！人各有所好，商家就要细分市场，推陈出新，迎合需求，此乃创新。但细分过度，不仅增加成本，而且还增加库存。有很多企业不是倒在做得不大的路上，而是倒在做大的路上。多品种多库存多麻烦，结果是管理与资金都跟不上。因此，很早就有营销专家提出了"反细分"观点。

在新消费的路上，偶尔去感受一些旧消费也是一件美事。

19 中国零售的包围与反包围

中国城市零售的变化主要集中体现在三个方面：一是购买方式，从就近便利的零星购买（杂货铺时代）到一站购足的集中购买（连锁店时代），再到想买就买的分类购买（移动电商时代）；二是支付方式，从"纸币＋票证"支付（供给制年代）到"纸币＋预付卡＋信用卡"（会员制年代），再到"支付宝＋微信"支付（准金融年代）；三是物流方式，从提货制（现金交易，店面自提，自带回家）到送货制（网上订货，电子支付，送货到家）。

这是一个层层包围的过程，传统的小店铺曾经被连锁店包围，日子越来越难过，但令人惊奇的是，这些小店铺居然又活了下来。因为他们发现了连锁店的软肋：服务差、不便利。家门口的小店铺以人情与便利找到了自己的生存空间。连锁店反而因前有便利的小店铺截流，后有电商分流，前后夹攻，日子变得不好过了。

但从2014年的第一个"双十二"开始，逆天的情况开始出现：阿里巴巴以半价折扣、50元或20元扣减为诱惑，将支付宝从线上大规模推向线下。从表面上看，阿里巴巴似乎是为了引流，但实际上是抢占"支付阵地"。从20世纪40年代末全球第一张信用卡在美国纽约诞生至今，都是信用卡公司及其联盟垄断着支付平台，并从中收取高额的信用卡手续费。支付宝真正颠覆的就是这种已经延续数十年的垄断的支付方式。

2016 年 1 月 15 日,一家名叫"盒马鲜生"的"支付宝会员店"开张了。它主营生鲜食品,既有 450 元每千克的鲜活帝王蟹,也有比较平民化的 27.6 元每千克的草莓。店铺设计比较现代化,后台设置了 300 多平方米的合流区。据说这是全球第一家采用自动化传输系统的店铺。店铺接到手机 APP 订单后,在店内取货,放入保温袋,通过自动传输系统传送到后台合流区,装入专用的配送箱,并在 5 000 米范围内建立了一个"半小时配送圈"。

这样的设备配置、商圈设定以及快捷配送,在国内生鲜零售圈,尚属首例,是一种全新的生鲜经营模式。但能否持续,关键看两点:第一,生鲜供应链能否有效支撑前台需求;第二,经营亏损能否得到有效控制,并始终坚持品质第一。

实际上,对这家店的评价,一开始主要集中在"把支付宝作为唯一的支付工具"这一点上。到该店购物首先必须成为会员,其次要用支付宝结算。从现有的《中华人民共和国人民币管理条例》第三条(中华人民共和国的法定货币是人民币。以人民币支付中华人民共和国境内的一切公共的和私人的债务,任何单位和个人不得拒收)与第六条(任何单位和个人都应当爱护人民币。禁止损害人民币和妨碍人民币流通)来看,该店拒收现金涉嫌违法。

但据相关机构的网络调查显示,截至 2016 年 1 月 17 日下午 9 点 30 分,在参与调查的 342 人中,对"支付宝会员店不能现金支付您觉得合法吗?"的调查问题的回答是:认为"合法"的人约占 48%,认为"不合法"的人占 38%,认为"不好说"的人占 14%。

盒马鲜生创始人侯毅在开业第二天表示:开业当天没有接到有关支付方式方面的投诉,说明消费者也接受这种支付方式。虽然不能用现金支付的做法有点欠妥,与现行法规也存在矛盾,但如果能撼动传统支付方式的垄断地位,这具有里程碑意义。可见实践需要探索,法律需要修订,零售需要创新。

20 从店商到电商的痛点与痒点

网上流传的一个关于"卖狗的故事",说明了消费者的普遍心理:父亲想给女儿买一条狗。有三个卖狗人:第一个卖狗人说,付 1 000 元,拿走。买狗的父亲扭头就走。第二个卖狗人说,付 1 000 元拿走,一周内可退。这时候买狗的父亲有点动心。第三个卖狗人说,送狗上门,搭好狗窝,备好狗粮,养过一周,如果喜欢,再付钱。这时候,这位准备买狗的父亲已经没有任何拒绝的理由,最终的结果是商家与用户皆大欢喜。这个故事给我们的启示是:商业买卖一定要站在对方的角度,走进对方的世界,深入对方的内心,排除后顾之忧,建立互信关系。

以上海为例,零售业 40 多年来的发展,呈现出三个基本现象:第一,便利店与小超市大发展以后,仍然存在数量众多的杂货铺;第二,百货商店经过一次次改造已变得富丽堂皇,但"价格虚高,促销虚假"仍是通病;第三,超市、大卖场、生鲜超市推广了多年,但食用农产品零售最终还是以标准化菜市场为主导。

在这样的营商环境下,消费者的普遍感受是:东西多,但真想买的东西却找不到;促销多,但感觉价格还是有很多水分;宣传好,但还是感觉商品不安全。总的来说,价格高、价格不透明、没有话语权、不方便、不安全等都是在店商背景下的消费者痛点!

据商务部统计,2014 年中国消费者在全球奢侈品消费高达 1 060 亿美元,占全球奢侈品消费的 46%,其中有 76% 的奢侈品消费发生在境外。造成这一现象的基本原因是国内商品价格虚高与假货泛滥。

电商的发展也与店商自身的问题有关。电商首先解决了三个消费痛点:第一,突破了价格的极限。尤其是在品牌推广中普遍使用补贴方式,实施"倒毛利"倾销,吸引了消费大众。值得一提的是:廉价、补贴、优惠、红包等,不仅是低收入人群的所爱,更是年轻人的一种追求,甚至高收入人群也同样喜欢低廉的价格。第二,颠覆了便利的概念。超市大卖场的出现以"一站购足"为便利,但自从有了网购、宅配送与移动互联网,消费者更喜欢"随时随地,随需随买"。多批次、小批量的购物方式已经成为时尚。第三,搭建了沟通的桥梁。在店商时代,遇到不开心的服务,买到不称心的商品,与商家沟通很费周折。但电商利用信息沟通的优势,建立了"用户评价制度",从而使消费者终于有了一丁点"用户至上"的感觉。

但好景不长,电商在解决店商痛点的同时又衍生出新的痛点问题,如虚假打折、流量劫持、品质不保、刷单评单、伪海淘、伪需求等。随着消费升级,消费者也有了新变化,他们不再简单地满足于价格、便利、沟通等方面的诉求,购物行为出现了一系列新变化。

如尼尔森的调查显示:网络购物者变得更加理性,网站品牌更受关注,品质成为海淘的关键因素。有海淘经历的人群,从 2014 年的 32% 上升到 2015 年的 63%,他们集中关注海淘产品的两个方面,即商品质量有保障、保证海外品牌原装正品。网络购物者考虑的因素则有退换货政策、快递服务以及客服人员经验及态度等。

电商虽然解决了店商的三个痛点,但其自身又衍生出新的痛点,而且并没有解决消费者的痒点。痛点其实是焦虑点、可视点、刚需点;而痒点则是兴奋点、隐蔽点、即兴点。痛点所面临的是基本需求问题;痒点所面临的则是升级需求问题。如果说"吃饱"是一个痛点问题,那么"吃好"就是一个痒点问题。所以,电商发展到今天,仍然面临待解决的痛点与痒点。

从痛点到痒点,也是消费升级的表现。例如,去美国旅游,那么购物是刚需。但旅游购物 APP 如果仅是一堆名牌的 logo 列表,那么就只解决了旅游购物者的痛点问题,而如果打开 APP 就能看到传说中的某商品就在身边 1 千米内、国内买不到的商品、国内享受不到的服务等,那就是击中了旅游购物者的痒点问题。

正因为电商不能完全解决消费者的痛点与痒点问题，所以他们在冲击店商以后开始"从天而降"，纷纷开设实体店。从亚马逊到当当，从阿里巴巴到京东，都已经从初期的"联盟 O2O 战略"发展到"资本融合 O2O 战略"。所以，作为传统的店商应该借用技术、信息、数据的力量承担起制衡电商的重任。

这样发展下去，若干年以后再也不会有纯粹的电商或店商。但从目前来看，电商与店商的区别是显著的：电商好比渔民，店商好比农民。

渔民捕鱼，如果设备、技术、时令、运气都好，就能满载而归，并且安全抵港，收益丰厚。但随着海洋资源日益枯竭，捕鱼从近海拓展到远洋，投资、成本与风险越来越大，即使满仓而归，一旦遇到大风大浪，就会船翻人亡，前功尽弃。

农民种地如生孩子，土壤与种子是基础。土壤不肥，种子不壮，那是肯定种不出好庄稼的。不过，实体零售商的土壤可不是店铺，店铺本身并没有什么优势。实体零售商应该以店铺为阵地，与用户建立某种类似"军民鱼水情"之类的关系。这才是根本，才是实体零售商的土壤。

店商是枪炮制造商，供应商是炮弹制造商，店商造枪，供应商制弹，枪弹合一，才能发威发力。这也是零供关系的未来前景。过去的零供关系是一种"零和博弈"，关键点在于"争利"。未来的零供关系应该是"正和关系"，关键点在于"分享与创利"：从用户出发，拆除篱笆，共享资源，创造价值。

由此形成了未来零售商的三个基本特点：第一，一切从用户出发，以消费者喜欢的方式高频触达用户；第二，以高频触达用户为基础，培育出诚信的零客关系，从而降低交易成本，提高流通效率；第三，以用户为导向，建立起新型的零供合作创新关系。

首先，零售商要树立用户观念。买产品的人称为顾客，使用并接受产品和服务的人，就是用户。如果把顾客当用户，就提供及时的、周到的服务。

其次，零售商所关注的数据，应该从商品导向转向用户导向。过去的零售商重点关注的都是事后的商品数据，即 POS 单品数据。这些数据不仅是事后的数据，而且没有与用户的消费行为相关联。过去的零售商即使有会员体系，但由于会员数据杂乱，会员与商品之间实际上难以匹配，所以，会员数据挖掘也难以实施。

在移动互联网背景下，消费者即兴观看，即时搜索，机动购买，一切买卖行为都基于人与人之间的相互影响。如果零售商仍然停留在事后的商品数据分析上，势必难以适应动态变化的消费者需求。因此，零售商迫切需要培养"数据科学家"，实施对人与商品相互融合的数据挖掘与分析。

最后，零售商要利用技术更好地为用户服务。技术的发展使未来零售业具有无限的发展与想象空间。就目前而言，很多零售商所做的其实是本末倒置的事情。他们感觉销售额下降，所以要更多地做促销，包括与线上企业的合作。但这些零售商是否意识到：销售额下降是因为顾客流失，顾客流失是因为痛点与痒点未被解决。尤其是对优质消费者,零售商也毫无用户意识。优质消费者对企业的巨大贡献以及每一次惠顾,几乎都未能引起零售商的关注、感动、感恩与回报。这样的零售商,无论是电商还是店商,都是没有未来的。

站在用户立场,关注用户行为,以用户喜爱的方式去关爱用户。这才是零售业的本质。

21 "互联网＋零售"的"加减乘除"运营法则

零售业光有"互联网＋"或"＋互联网"还不行,应该综合实施"加减乘除"。

1) 加什么

我们发现一个有趣的现象就是"菜店＋水果店"的生意要比"水果店＋菜店"的生意明显好许多。这是一个可以建模分析的现象,但没有必要做得高大上。从购买者视角来说,菜店买菜是每日必做的"功课",菜店也是居民"聚会"的地方,物质需求与心理需求在这里汇合。因此,买菜时顺便买水果主要是图方便。但自从居民发现菜店的水果价格较高后,他们又宁可放弃便利而选择到价格更公道的水果店购买水果。所以,零售商应该搞清楚消费者什么时候需要便利,什么时候需要低价。

任何事物的存在都有一种能量引导着,如我国连锁店曾被一种叫做"做大"的能量引导,电商被"风投"引导,股市被"欲望"引导。这些能量就是吸引力,由此形成了吸引力法则。简单地说,就是同类相吸,同频共振。如城市综合体建设其实就是酒店、办公楼、生态公园、购物、会所、高档住宅等相互关联的商业设施的相加与融合(hotel＋office＋park＋shopping mall＋convention＋apartment,简称 HOPSCA)。

如今电商能量强大,店商能量虚弱,有些店商已经到了"一日三餐还剩一口气"的状态。整个社会应该对接互联网精神、互联网思维与互联网平台,因为在没有放下旧模式之前根本没有办法实施"互联网＋"。各种新生的能量被负面模式大量消耗,只有清理掉负面模式,才能将能量聚集到我们的新愿景上来。

"互联网＋"是形,"＋互联网"才是本。店商至少应该加五个方面:温情、信任、商品、便利、热情。五者之间的逻辑关系是:建立快捷触达用户的渠道,利用互联网工具面向用户提供高频交流的温情服务;以利益承诺为前提获得用户信任;以商品开发为核心竞争力,向用户提供满意的服务;一切以用户便利为最高原则,凡是便利用户的事我们就要拥护,凡是用户不便利的事我们就要反对与改进;所有对接最终都要落实到一线人员,要培育一大批具有工作激情的服务人员。

2) 减什么

马化腾说,"互联网＋"与各行各业的关系,不是"减去"(替代),而是"加上"。但若不减,怎能加上？这符合"补鞋技法"：凡是橡胶类的轮胎或鞋子,想补上一块新的,就必须锉掉一些旧的。另外,还有一个与吸引力法则同等重要的是放下法则,转变习惯思维和运作模式,放下从前得心应手的经验、方法与下属,才能为零售业的"互联网＋"或"＋互联网"开出一条血路。

具体包括三层含义：一是要减去"傲慢姿态"与"有奶便是娘"的无底线行为规则。企业管理者口口声声地说要拥抱互联网、亲吻用户,但到底有没有去践行这些口号又是另外一码事。有些企业在这方面做得很好,主动对接年轻的在校大学生,并且很有耐心。二是要减去"一夜暴富"心态,也要积极培养员工的平和心态。当下人们的胃口越来越大,都希望一夜暴富,丧失了对专业、对实业、对事业、对本分、对技艺的崇尚与追求。三是要减去那些负面的工作态度与工作作风。最近有个帖子说到郭广昌要求复星高管必须知道的 7 件事,其中第三件事情就是"正能量,不抱怨",不抱怨问题,而是去寻找解决问题的方法与途径。这是一种互联网精神。在不少传统企业日渐老化、僵化、退化的今天,如果没有这样一种"好好学习,天天向上"的精神,"互联网＋"即使勉强加上了,也要掉链子,甚至失去未来。

3）乘什么

"乘"是一种倍数放大。富基融通颜艳春董事长把爱因斯坦狭义相对论中关于能量等于质量乘以光速平方的不朽公式改写成为：盈利等于商品乘以顾客平方。其实,把这两个公式结合在一起更能说明问题。

零售是一个依靠商品周转实现盈利的行业,能量或盈利皆来源于商品周转速度。从前零售企业依靠广告或促销提升速度,当下技术已直接触达用户。用户相互传递信息已成为一种时尚习惯,从而会不断放大相关信息。如果有质量但不移动,静止质量所能产生的能量是有限的。如果移动速度加快了,但内在质量不行,能量也不会很高。

为此,零售企业需要关注三方面的乘数效应：一是众合效应。众合效应是面,即面向全社会。最近刘江峰在线下寻找合作伙伴,有企业提出要签订排他协议。其实,没有一家零售商可以完全满足用户的"代购"需求。刘江峰的 DMALL 项目应该寻求与多家合作的新途径,谁提供的商品与服务好,就维持下去,不行就淘汰。一定要有这样一种优胜劣汰的众合思维与机制,才能把类似的平台生意做得更好。如代驾业务等,都是发动社会力量来解决社会问题。二是整合效应。整合效应是线,即面向供应链与供应商。只有整合供应链资源,把商品做好,零售业才有希望,否则一切都是空谈。商品没有质感,即使有了光速也无济于事。三是凝聚效应。凝聚效应是点,即面向内部员工,是要激发内部员工源自内心的原动力、工作激情与创造力。点、线、面结合,才能实现乘数效应。

4）除什么

"除"的基本含义是"分享",必须分清分享的类别,是分享社会红利还是企业或集体的资源？社会红利无偿共享,企业资源有偿分享。改革开放的前 30 年,我们所分享到的人口红利、土地红利、资源红利，归根到底是农村红利。农民失地又失业，只好出去打工，还被很不公正地标记为"农民工"。有些村庄做得比较好，被征地以后，农民对部分房产与商业项目仍然具有一定的股权，可以分享商业地产升值的利益。

可见，在互联网时代，也不能一味地强调分享，分享应该是有类别、有原则、有细则的。当下电商在竭力提倡分享，提出了建立"三峡大坝式联盟"的设想，要分享店商的客源，试图把店商的顾客转化为自己的用户，并劝导店商要"远交近攻"，专心做好"立地经营"。这一切说得都很有道理，但店商的担忧也是可以理解的：自己的客流被导入其他平台以后，这正如农民的土地被政府征用，可能面临失地和失业。小商户把客户资源贡献给"大坝"以后，能够长期分享到什么利益呢？所以，不能毫无原则地讲分享。

"互联网＋"是表象，实质是要用互联网倒逼传统的"社会网"，只有减去，才能加上，只有妥善地除去，才能有效地乘上。

22 商业联盟的可持续发展

2019 年 9 月 24 日，"2019 蚂蚁商业联盟年会暨第三届蚂蚁自有品牌大会"在合肥召开，参会的有 1 100 多人、60 家厂商。中国 IGA、保亭会、齐鲁商盟等国内外自愿连锁组织的代表也应邀参加了本次年会。

蚂蚁商联董事长吴金宏在上午的主会场上深情地说：人类之所以伟大，就是因为懂得了群居，这是一种聚合的力量。蚂蚁虽小，但能聚沙成塔，而且井然有序。零售业的每一次进化，也都是聚合力与商品力的深化与升华。聚合意味着更大的责任，蚂蚁商联起步的时候，只有 12 家创始股东企业派遣的 12 人。大家都不知道首先该怎么做。

吴金宏形容当时的情况，说："眼前一片漆黑。"有人劝他：蚂蚁商联做自有品牌，先要从简单的开始做。但蚂蚁商联选择了从复杂开始。他们试图打破牛奶行业的现行规则，创造优质而不贵的牛奶自有品牌。自有品牌不仅是高毛利商品，而且还是引流商品。在市场环境的多重压力下，提高毛利是必需的应对之道；用自有与自营去营造护城河，这也是未来零售的必由之路。

首都经贸大学陈立平教授在聊起蚂蚁商联与吴金宏先生时，说：为了蚂蚁商联，吴总付出了很多，他甚至把自己的金好来业务交由公司团队来打理，自己则专注于蚂蚁商联的拓展。这给我们一个十分重要的启示：任何联盟的可持续发展，不仅需要有一个公司的外壳，更需要有一个专业的团队，还需要有一个强有力的领航人，一心一意带领联盟一步一个脚印，盈科而进，聚沙成塔，同心共赢。

中国 IGA 从 2004 年起就在中国大陆发展会员，而且北到大庆，南到宁波，中至湖南，拉开了全国发展的架势。如今发展到什么规模呢？中国 IGA 总经理张丽说：我们在不同国家具有不同的发展战略,在中国大陆基本上是每年增加一家会员企业,至今有 18 家会员企业。这个发展速度并不快。不过,发展会员只是中国 IGA 业务拓展的一个方面。

蚂蚁商联成立两年,成员企业从 12 家发展到 45 家,并且仅用了一年半时间,就开发了 800 个自有品牌商品。与美国 IGA 相比,国内零售联盟的发展是极速的。其发展区域也早就跨越了一个较小的地理范围,中西部、东南部地区都有蚂蚁商联的成员企业。

保亭会则是由河南大张集团董事长张国贤创办的一个联盟组织,据公开报道成员企业有 50 家。吴金宏称赞保亭会具有超强的凝聚力,还专程去保亭会拜访学习。

山西太原美好特旗下有一个“全球蛙”,看起来是一个以商品为主导的 APP,但其远期目标可能要做 2B 业务,甚至要做联盟合作。

面对大型零售商的出现,国外早就出现了自由连锁组织。他们的初衷基本上都是从商品切入,如联合采购、集中配送等,后来发展到知识共享、品牌开发等更紧密的合作。这种模式独特的优势是进退自由,“进”可以往特许加盟、直营连锁发展,“退”可以自主发展,具有灵活成长的选择优势。

关于商业联盟有下列问题值得思考:

(1) 区域发展还是跨区域发展? 有人认为,区域化发展是难以建立联盟优势的,只有跨区域全国发展才能更有相互学习与相互聚合的优势。

(2) 公司制发展还是行会式发展? 笔者在美国曾访问过一家五金公司,这家公司其实就是一种自由联盟组织。该公司的注册资本来源于成员企业的入会资金,也就是说联盟公司属于联盟成员所有。如今的蚂蚁商联基本上也是这样一家由成员企业拥有的公司,只是成员企业的股权有所不同。

(3) 统一品牌还是独立品牌? 美国的这家五金公司发展到最后连成员企业的 logo 也统一了,变成了特许加盟连锁。

(4) 封闭发展还是开放发展? 有人认为,联盟组织可以在条件成熟的时候吸收外来资本,但绝对不能上市。也就是说,这是一个对行业开放,对资本市场相对封闭的行会组织。

(5) 聚合的“丹药”是什么? 蚂蚁商联注册的公司名称是“郑州蚂蚁合众商业管理有限公司”,注意不是“众合”,而是“合众”。他们认为,关键是要可持续发展聚合。但聚合关键是什么? 古时候炼膏药就是一个聚合的过程,先是用油混合中药材,接着还必须放入“丹”,才能聚合成黑色的药膏。那么,联盟聚合的“丹药”是什么? 吴金宏认为是商品与情感;张丽认为是核心价值观与践行;张国贤认为是情感与价值观;齐鲁商盟李继修认为“丹药”有两点,一是团结,二是规则。

(6) 吴金宏说:过去,我们摸黑前行,如今,大数据给了一把手电筒。聚沙成塔,同心共赢。这就是“蚂蚁商联”。在人类社会,道路有红绿灯,还是会发生交通事故。在蚂蚁的世界,没有红绿灯。蚂蚁的数量之众远远超过人类,但它们永远不会撞头。这是因为蚂蚁有一种自组织机制。

商业联盟的可持续发展,贵在发现需求,创造价值,传播价值,传递价值,实现价值,超越价值,最终让消费者享受超值商品与超值服务。

23 走进齐鲁商盟:区域零售商联盟崛起的背后

2019年6月21日,由联商网主办、山东爱客多承办的"2019中国社区商业大会"在山东济宁召开。

爱客多当家人房淼,最显眼的是有点花白的头发,但看其"全景"则会发现:从面相、身材到穿着,都显得很青春,像一位年轻的"富二代"。房淼做超市至今已经有足足20个年头了,此前还做过快消品总代理。这一经历,有点像福建见福便利店的张利,他也是从批发代理转行到零售,实现了批零一体化经营。既做过批发又做过零售的人,对流通会有更深刻的认识,做生意也更稳重,不会像游荡的狮子,四面出击,而更像是一棵常青树,落地生根,靠日积月累,茁壮成长。

做区域零售商,做社区商业,就应该如植物,扎根泥土,深入社区,不仅用规范与标准教导员工,更需要企业管理者身体力行,言传身教,用行动引领员工,自觉、自发、自动地真心地去亲近居民,亲爱居民,亲力居民,让全城居民感受到无比的温暖、放心与宽心。这是商家的责任,更是商家至高的荣耀。河南胖东来做到了,只要站正了"立场",所有的零售商也都能做到。到那个时候,整个社会的文明程度将飞跃百年。这就是"零售的中国梦",也是"教育的中国梦"。

2019年8月,由14家山东本地零售商发起的齐鲁商盟成立两周年暨第九届"走进圣豪商业"零售峰会召开。会议期间,两家圣豪超市的案例令人感触最深的有三点:

(1)服务顾客,极其用心。位于万达广场的这家圣豪超市,由于物业条件限制,卖场与停车场不能直达,为了方便顾客,该超市在电梯入口处醒目位置写着这样一句话:圣豪超市提供专人免费送货至停车场服务。

这是一家"眼明"的公司。只有积极向上的公司,才会有明亮的眼睛,才能主动去发现顾客的需求,想顾客所想,急顾客所急。出生于1957年的杜圣军,是圣豪商业集团的董事长,作为私营企业的老板,他可以淡定地安排自己的企业。

杜圣军说,零售这种需要竞争的行业,就是要鼓励私人经营。杜圣军从前的领导也是1957年出生,也是做商超,且拥有公司20%的股份,但他经营的是一家国有企业,62岁退休以后,只拥有企业股份,不再参与企业经营。

私营的零售企业,尤其是区域性的私营零售企业,对顾客的关注与服务更令人感动。当然,我们也相信,像海底捞那样服务至上的全国性企业,在中国还有不少。

其实,小店之所以一定要做加盟,也是为了发挥总部与店铺两个积极性。连锁店如果只有总部"火车头"有动力,那是跑不快的,只有在每一节车厢都配上动力装置,就像我国高铁那样,才能跑得更快更远更安全。

(2)营销转型,成果显著。走进圣豪超市的第一感觉是商品展示的主题化、活性化、互动化做得很好。他们与多点(DMALL)合作,做了一个"808好货节":在收银口外面设置了一面红色的"问题墙",由一块块红纸牌组成,一块红牌一个问题,背面写着答案,顾客通过扫描二维码,可以参与手机摇奖。

卖场需要标准化,但比标准化更重要的是活性化。首先是货架布局的活性化;其次是商品出样展示的活性化;再次是服务人员现场营销的活性化;最后是顾客互动的活性化。货架、商品、服务、顾客四者的活性化将全面提升卖场的体验感。

在圣豪超市内的商品展示中,到处可见网络表情与用语,如"帅的人都喜欢吃这个""客官、客官,选我、选我,带我走""红配绿才洋气"等,还用上了电子牌卡。

后来在该公司应用主管的介绍中了解到:所有这一切都基于一种营销转型的理念,即从"低价促销"转变为"好货营销"。他们砍掉了六成多常规的促销单品,增加了高品质、高毛利的新品以及自采自营商品,少做促销节,多做商品节,打造"主题商品"与"爆品",如"宁夏中卫硒砂瓜""寻鲜记""燃烧吧小龙虾"等。用富有特色与情感的好商品,给顾客一个来店理由,用商品引流顾客,这是实体店最重要的转型策略。

(3)精神消费,创新有道。圣豪商业集团自有物业建造的购物中心里有一个"惠明星空失恋博物馆"吸引了联商网程相民。这个失恋博物馆由四个相互连接的小房间组成,主要不是展示"博物",而是用墙上、地上的各种"标语文字",激发参与者真实的内心感受,让他们互动参与,留言表白,相互倾诉。

据介绍,50元一张门票,每天约有500名顾客前来体验,但有四分之三不是独自前来,而是与恋人相约而来。这样的场景,令人想起了上海第一百货2018年改造以后在顶层也有一个类似的"怀旧场景",搪瓷杯、老橱窗、广告画、自行车、缝纫机、收音机、三五牌台钟等老物件一应俱全,但就是缺少了一个互动环节。

精神消费源于消费生活,是这样一种场景:消费者在卖场逗留了几个小时,消费了几百元甚至上千元,没有带走任何东西,却是心满意足,回味无穷。

像齐鲁商盟这样的区域零售商联盟的崛起,需要注意三个问题:

第一,联合什么? 向文明、向效率、向合力转变,需要整合与提升。

第二,面对什么? 外来竞争者会渗透进来,尤其是人口在200万以上的城市,很多新零售开发者都会进来。区域零售商联盟要做好应对新竞争者的准备。

第三,联盟不等于联姻,联盟以后还要保持各个个体的活力与特色,保持区域零售市场的竞争格局。如果因联盟而失去竞争,那不如不联盟。所以,联盟而不联姻,是一种较好的状态,有分有合,有合作有竞争,才能促进地区贸易经济的发展。

第 3 章

零售转型

　　零售转型的前提是大背景下的自我认知,有三点特别重要:第一,我国的规制体系特别复杂,管理部门多、法律法规新旧交替、办事无可无不可,一不小心就会走上"官商联姻"的绝路,这是最危险的事情。企业可以有两种选择:一是永不做大,做个"幸福的小业主";二是即使做大,也要把握"底线"。不管选择小还是大,都要懂法规、近人脉、看变化。第二,市场虽然大,关键是对消费者要有深度透析。不要自以为掌握了所谓的大数据,忽视了小数据。第三,阴阳结合。这是关于变与不变的关系问题。易是变,经是道;阴是核心,阳是扩张。从阴阳的观点来看,我国零售业的发展,主要靠张力,那是阳。零售业收敛于核心能力,那是阴。只有阴阳结合,才能持续发展。核心的东西扩张到全国,需要应变,以灵活方式占领、占有、站稳市场。

1　全员营销的真谛

2020 年 2 月份，在抗击新型冠状病毒肺炎疫情（简称疫情）中，百货行业发起了一场"全员营销战"，苏宁、恒大等企业都开始做全员营销。

没有销售，却有开支，这对零售业来说是极其可怕的事情。在这个高投入、高租金、高保本点的行业，销售下降 10%，就接近亏损了。如今的百货行业集百货销售、餐饮、娱乐为一体，这三方面受疫情影响也最大。在这种十万火急的情况下，把每一位员工推向销售一线，把柜姐转型为直播网红，也无可厚非。

阿米巴经营模式的创始人、日本著名企业家稻盛和夫曾对中国企业家说：萧条时期的第一条策略就是全员营销。所以，有些企业把全员营销当作了应对疫情的救命稻草。

阿米巴是一种单细胞变形虫，阿米巴经营模式是稻盛和夫早年创业遇到困境后创立的一种企业管理模式。稻盛和夫创办的第一家公司叫"京瓷"，主要研制陶瓷技术。公司起步阶段他都是亲力亲为，但当公司发展到上百人、几百人的时候，不仅自己越来越力不从心，员工积极性也大受影响。在这种困境下，他开始把公司细分，形成一个个"阿米巴"小集体，并培养成持续自主生长的独立组织。

我们还要注意到，稻盛和夫所说的"萧条时期，全体员工都应成为推销员"，不仅包含"让生产制造部门也去卖货"的意思，还包括以下四层内涵：

第一，要挖掘全体员工的创意。这实际上是"全员提案"的思路，也是日本企业持之以恒地在实施的"合理化建议制度"的延伸。我们有些企业，常常靠上面推动，领导犹如传统的火车头，拉着车厢跑，但是每个车厢都没有动力。结果是：领导累死，群众闲死。

第二，促进产销融合。生产部门常常抱怨销售部门无能。通过生产部门拜访客户，能使生产部门理解销售部门的辛苦，销售部门也能感谢生产部门，从而使两者更融洽。以往我国大型连锁企业的采购部与营运部，分别由两位总监负责，而两位总监的相互关系基本处于面和心不和的状态。所以有些企业就把这两个部门合起来由一位总监负责，这样更有利于相互协调。在中国台湾，7-Eleven 就是这样，他们认为采购与营运需要更多的相互协调而不是牵制。

第三，培养全员低声下气的服务精神。做服务就是要当客户的仆人，"低声下气"应该是常态。我们到百货公司与购物中心常常看到服务人员不是表现出贼头贼脑，就是趾高气扬。

第四，让全体员工都要有营销意识。现代营销与传统营销的最大区别在于：传统营销强调过程与结果，而现代营销则更强调导向与价值。营销最重要的就是遵循顾客导向,就是要发现价值、创造价值,传播价值、传递价值。这是一个全员联动的生态体系。顾客所感受到的价值,不仅包括商品质量和价格,更包括心理上的点滴感触。

其实,银行拉存款与信用卡用户,证交所拉新开户,直销公司发展下线,互联网公司拉新等全员营销的做法早已有之。上海有一家连锁企业,为了推广会员卡,早在几年前就采取了层层分解指标的做法,从总部到门店,从店长到员工,从员工到亲朋好友,拉来了不少新会员。但是,由于商品与服务没有什么大改进,这些会员甚至没有产生一次消费就沉没和流失了。

实施全员营销,要先让员工树立用户意识。每一位接触用户的员工都是企业的代表。未来的营销主要是靠口碑。营销之父菲利普·科特勒认为:营销就是在满足需求的同时创造利润;营销的核心问题是满足需求,不是寻求交易;营销管理的本质是需求管理,不是销售目标管理。管理之父彼得·德鲁克认为:营销就是让推销变得多余。这不是在诋毁销售工作,而是在强调满足需求,让交易自然发生。企业"做事"好的话,消费者会自动传播。但令人遗憾的是,我们当前的营销大部分仍然是在推销"大力丸",连大红大紫的带货直播网红也都在胡扯谁的价格更便宜。

不管疫情有多么可怕,它必定会被战胜。疫情中受损的企业犹如被大火烧过的山林,只要根系和种子有生命力,春风吹过又将生机勃发。百货行业向全员营销转型,关键不是卖货,全员营销的真谛是全员树立营销意识。

2　零售转型需要做健康运动

转型是所有零售企业的话题,包括传统零售、连锁零售、电子零售、社群零售等各种零售业态与零售模式。

1) 零售转型的三种状态

现有的零售理论假说,主要是从零售业态来解释零售业的发展变化。

零售理论假说认为:零售业态的每一次轮转都会经历导入、成熟、脆弱三个阶段,一般从低成本、低价格、低利润导入,从而引来大量模仿者,迫使最初的创业者向高定位、高毛利业态转型,从而为低成本业态留出发展空间。这一零售理论较好地解释了百货公司出现以后,零售业态向专卖店、连锁店、仓储会员店、折扣店转型的发展过程。

零售手风琴假说则从商品组合的宽窄变化解释了零售新业态的发展变化。从零售发展史来看,最初的零售业大部分是前店后厂的作坊式店铺,后来出现了品类较多的杂货铺,再后来又出现了百货商店,其后分化出均价店与专业专卖店,以及超市大卖场、购物中心等零售业态。这是一个"窄—宽—窄—宽"交替融合来回徘徊的发展过程,而且窄中有宽,宽中有窄。

零售自然选择理论认为：各种零售业态是在特定的社会、经济、文化环境背景下衍生出来的不同"物种"，遵循"物竞天择，适者生存"的法则。如大型超市是冰箱、汽车普及以后由一站式购物需求所催生的零售业态，而购物中心则是多功能生活服务需求的产物。

这些零售假说从不同视角回答了以下问题：零售为什么会出现？零售业态是怎么出现的？新零售业态出现以后是怎么发展的？新零售业态出现以后为什么会这样发展？但这些零售假说缺乏对消费因素、技术因素的分析以及实证与对策研究。

从零售业发展实践来分析，零售服务企业按其功能大致可分为三类：一是基本生活服务类，要成为居民每日生活的"好帮手"；二是休闲娱乐服务类，要成为居民享受生活的"好伙伴"；三是特殊消费服务类，要成为本地居民和旅游消费者的"好助手"。

从转型的必要性来看，存在三种状态：一是传统业态由于消费升级而步入萧条，这需要业态升级；二是连锁组织由于老化、僵化而退化，这需要补充能量与活力；三是新业态由于缺乏自身造血功能而面临困境，这需要练好内功。

2）转型需要建立理性的经营模式

零售企业转型为什么如此艰难？除规模扩张型战略的惯性延续外，最根本的原因在于对消费者认知的缺失。商家认为消费者是非理性的，所以可以经常忽悠消费者，但实践与调查告诉我们，事实并非如此。有些超市公司，为了化解成本上涨的因素，悄悄提高商品价格，以为这样做顾客感觉不到。如此经过若干年的演变，公司的品牌形象从"低价"转变为"高价"，而店铺服务则没有丝毫提升。其结果不仅高端客户不会光顾，连中低端客户也会不断流失。这就是商家忽悠消费者的"报应"。

在传统的传播模式下，商家毫无顾忌地忽悠消费者的另一个原因是，大公司可以动用丰富的资源（包括社会资源），用强势品牌、强势公关与强势宣传，掩盖事实真相。但是，在网络传播模式下，商家的"恶行"会在第一时间通过网络广泛传播，这已经成为除企业自控、行业自律、行政监管、法律规制、媒体监督以外的"第六种力量"——公众谴责。不良商家有可能被公众的吐沫淹死。当企业越做越大，大到可以屏蔽舆情、控制媒体的程度，就会对消费者造成更大的危害。但消费者总有觉醒的时候。

（1）消费者已经从简单的商品物质需求转变为价值需求。价值需求是理性需求、情感需求与精神需求三者的组合，可以分为三个基本层次：等值的满足（满意）、超值的满足（得意）、精神的满足（适意）。

（2）企业应该从以下三个方面去满足顾客所追求的价值：一是核心价值，用商品与服务满足顾客的需求，如食品的美味、营养、安全等；二是认知价值，必须通过传播与沟通使消费者认知价值；三是便利价值，让消费者能够十分便利地获取商品与服务，并提供各种沟通的便利。这三者缺一不可。在这一过程中，习俗与文化将直接影响顾客的价值判断。全国性连锁公司在与区域性本土企业竞争的时候，常常处于被动的劣势地位，其中一个根本的原因是,全国性连锁公司属地化能力较差,缺乏一种将习俗与文化纳入连锁经营体系的组织能力。

(3)要跟踪市场上不断涌现的重大价值元素。消费者对商业行为以及商品与服务的价值判断会随着时代的变迁而发生重大变化,因此不同的时代会产生截然不同的价值元素。目前,我们至少应该关注这几个新的价值元素:质量安全、购物便利、即时沟通、顾客尊严、购物体验、可比价格、道德底线等。

总之,面对理性的消费者,需要理性的经营模式。

3)转型需要通过健康运动练就良好内功

零售企业呈现出退化、老化、僵化的迹象,是由体质与体能下降造成的。零售企业转型要做好健康运动。如一个人若肥胖就会出现健康问题,无法集中精力做事情。做企业也是这样,担子重,协调慢,经营就不会有大的发展。企业要发展,就要"减肥",要做健康运动——要减成本费用,减管理机构,减无用之人;要实施新的战略,调整公司的人力资源政策;要改变公司的面貌,改变领导层的作风。

就连锁企业而言,总部是主动脉,门店营运是毛细血管,管理督导是静脉。现在的问题是,主动脉动力不足,毛细血管逐渐萎缩,静脉缺乏氧气与营养成分。简单地说,总部缺乏动力,门店营运缺乏智力,管理督导缺乏实力。最根本的问题来自机制与高层。企业应该尽快变革产权结构,理顺运作机制,调整高层领导,组建专业管理团队。如果企业高层仍然用创业时期的工作方式来管理,把自己定位于"万能的人",一切都亲力亲为,中下层就很难有创意,即使有创意也会被上级抹杀。现在的企业与以往的企业有很大的差异:过去是企业自己谈模式,不断有企业声称自己创立了新模式,而现在则是让市场来谈模式,让顾客去感受模式,在口碑传递中形成模式。这样的商业模式才是有商业价值的模式。"打天下坐天下"的企业运作模式应该有所调整。有些创业者也许可以光荣地退出经营管理,转而去做一个投资人,让更专业的团队来管理企业。与此相适应,要引进更专业的总监级人物,替换元老级人物,并给元老一个虚职,让他们享受待遇,但必须远离决策与执行。

此外,企业内部组织也要适时采取一些"外科手术"的办法。有的企业引进了一些专业人才,但这些专业人才没多久就离职,主要是因为企业内部存在一股保守的传统势力,新进人才无法与企业融合。在这种情况下,有必要适时调整企业内部的组织体系,甚至调整关键岗位的高层管理者。

时代造就英雄,零售新时代的到来需要新的商业英雄。人有生命周期,但企业的生命周期可以超越人的生命周期,如果个人与企业相互捆绑在一起,企业的生命周期就会受人的生命周期的限制。零售企业的发展要求当家人适时调整自我,善于控制自己,发自内心地敬重他人,为了企业的发展,该退出时及时退出,这便是对企业最大的贡献。

3 零售模式转型的三个区域

我国零售业未来 30 年的发展取决于前 5 年的转型与创新。现存的有些企业甚至是大企业,可能在未来 3～5 年的转型过程中就被淘汰了。另一些企业包括新生的零售企业如网店实体化,带着资本与专业人才以及网络零售的经验,给顾客全新的体验。他们有可能超越现存的实体店,成为未来零售业的主导力量。

转型的前提是自我认知,有两点特别重要:第一,我国的规制体系特别复杂,管理部门多、法律法规新旧交替、办事无可无不可,企业一不小心就会走上"官商联姻"的绝路。第二,市场虽然大,但关键是对消费者要有深度透析。如上海的麦考林,2001 年转型前几乎已经走到尽头,麦考林通过对消费者的分析后,放弃了服装产品,改攻利润更丰厚、渠道竞争较小的饰品,尤其是银饰品。结果几个月后就实现了正现金流。

就零售业而言,模式创新有三个主要区域:顾客区域、营运区域、供应链区域。

顾客区域的模式创新,即从需求端出发,通过挖掘现实的或潜在的消费需求,采取提升顾客感知价值的办法,实现零售业的新发展。例如家电、食品超市、百货商店、便利店、专业专卖店等不同业态,都存在一系列未满足的消费需求。如在眼镜行业,顾客支付了超值的价格,却常常难以获得品质的保证,忽悠顾客的现象普遍存在。这个行业就需要有颠覆性模式的诞生。在家电行业,苏宁、国美的模式与百思买模式以及京东商城的模式之间,也许并不存在谁优谁劣的问题,这是市场分化与顾客细分的结果。在这一区域中最重要的是顾客体验的改善,包括商品、服务与环境等商品功能的差异,以及服务体验的差异。

营运区域的模式创新,即从供应端出发,通过实施标准化的作业、流程化与数字的管理,提高效率,并更好地满足顾客需求。过去 50 年来营运管理的发展,大致有三个层面:一是制造技术,从数控机床到计算机集成制造,再到先进制造技术,发展方向是精益化;二是组织技术,从单一的生产制造过程的管理延伸到供应链管理,发展方向是全球化;三是信息技术,从 MRP 到 MRP II 再到 ERP,发展方向是集成化。信息技术与互联网改变了这个世界,当然也改变着营运管理。这些变化的根源是市场和消费需求的变化。企业为了适应市场,增强竞争力,才创造了一系列新概念、新方法与新技术,从而也增强了营运管理的柔性化。值得注意的是:日美在营运管理的发展模式上存在较大差异。日本发展了"精益生产",主要是通过"消除浪费,降低成本"达到利润目标,偏重技术与管理创新。美国发展了"敏捷制造",主要是通过"迎合需求,适时应变"达到利润目标,偏重营销与模式创新。

供应链区域的模式创新,是一种综合的创新,即需求端与供应端的模式创新,必须与供应链战略有机结合,才能获得成功。如在电子零售模式下,网店与实体店的最根本区别有两点:第一,购物模式不同。实体店是在逛街中购买,从无意识到有意识;网店是有目的地购买,搜索与商家推送是获取信息的基本方法。第二,产业链不同。实体店是先买后卖,网店是先卖后买,而且卖者与商品完全分离。购物模式与产业链的变革,使流通进入一个更需要诚信、合作、整合、信息、技术的时代。国外现有的模式要借鉴,但更重要的是对中国本土消费者与经营者以及产业链参与者的特殊性的认知。

零售模式的创新,归根到底取决于供应链的创新。产业链与供应链的主导者就是最后的强者,但关键是能否给顾客提供便利、快乐与价值。

4　回归零售本质

从营销视角来看,细分市场越来越多,是为了迎合差异化需求,这也是商业服务企业创新发展的一条通路。创新的背后必须有支撑点,如果没有底线,丢弃本质,那就如同被晃悠过头的微苦的葡萄酒,再也无法静养回来。

过去的商业以小店为主,前店后厂,自产自销,自采自营,产销一体,家家有手艺,户户有绝活。维系这些小店生存的核心是手艺、服务与诚信。手艺好,做工精湛,用料讲究,品质有保障;目标顾客大都是邻居街坊,低头不见抬头见,和气待客,先义后利,生财有道;独此一家,别无分店,一切都在大掌柜、大师傅的眼皮底下运作,诚信可靠。所以,尽管上海有近 2 万多家连锁店,但家门口的杂货铺依然星罗棋布,且仍然活得好好的。

传统店铺的本质,概括起来就三个词:品质、愉悦、无忧。手艺保障品质;服务保障愉悦;诚信保障无忧。

这些近乎常识的经营成功的元素,在现代社会却总是难以做到位,做得好。传统手艺被现代技术取代,一家一厂的生产模式被规模化生产取代,特色被标准取代,单一化被多样化取代,情感被物欲取代。与此同时,传统商业的优雅、从容、特色与人性,也渐渐地被连锁取代,店铺变得像一个塑料机构,千篇一律,缺乏个性。需求也发生着变化,顾客越来越难捉摸,他们愿意花近万元买一个"有缺口的苹果",却为了几毛钱的差价舍近求远跑到别的商店去买鸡蛋。他们有时候很舍得,有时候很吝啬。最令人困惑的是:什么时候舍得,什么时候吝啬,难以捉摸。对店铺而言,日常遇到的问题常常来自上游供应链,自己难以控制;对总部而言,其实也遇到同样的问题,众多连锁门店的实际运作状况也难以把握。人不是开关,运作过程对标准的执行很大程度上取决于个人素养,哪怕培训再到位,执行过程仍然容易偏离标准化要求。于是,双方都产生了一种"与己不相干"的不良心态,得过且过,既不报喜,也不报忧。其结果是:顾客总是在不安、疑虑、忧虑、犹豫、谨慎的心境下购物。这就是我国商业服务业的负能量。

要消除这些负能量，必须做好两件事：第一，要确立店铺的首选价值内涵。笔者曾经问美国教授，最喜欢沃尔玛什么？教授说，想要的东西都能买到。这就是通常所说的品项齐全。过年前夕，有实习学生反映，店长把教辅书货架撤掉做年货堆头，结果发现，想买教辅书的人特别多。其实，教辅书也是年货。笔者又问教授，最不喜欢沃尔玛的是什么？教授说，沃尔玛有些商品的价格也不比别人低，甚至更高些。但教授仍然愿意去沃尔玛。为什么呢？因为沃尔玛给教授的首选价值内涵并不是天天低价，而是品项齐全。这正好迎合了大多数顾客的需求。值得注意的是，品类可以集中，但品项必须齐全。当下的超市尤其是大卖场，关键的问题是产品的深度不够，品项不全，商品的可选性很差。第二，要有良好的购物环境。购物环境的设计与布置，一定要以消费者行为、服务人员良好的工作状态，以及商品的有形展示与辅助设施的配合为基础，符合便利、温馨、人性的基本要求。

一个店铺，乃至一家公司，应该让消费者清晰地认同统一的价值内涵，并从购物过程中获得良好的体验。

5　零售企业的五个创新点

零售企业的创新，大致可以从五个方面来思考。

（1）硬创新：技术改变生活。纵观百年零售，每一次重大变革，都与技术相关。如条码技术实现了商品单品管理；宽带的提速使信用卡广泛、快捷地使用成为可能；互联网与移动终端技术更是彻底改变了传统商业的渠道模式，也改变了消费习惯。零售商业应该特别关注三个方面：一是能给顾客带来良好体验的新技术，如二维码、手机支付、网络预订等；二是能掌握消费动态的新技术，如消费行为跟踪与分析、会员分类与数据分析等；三是能降低管理成本，防止商品损耗的新技术，如电子牌卡、防盗系统等。技术的点滴创新，如涓涓细流，最终必将汇聚成河，波涛汹涌，推动零售业进入一个全新的未来世界。

（2）软创新：服务营造欢乐。上海便利店正在从"迷你超市"转向"时尚驿站"。深蓝色的柯南罗森便利作为动漫主题店，装饰出自《名侦探柯南》中的人物形象和著名场景。新版的快客便利，呈现出高端化趋势。商业服务业正在超越商品提供商的角色，越来越像娱乐产业，给人关怀、质感、适意、惊喜，那是感官的享受与内心的愉悦。

（3）跨界营销：做供应链链主。为了更充分地利用资源，更广泛地服务顾客，实现更大的收益，零售商始终存在"商品攀升"的冲动。如广州的天天洗衣、祐驿站的 O2O 模式、滨江中南动漫主题购物中心、苏宁云商等，都是跨界营销提升业绩的实例。这对零售商而言是一种跨界营销,利用信息平台与移动客户端,产品线可以无限扩展,成功与否取决于两条:第一,平台能否被顾客认可,这需要传播能力;第二,能否吸引产品供应商与服务供应商,这需要供应链组织能力。对顾客而言跨界是一种购物的融合体验,会渐渐改变传统的购物方式与购物习惯。

(4)绿色营销:做可信任的商人。面对苹果公司"换手机不换后盖"的做法,人们感叹:为什么中国的消费者会低人一等? 但愿苹果缺的那一块不是良心。消费者面对德行"有缺口"的企业,越来越谨慎消费,绿色、安全、健康、便利,以及相应的品牌,备受消费者关注。在信任的品牌之间做出选择时,消费者会更关注情感体验与附加价值。所以,绿色营销,不仅是使用绿色能源、节能减排、绿色安全、资源再生利用等,更是守法、守道、守信。做一个可信任的商人,这是创新的根本所在。

(5)管理创新:如何改变被管理者。上述这一切,最终还需要凭借有效的管理来接上地气,为创新活动提供正能量。企业管理者试图感化那些一转身就会投机取巧的员工,但直到退休,都没有办法改变他们。如此看来,在中国"无为而治"压根就是圣人的幻想。有些企业管理者不得已用了一种办法:骂人。管理是要通过加强管制还是感化使人们更自觉、更文明、更有底线呢? 技术与严规使人的行为时刻处于受控状态,这在当前是必需的,因为人的良心与道德在当下已变得十分脆弱,很难经受金钱与利益的诱惑。在受控中养成良好习惯以后,就可以减少对人的管制。

创新源于顾客,创新服务顾客。这是连锁商业创新的核心。技术、服务、营销、环保与管理,则是创新的途径或支点。

如果未来三年仍能坚守阵地,企业将会获得新的一轮发展机会。但这取决于企业能否跟上社会潮流,适应消费需求。为此,企业应该从战略角度来规划商品营销、组织体系、人力资源与日常营运管理等问题的变革。但更关键的是企业要拥有创新发展的内在动力。

6　大型综合超市面临两个突破口

大型综合超市,俗称大卖场,含 2 000～6 000 平方米的综合超市和 6 000 平方米以上的大型超市。近年来,虽然单店销售业绩不佳,但从总体情况来看,基本保持稳定。以上海为例,大型综合超市的销售额占社零总额约为 5%。截至 2017 年 2 月底,上海市内的超市、大型综合超市、便利店的门店数分别为 2 132 家、199 家、4 949 家,总计 7 280 家,大型综合超市以 2.73% 的门店数量实现了 64.16% 的销售额。可见,大型综合超市仍是商超的主力业态。

但大型综合超市市内零售额,截至 2017 年 2 月,累计销售同比下降 9.53%,这是一个非常严峻的现实问题。一般来说,零售额每下降 1%,净利润就会下降 9%。也就是说,下降 10% 就减少了 90% 的净利润,而接近亏损的边缘。这样的势头已经持续多年。

1) 大型综合超市零售额下降的原因

首先是消费升级了,而卖场没有升级。目前,一站式购物已经被碎片化购物方式所分化,而卖场还是 10 年前的老样子,停留在传统模式("服饰 + 家电 + 杂货 + 生鲜")上,与消费者的诉求越来越远。

其次是标准化产品的购物逐渐被电商所分流。如金龙鱼油、卫生纸、饮用水等标准化的东西已经不需要再去大型综合超市体验,而蔬菜等需要体验的商品大型综合超市又没做好。虽然大型综合超市也有改进,但其生鲜仍然没有超过菜市场、菜店或小区内开设的夫妻菜店,以及如叮咚小区、多点等的上门服务。

再次是社区生鲜店挤占市场。近年来,以生鲜传奇为标志的社区小业态生鲜店发展迅猛,有些地方政府也积极扶持社区生鲜店的发展。北京现在一个小区的周边一个月可以新出现 6 家生鲜超市。

最后是购物卡券减少。上海消费者去大型综合超市购物的一个重要原因是手头有卡券。卡券销售最热的时候,上海销量最大的公司年销售额几百亿元,但如今再也没有这样的大好时光了。有些做多用途消费卡的公司的做法也渐渐发生了改变。他们深入开发区、企事业单位,做实名制劳保福利卡,集吃饭购物等各项消费于一体。

这四个原因中,前两个原因是主要的。大型综合超市目前仍是主力业态,从趋势上分析,前景不被看好,但不会马上遭到淘汰。大型综合超市如果连生鲜都做不好,那就没有存在价值了。大型综合超市转型有两个突破口:一是迎合需求,二是提高效率。

2) 从迎合需求的角度来看

(1) 抓小点——不空谈大数据。其实,很多显而易见的需求没有得到满足,更谈不上大数据的应用。阿里巴巴与京东都自以为掌握了消费的大数据,其实,那只不过是一大堆杂七杂八的乱数据。在以补贴促销为主导的营销推动下,消费者的真实需求并没有充分表达出来。现在的消费者越来越理性,只有挖掘理性需求,才能增加客流。顾客心里都有一本账,即使大数据也难以发现顾客心里的账本,需要经营者去感悟。抓住一两个小点,就可以吸引更多的消费者。

(2) 给理由——给顾客一个来店的理由。这是每一家零售店都应具备的基本能力,尤其是大型综合超市商品管理能力和综合营销能力的体现。有其他店没有的商品,有服务特别之处,更让人感到有趣,有更好吃的东西,如此等等,都是理由。以当前的零售自有品牌商品为例,都在走低价之路,这是自有品牌商品缺乏吸引力的一个重要原因。自有品牌商品应该更偏重于差异化商品,开发供应商没有提供、其他企业没有销售的特色商品。通过这样的商品才能吸引更多的消费者，也才能提升顾客对零售店铺的忠诚度。

（3）做服务——把货架压低、放偏、缩短、减少，腾出空间做其他业务组合，如"食材＋新熟食（名菜＋加工）＋餐饮（堂吃＋外卖）＋活动＋到家服务"。现在的年轻人不仅喜欢吃外卖食品，也喜欢按照网上的攻略自己做菜，但多数人刀工不行。有些零售商发现了这个商机，如合肥的生鲜传奇就开发了"告别刀"配菜经营模式。他们把菜品洗净切好并提供相应的料包，然后让顾客自己组合搭配。这样烧菜既方便又好吃，而且免除了挑拣、切刀等烦琐的事务，让年轻的消费者"告别刀"。这是一种很有针对性与创意的服务营销模式。服务不应该是口号，也不能仅仅停留在理念上，而应该能实实在在地解决消费者的问题。

3）从提高效率的角度来看

（1）制度提效。从京东集团联合腾讯、百度、沃尔玛、宝洁、联想、永辉超市、佳沃等企业共同发起的"阳光诚信联盟"到物美高调反腐，这一切都指向行业中的两个污点问题：一是诚信问题；二是内部腐败问题。在零售业内部，上至采购总监，下至店长，甚至理货员，收受供应商贿赂已经不是个案。采购环节存在一个利润杠杆效应，即采购成本下降10％将导致税前利润增长100％，反之亦然。因此，采购反腐应该成为开源节流的重中之重。在不想、不能、不敢腐败这三点中，最重要的是利用有效的内控系统，使那些掌握权力的人不能腐败。

（2）技术提效。2018年几乎同时有报道称亚马逊、罗森等企业正在实施无人或自动收银技术。零售业应该高度关注那些能大幅度改善用户体验、提升服务效率、减少用工成本的新技术。只有能够提升运营效率的技术才是真技术，只有获得用户认可的技术才是硬技术。只有那些真技术与硬技术，才能得到有效的推广。

（3）创新提效。模式创新是基础，产品创新是核心。有一种观点认为，由于土地越来越贵，所以，零售越来越难做。大城市的房地产价格飙升以后，中心城区甚至已经不能做大众化的零售业态了。但生鲜传奇的当家人却认为：租金不是问题，关键是营运效率的提升。他说，从前一个小店的日销售额不过2万元左右，如今可以做到4万元以上。销售额翻倍的背后是效率的提高。零售是一个盈亏平衡点很高的行业，销售额的少量下降就会导致净利润的大幅度下降。所以，零售企业都特别重视销售额的提高。如果用同样的资源，能使销售额提高50％甚至100％，那即使租金再高，也能承受。

零售与农业一样，之所以困难重重，关键只有一个，那就是流通效率太低，劳动生产率太低。所以，提高效率是零售业转型与未来发展的基本要求。如果效率不能提高，那么顾客体验、顾客价值、顾客满意、顾客忠诚等，就都是空中楼阁。

大型综合超市还有很长的路要走，还有很大的精耕细作的发展空间，关键是要紧随消费需求的变化而变革，同时依靠制度、技术与创新，提高效率。

7 大卖场的路怎么继续走下去

从 20 世纪 90 年代中期开始,外资零售以大卖场业态攻占了我国零售业的制高点,随后内资企业纷纷跟进,使大卖场在之后 10 多年时间中成为我国超商的主导业态。但随着电商与社区生鲜超市的快速发展,以及消费升级,大卖场的日子似乎越来越难过。

1) 世纪联华与上海大卖场

1997 年,上海联华超市委托复旦大学与上海商学院制定 3 年发展规划。笔者当时便给出了三句话:超市要做好生鲜;大卖场将成为主力业态;便利店要加快发展。时任联华超市董事长的王宗南很认可这三句话,但股东们感觉开设大卖场投资太大,还不如开中小超市。因此只实施了两点建议:第一,联华超市开办"生鲜食品节";第二,创办联华快客。当初我们的建议是便利店作为一种有别于超市的零售业态,不仅要自立门户,更应有独立品牌。但当时考虑到联华的品牌认知度较高,就使用了联合品牌。1997 年 11 月成立的"联华快客",到 2002 年 9 月 18 日才翻牌为"快客"。当时未开设大卖场的另一个原因是联华与家乐福合资,成立了"联家超市"。但到世纪之交,终于想明白:大卖场作为超商的主力业态已经成为共识,不能不开大卖场。于是在 2001 年 7 月创办了"世纪联华"大卖场。联华超市于 2003 年在港交所上市以后,加快了世纪联华在全国的发展步伐,到 2006 年上半年,大卖场营收占比首次突破 50%,达到 52.72%,但经营利润占比仅为 15.40%,而中小超市以 38.01% 的营收占比实现了 77.18% 的经营盈利。

12 年以后的 2018 年上半年,联华超市中报显示的世纪联华业绩是:营收占比达到 59.9%,同店销售增长约 0.19%;毛利率下降 0.21%~14.35%;综合收益率约 25.78%,同比上升 0.49%;经营盈利约 23 584.7 万元,同比增长约 12 350.3 万元。经营盈利增长主要来源于:同店招商收益同比增加约 1 587.5 万元,分销成本和行政开支同比减少约 13 976.1 万元,其中人工费用同比减少约 7 308.0 万元。可见,经营盈利增加主要不是来源于商品经营业绩提升。从大卖场、超市、便利店三种业态的经营盈利来看,大卖场成为盈利的主力,比超市的经营盈利多一倍,最要命的是便利店,亏损高达 7 000 多万元。

上海 22 家大卖场公司 2018 年市内零售情况是:零售总额下降 7.71%,其中有 9 家公司零售下降幅度超过平均值,只有两家公司的零售额有小幅增长。

上述数据暗藏危机:从销售额与经营盈利的占比来看,大卖场仍然是主力业态,但盈利来自比较消极的防御性策略,如减少营销推广费用、人工费用、行政开支,以及增加招商收益。但成本减少与招商收益的增加总是有限的,如果营收不能有较大幅度的提高,甚至持续下降,大卖场的营运状态将会进一步恶化。

联商网曾讨论过大卖场的命运,普遍认为:面临挑战,未到死路,积极转型,尚有活路。比较典型的一家公司是卜蜂莲花,曾经净亏 20 亿元,但通过将华东区与北方区合并,居然又实现了盈利。

关于大卖场转型,有以下建议:①从休闲购到目的购;②从业态引流到个性引流;③开设 Off-Price 专区,如进口保健品专区、品牌折扣专区等。

2) 从休闲购到目的购

在上海,有些大卖场已经改为教育中心,而超市做不过菜店而关门的也不在少数。为什么曾经是新零售的超市与大卖场,顾客都不太去了?大致有六个原因:①从前把逛超市作为一种休闲方式,逛逛看看越买越多,一车车往家里拉。如今有了更好的休闲方式,那就是看微信。消费者没空到超市、大卖场瞎逛,要什么就买什么,购物就是购物,休闲就是休闲,目的性都很强。②超市进化太慢,跟不上消费升级,而且价格也不便宜。先不说生鲜,就以非食品为例,服装、鞋帽、日用品、洗化、纸品、保鲜膜、锅碗瓢盆、矿泉水、碳酸饮料等,几乎没有什么需要到超市购买,感觉品质不怎么好,价格又没有网购便宜。消费者总感觉去超市没啥理由,这是最要命的问题。③超市生鲜品种还是比较多的,但排队称重很麻烦,有时候买了几样刚称好,又想到买什么,又得去排队,去一次懊悔一次。菜市场与菜店就比超市方便,即买即付,方便快捷。④超市鲜活商品的鲜度、品质与价格没有吸引力。超市鲜活商品不仅品种少,而且鲜度也不如菜市场,"时鲜"就更少。菜市场的小黄鱼、鲳鱼、带鱼、墨鱼总是很新鲜,不同季节还能买到不同的鱼虾,如硬壳的野生海虾、梅子鱼、鲜亮的小鱿鱼、豆腐鱼等。⑤超市只能听到冷冰冰的吆喝声,菜市场摊主则认人,再贵的水果也可以品尝。人情味也是一种竞争力。⑥生鲜肯定是超市的主力商品,但此类主力商品越来越受到来自到家服务的挑战。

3) 从业态引流到个性引流

20 年前的超市之所以受欢迎,那是因为超市是新业态,大家感觉超市购物高大上,有面子。后来有了像上海静安寺久光百货地下室的高端超市,很多居住在静安区的"冲头"就傻乎乎地舍近求远赶到久光百货买有机食品。有机、高端,也算是一种个性、时尚与体面。中国消费者特别要面子,凡是与面子有关的东西都喜欢。但自从 2016 年有了盒马鲜生,消费者似乎改口味了,他们开始喜欢洋海鲜。超市卖本地海鲜,盒马鲜生就卖洋海鲜。消费者不会烹饪洋海鲜,盒马鲜生就延伸出加工绝活。是洋海鲜真的好吃,还是赶时尚?

新零售其实还是零售,所不同的是商品、服务方式、服务承诺与购物场景。商品升级了,有一定的个性化,如正宗的南汇 8424 西瓜;服务方式从传统商店的"朝南坐"转变为主动触达顾客,从到店购物转变为到店与到家相结合;服务承诺在不断提升,但最直观的是两点:蔬果包装化,蔬菜、猪肉、牛奶、鸡蛋"每日鲜";购物场景"休闲化 + 餐饮化"。这些改变足以给消费者提供很有个性的消费体验。这种个性化的设计,如今已经成为新零售的标配。服务方式最终都不会有新意，能够持续引流的，主要应该是商品、承诺与改进。大润发可以用一根油条实现引流，为什么其他大卖场不能弄一个"现烤大饼"？如今以面包当早餐的消费者越来越多，但大卖场的面包为什么很难吃？大卖场能不能做出价格比面包房便宜，但口感与面包房差不多甚至更好的面包？"货真价实"再加上"拿手绝活"，一定能做出有吸引力的好商品。如今有些大卖场设置了网红商品货架，但这个货架的生意似乎一点也不旺。

4）开设 Off-Price 专区

虽然很多消费者不差钱，但莫名其妙的高价，还是不愿意接受。

大卖场的直观问题只有一个：商品不怎么好，但价格偏高。所以，如果能够在提升商品品质的前提下，物有所值，才是最根本的出路。目前大卖场的商品至少可以削减 70%，大量商品都是可有可无的。

国外有 Off-Price 店，这种店铺所卖的是名牌商品，最吸引人的是名牌商品折扣销售，甚至一线大品牌的价格也很亲民。我国超市的服装是一个软肋。美国开市客有很大的服饰鞋类专区，销售方式与 Off-Price 店类似，耐克、阿迪等品牌服饰都以很低的折扣销售。

河鲜海鲜类商品，大卖场应该向小商贩学习。连他们都有特定的进货渠道，一家大型公司更应该有多样化的进货渠道。活河鲜、干海货、冻海鲜、鲜海鲜等，都应有不同的卖法，如鲜海鲜，每天早上必须卖完。

大卖场的功能要改变，布局要改变，商品要改变。单纯的餐饮化绝对救不了大卖场。

8　零售企业的商品资源掌控能力

未来零售商必须修炼两种核心能力：商品资源掌控能力与平台服务能力。本文主要从自有品牌开发视角来谈谈商品资源的掌控能力。

1）商品资源掌控的路径

从商品资源掌控的紧密程度来看，大致有四种不同级别的路径：

一是自产自销。如上海的城市超市为了保证农产品品质，实现供应品种的差异化，采取了自产自销的方式，有些品种还销售到如麦德龙等其他超市。

二是定牌加工。任何一家规模再大的零售公司也都不可能自己生产所有售卖的商品，通常应通过委托加工方式来生产自有品牌商品。如英国玛莎百货就是这方面的卓越典范，其所有商品都使用自有品牌"圣米高"，被称为"没有工厂的制造商"。

三是专业采购。与传统的单纯采购商品的方式不同，现代的专业采购是一个极度复杂的供应链管理过程，要通过不同区域的资源配置将成本最小化，实现原材料、品质、成本、交货期等元素的最佳组合。香港的利丰集团是这方面的典范,它拥有在 60 多个国家的 1.5 万家供应商,被业内称为"采购业的沃尔玛"。

四是坐等客商。我国连锁超市公司在发展初期尚有专业采购精神,能够主动出击,积极寻求商品资源。但随着经营规模的逐步扩大,公司从行商变成了坐商,商品进多出少,导致流转梗阻。

上述四种路径,最需要改变的是坐等客商的采购模式;而要达到专业采购的程度需要有长期的积累;"自产自销"也只适合部分产品;最现实的就是"定牌加工",也就是通常所说的开发自有品牌。

从表面看,制造商制弹、零售商造枪,两者是合作关系。自有品牌的出现使零售商既造枪又制弹,用自己的弹打制造商的弹,两者形成了竞争关系。但自有品牌的驱动因素主要是消费者与零售环境两个方面。消费者熟悉商品,受过良好教育,他们是精明的广告辨识者和典型的性能偏好者,购买决策不再单纯受广告影响,而是凭自己的感觉来决定购买行为。也正是由于这个原因,近年来如"三只松鼠""兰州拉面"等网络创新品牌能在极短时间内获得巨大成功。高度集中的市场、大型零售公司的出现,残酷的价格竞争,折扣店的扩张以及经济危机等零售环境也成为自有品牌发展的重要驱动因素。

2)我国自有品牌现状

瑞士、英国、德国、西班牙、法国、荷兰、加拿大、美国等国家的自有品牌的市场份额占 20%～50%,连印度也超过 10%。英国的牛奶、纸制品与冷冻食品的自有品牌占所在品类的份额居然高达 50% 以上。沃尔玛的自有品牌销售额则高于雀巢、宝洁。阿尔迪的自有品牌销售额也高于菲利普·莫里斯、联合利华、百事、卡夫、可口可乐、欧莱雅、百威。但我国目前自有品牌的市场份额估计还不到 5%。

对上海一家大型综合超市经营商品的调查发现:

第一,自有品牌商品的品项占比仅为 3.38%。自有品牌商品主要集中在休闲食品、个人纺织、厨房用品、居家清洁、南北货等非生鲜类产品。

第二,自有品牌商品的销售额占比低于品项占比。令人感到非常吃惊的是,该店的自有品牌商品销售额占比仅为 1.28%,低于品项占比 2.1%,其差距为 210%。这一数据显示,自有品牌的产销程度低于全店各类商品的平均水平。自有品牌商品不仅未能拉动销售,反而导致更多的库存积压。开发畅销的自有品牌商品是当务之急。

第三,自有品牌毛利率远高于综合毛利率,毛利额占比高于销售额占比但仍低于品项占比。自有品牌毛利率为 22.03%,比全店的综合毛利率 10.98% 高出一倍多。但这仅是核定的毛利率水平,所实现的毛利额占比仅为 2.49%,高于销售额占比(1.28%)低于品项占比(3.38%)。这说明目前自有品牌商品的销售业绩很不理想。

3)打造自有品牌

我国自有品牌占比较低、业绩较差的主要原因有三个:一是我国零售组织化程度太低，连锁百强的销售额还不及沃尔玛一家的销售总额；二是我国零售业的口碑不太好，殃及自有品牌；三是我国零售商普遍实施 ODM（Original Design Manufacturer，即原始设计制造商）而非 OEM（Original Equipment Manufacture，即原始设备制造商）方式，自有品牌普遍缺乏质感和高品质价值认同。

自有品牌的市场是巨大的，但需要认真探究以下问题：

（1）ODM 还是 OEM？ODM 方式，是利用制造商的设计与制造能力完成定牌商品的开发，是一种典型的"贴牌生产"方式，未能体现出商品的差异化，更难以创造新的用户价值。自有品牌开发要解决的首要问题是从 ODM 转变为 OEM，这是一种"代工生产"方式，零售商拥有设计、开发、渠道、市场化运作等"拿手绝活"，只将加工任务交给制造商。

（2）伪品牌还是门店/集团品牌？前者是多品牌模式，后者是单一品牌模式。不同公司有不同的演变过程，如阿尔迪从门店品牌发展到以多个伪品牌为主，特易购与家乐福则从多个伪品牌演变成以门店品牌为主。

（3）如何更接近顾客痛点？如道德与生态、安全与健康、美味与品位等。

（4）如何运作多层次自有品牌战略？如家乐福的优质自有品牌、标准自有品牌、经济型自有品牌，这是对自有品牌的细分。

（5）如何跨界混合营销？如品牌联合，英国超市 Waitrose 通过印度零售商 K Rahejade Hyper City 销售其自有品牌；智利超市 D&S 销售美国零售商 Safeway 的高端自有品牌商品。如多样化选择，英国比萨饼速递也为零售商供货，麦当劳的薯条在德国的超市也有销售，沃尔玛在美国以自有品牌名义销售冷饮等。

在国内，上海百联集团、北京王府井百货与香港利丰集团宣布联合开发自有品牌，香港利丰集团重点负责品牌设计开发，上海百联集团与北京王府井百货重点负责渠道开拓，三者联合是我国自有品牌跨界混合营销的重大举措。

总之，自有品牌的基本生存逻辑是：零售商要有"拿手绝活"，才能提升商品管控能力；要小心触摸顾客的痛点，开发既对顾客有价值，又能体现自身优势的商品；要做好自有品牌商品的定价、推广与促销活动。

9 自有品牌 2.0

2018 年 12 月 6 日上午，"2018 全球自有品牌产品亚洲展"在上海开幕，"中国自有品牌 2.0 时代高峰论坛"同期举办。论坛探讨了自有品牌全球成功要素、永辉自有品牌、山姆会员店的自有品牌等问题。笔者与冠超市董事长林永强、山东爱客多商贸有限公司董事长房淼、厦门良一食品有限公司副总经理赵登军四人，在我爱自有品牌合伙人赵岩的主持下,举行了半个小时的圆桌讨论。

1) 自有品牌的形成

自有品牌的形成,理论上是交易成本理论、市场细分理论、差异化竞争策略三个方面的结合。当然,从开发管理视角来看,基础工作是品类管理。因为零售商或批发商等中间商自己开发私人品牌的交易成本低于全国或国际品牌制造商,所以自有品牌的盈利空间取决于开发成本与交易成本的高低。因为消费者有新的需求产生,零售商如果意识到新需求,就可以转化为自有品牌开发的动力。通过产品改良与升级,零售商可以开发出与品牌商不一样的商品,获得消费者的认可。在实践中,对零售商来说,开发自有品牌很容易被库存风险拖垮,有效控制库存是重要任务。对消费者来说,降低购买成本是很重要的诉求。值得信任的零售商与自有品牌,能够大大降低消费者选购商品的时间与精力。

2) 自有品牌 2.0 与 1.0 的差异

我国自有品牌 1.0 还没做好,就进入了 2.0。所以,现在的自有品牌开发是"1.0 + 2.0"。2.0 与 1.0 的区别,可以总结为八个方面:

(1) 从性价比到品价比,过去追求低价营销,如今追求优质但不高价。只有品价比高的产品才容易被消费者接受。

(2) 从竞争到合作,零售商与供应商之间,最初是合作关系,自从有了自有品牌就变成了竞争关系,此长彼消。但如果再发展下去,零售商与供应商应该共同围绕创造消费价值这个主题,合作开发自有品牌,从竞争走向合作共赢。

(3) 从过度追求毛利到关注渗透率,让更多的消费者接受好品质的自有品牌。

(4) 从听故事到看配料表,故事很动听,但配料表更现实。如今消费者买东西特别关注配料表,这是对食品安全与健康的诉求。

(5) 从供应商和零售商自说自话开发到接受品牌授权,借船出航。

(6) 从单纯贴牌到自我设计或联合设计,零售商要有自己的采购团队,更要有自己的设计团队,这样就会增加成本。

(7) 从日用品到生鲜食品再到日用品,过去以日用品为主,如今以生鲜食品为主,未来还是要适当开发日用品。

(8) 从"凭经验 + 毛估估"到"靠技术 + 数字化",这是精准营销的要求。

3) 开发自有品牌的建议

(1) 不要单纯根据大范围的平均数来作为开发自有品牌的主要依据,而应该以所面对的顾客需求为依据。

(2) 有些心理需求从大数据中是看不见的,需要通过分析消费习惯、培育消费习惯才能得到。

(3) 培育顾客对自有品牌的忠诚度,不仅要依靠自有品牌商品,还要依靠零售商品牌的可信度。如果采用伪品牌策略,则自有品牌与零售商品牌没有必然关联。

（4）做自有品牌要多花时间与精力去选品,即源头选择。但比源头选择更重要的是对源头的过程监控。例如,即使是正宗来源的农产品,不同地块种出来的东西由于种植方式、阳光、水土、肥料、农药、采摘时间、成熟度等情况不同,也会产生极大的品质差异。这就需要建立严格的标准,并严格实施。否则,品质保障就是一句空话。

（5）靠工艺流程与故事还不足以吸引消费者购买自有品牌商品,消费者能感受到的品价比,才是最重要的。例如,试吃可以让口感传递口碑。

（6）渗透率比高价高销售更重要。不少品牌的销售额提高是通过价格提高来实现的。但让更多的人买得起高品质的自有品牌商品,才是自有品牌开发的硬道理与真道理。

（7）自有品牌不会自行推销,得做营销活动(不一定是价格)让消费者认知自有品牌。

（8）自有品牌的管理很重要,但立场与指导思想更重要。不是我们需要自有品牌,而是我们的顾客需要自有品牌。所以,给顾客创造价值比试图从顾客口袋里赚钱更重要。

10 自有品牌为什么非做不可

2019 年,德国阿尔迪与美国开市客在中国的第一家店先后落户上海,再次引发业界对自有品牌的关注。有业内人士指出,为了开发自有品牌,企业投入大量资金,配置最好的卖场空间,结果并没有获得预期的成效。在 2019 年蚂蚁商联年会暨第三届自有品牌大会上,生鲜传奇董事长王卫指出:零售最终的竞争是由商品主导的,自有商品加自控商品是必要手段,这是零售经营的真理。

为什么如此看重自有品牌?因为那是无数企业经过长期实践已经获得验证的"零售真理"。其关键在于:开发出独一无二的自有品牌商品,使消费者无法舍弃、难以抗拒。这也正是阿尔迪与开市客备受消费者青睐的真正原因。

那么,如何才能有效地开发自有品牌?以下六个方面值得关注。

（1）明确品牌开发逻辑。早在 1892 年,英国玛尔科公司就首创了自有品牌。实际上,我国前店后厂的百年老店所售卖的就是自有品牌商品。价格导向的自有品牌商品,早在 20 世纪六七十年代就十分普遍,其基本特征是:品质保证、价格低廉、包装简易。但自有品牌真正发挥优势是在零售企业大型化与连锁化之后,规模优势促进了自有品牌营销的发展。从理论上说,自有品牌是交易成本理论、市场细分理论、差异化竞争策略三个方面的结合,其基础是品类管理。因为中间商自己开发品牌的交易成本低于厂商品牌,所以自有品牌的盈利空间取决于开发成本与交易成本的高低。零售商如果意识到新需求,就可以转化为自有品牌开发的动力。通过产品改良与升级,可以开发出与品牌商不一样的商品,获得消费者的认可。对于零售商来说,开发自有品牌很容易被库存拖垮,有效控制库存也是重要任务。对于消费者来说,降低购买成本是重要诉求,值得信任的零售商与自有品牌能够大大降低消费者选购商品的时间及精力。

(2)确立战略思维。中国连锁经营协会创会会长、监事会主席郭戈平说过,企业要像培养孩子一样培育自有品牌。企业高层要有宏观战略思维,中层要有策略技术,基层要有商品感觉。企业不能单纯看销售、占比、毛利等 KPI 指标,因为这是一项长期的投入。而王卫则强调,自有品牌是战略行为而不是经营战术,先要做对再去做好;先解决有,再解决好;需要长期的投入,不能追求立即的收入。蚂蚁商联董事长吴金宏也表示,自有品牌不仅要作为引流产品,更要成为创造毛利的主力商品。战略或策略,坚守或应变,引流或毛利,都应该是一种平衡。

(3)培育消费新习惯。有位超市老总说,开始卖包装蔬菜的时候销路一直不是很理想,以为是消费者感觉价格高而不买,而当包装蔬菜的价格降低到比散装蔬菜还要便宜以后,消费者却还是不愿意买。经过调查发现,消费者是担心包装蔬菜存在看不见的品质问题。原来是消费者不信任包装蔬菜,所以才不会养成相应的习惯。生鲜传奇卖包装好的活杀鱼的时候,平均每家店一天的销售量只有两三条,每年因为鱼而亏损上百万元。但如今生鲜传奇平均每家店一天可以卖出几十条。商家坚持"承诺一致"的原则以及持之以恒的改进培育了消费者,一旦消费习惯养成就不可逆转。一项调查显示,56% 的消费者去生鲜传奇购物居然是因为有活杀的盒装鱼。此类消费升级型的消费习惯的养成,需要企业懂趋势、懂消费、懂生活,并持续进行培育。

(4)追求品价比。从前大部分企业开发自有品牌的重点是"便宜",后来感觉品价比比单纯的廉价更能吸引消费者。国际品牌、全国性品牌都存在很多品质缺陷,这也是开发自有品牌商品的商机。在当下,无添加、无农残的食品不见得都是好食品,但这些东西至少能够控制在危害极小、口味与回味都尚可的程度。在消费不断升级的大背景下,消费者对品质的追求永无止境,而且越来越理性,更相信自己的购物体验与使用体验,不会盲目轻信"大牌"。这也是自有品牌崭露头角的大好时机。优质不贵的自有品牌商品将会受到消费者的更多青睐,品价比将成为消费者决定商品购买决策的核心因素。

(5)注重品质三要素。评价一款产品的好坏,要看三个基本要素。首先要看材料与配料,如虾是好东西,但做成"虾籽酱油"却配上了很多添加剂,这鲜味都是添加出来的。其次要看质感,如食品讲究口味与回味。最后是要看包装。包装不仅要有颜值,更要有品牌展示力,还要有便利性与实用性。现在有不少商品,拆包装越来越费劲,随着老龄化社会的到来,这方面的学习与创新要尽快跟进。要有一部分自有品牌商品具有独特商品的功能,使生活变得更美味、更健康、更优雅、更便利、更舒适。这样才能把自有品牌商品培育成引流产品，以实现差异化经营。

（6）营销自有品牌。自有品牌不会自行推销，需要配合活动，让消费者认知自有品牌。消费者对自有品牌其实缺乏了解。当我们问消费者"您为什么要购买自有品牌商品"的时候，其实大部分受访者并不知道"什么是自有品牌"，也不知道他们所购买的商品"是不是自有品牌商品"。因为很多企业所使用的自有品牌，其实是多个伪品牌，而门店或集团品牌只是为自有品牌做背书。自有品牌不仅要靠门店或集团品牌的背书，更要当成一个"品牌"实施专业营销。

与其说自有品牌，还不如说自制商品，或干脆告诉消费者"那是我自己精心制作的"。如果不是"自己精心制作的"，就难以获得消费者的青睐。

11 自有品牌向何处去

2019 年 9 月 6 日，中国自有品牌"金星奖"评选活动拉开序幕，并在上海召开了新闻发布会。该项评选活动至今已是第三届，上海商学院 2019 年是第一次应邀加入"国内评审团"。

在简短的新闻发布会上，笔者作为国内评审团成员，对自有品牌的评选与发展，发表了以下看法。

猪肉价格领涨，可能是新一轮通货膨胀的前兆。在这样的背景下，穷人富人都会喜欢优质不贵的商品。但从总体来说，消费总是在升级，品质不好而价格低廉的商品，或价格昂贵但品质一般的商品，消费者会渐渐远离。这是自有品牌的用武之地，也是做自有品牌的基本底线。

有关自有品牌的调查，首先要弄清楚一个问题：消费者对自有品牌商品是否有清晰的认知？

如美国开市客已经注册商标的"Kirkland"，这是其自有品牌。自从 2014 年 10 月开市客进驻天猫国际以来，Kirkland 品牌的坚果、蔓越莓干等产品都有良好的表现，在"洋码头"发布的《2018 洋年货地图》中，Kirkland 混合坚果在美国食品中排首位，是中国消费者新年最爱买的前十食品之一。

对消费者来说，Kirkland 这个品牌往往是与特定的消费体验和口碑传递联系在一起，并不一定与开市客有必然的联系。开市客在上海开业为什么会被见过大世面的上海人挤停业，可能与上海人的"正宗情节"与"洋货情节"有一定关联，当然精明的上海人对"便宜"两字是从来不会含糊的。消费者分得清"实在"与"忽悠"。

我国自有品牌商品的开发向何处去？这是一个有待大家共同持续探讨的问题。只有立场站对了，一切才有可能做好。消费者从来不求最好，只求最适合。

12　数字化是零售业共同的故事

2019 年 10 月 17 日,"2019 联商风云会暨第二届中国(福建)国际智慧商业大会"在福州开幕。每个人都有自己的故事,每个企业也都有自己的故事。当下零售业的共同故事是:数字化。

1) 我国数字化的特殊背景

步步高集团总裁陈志强指出,数字化归根到底是提供增值服务。我国是在基础服务不到位的情况下实施数字化的。在这样的背景下实施数字化会有三个严重后果:第一,顾客不认账;第二,组织有障碍;第三,数据有误导。

以高铁服务为例,高铁站硬件设施高大上,但软件与活件已经落后于现实需求,例如出票太慢了。当然,也有高科技的东西,例如在厕所外有电子显示屏提示有哪些空余厕位。但这样的"智慧提示"似乎并不比加快出票速度重要。一切技术赋能的基本功能是提供用户能感知的增值服务,但如今,很多以"伪需求"为导向的"技术摆设"也都被贴上了"智慧"的标签。

数字化虽然是我们共同的故事,是零售业继连锁化、移动化之后的第三大不可逆的基本趋势,但有效数字化的关键是做好基础工作,并由此改善基础服务。

2) 零售数字化的四个基础

数字化的本质是可计量,但是,企业行为、消费行为与消费需求的计量结果的应用效率,取决于企业内部的组织架构的适应程度。零售数字化的基础主要包括以下四个方面。

一是组织基础。营运、营销、技术、物流等各部门必须实现数字化整合。部门利益不统一,技术匹配不统一,都不可能真正实现数字化。这正如罗森张晟所说:"大数据与数字化都是工具,做生意最后还是一颗心。"

二是技术基础。移动数字化的核心在于实时(real time)、适时(right time)、全时(all the time),即 3T。为了实现 3T,从后台到卖场,从收银到招商,都必须以新技术为支撑。

技术基础应该包括两个方面:一是与在线相关的数字技术,包括应用技术,也包括硬件设备;二是与商品相关的技术设备,如保鲜技术设备。来自浙江的西克制冷利用生物工程所开发的抑制细菌、冰点保鲜等技术,在几乎不增加设备生产成本的前提下,能够大大提高商品鲜度,延长保鲜期,减少商品损耗,促进区域农产品的广域流转与消费。

三是会员基础。数字化背景下会员制的最重要特点是在线,即企业与顾客以及顾客与顾客之间可以在线互动触达。这正如物美集团副总裁乔红兵在演讲中所说,"在线化"与"会员数字化"是零售数字化的基础。

四是感知基础。每一家成功的企业,都有一大群善于感知的勤奋而智慧的人。因为数字化至今仍然无法取代人的感知力,尤其是对复杂而多变的中国消费者来说更是如此。

3) 零售数字化的三个高地

数字化作为一种消费、营销与营运管理的工具系统,需要服务内容的支撑。零售数字化的未来发展,有三个高地:品类高地、人场高地、服务高地。

一是品类高地。京东集团副总裁于永利在演讲中指出:线上是品类模式,线下是业态模式。实际上,这种状况也在发生融合与改变:线上企业走到线下,做品类的做起了业态。而线下企业在做业态的同时,也开始关注富有市场成长性的品类,从而实现新的突破。

例如东百集团商业执行总裁袁幸福在演讲中介绍说:东百集团是一家具有 62 年发展史的传统百货企业,通过聚焦品类实现了新突破。

数据显示:在东百中心的化妆品区,销售额从 2017 年不到 8 500 万元增长到 2019 年(计划)4 亿元。销售的增长与品牌增长存在正相关:东百中心 2017 年有化妆品品牌 26 个,其中国际化妆品品牌只有 7 个,到 2019 年品牌增加到 47 个,其中 35 个是国际品牌。预计 2020 年其销售额将增长到 7 亿元,2021 年其销售额增长到 10 亿元。这种品类突破是与区域化消费特点密切相关的,所以,袁幸福说:我们要不断变化。其实,数字化为零售行业的速变、速达提供了有利条件。

二是人场高地。当下零售业之所以缺乏增长动力与盈利能力,关键是商品同质化,消费者缺乏来店理由。连锁超市的发展满足了消费者对标品的大量化、常规化、低价化的购物需求,这实际上是一种基本无差异的营销策略。

随着消费升级,很多企业都在试图做"千店千面"的营销与营运,这是一个"超级大坑"。按照中国目前的零售环境,根本不可能也不需要"千店千面"。过分夸大消费的差异性,将会迷失零售的方向。

零售主要做两件事:第一件事是通过技术与数字化使生活更便捷、更简单、更舒适,如支付方式的变革、服务产品的预定、到家服务的普及等。第二件事是通过策划、传播、教育、引导,培育新的消费场景,开发新的商品品类与服务项目,这是让生活变得更复杂。让生活更简单,使传统企业被颠覆,这是一个存量与流量挪移的过程;让生活更复杂,可以创造新的市场机会,促进更多新型企业的诞生,实现零售的新增长。

所以,零售的持续发展,不仅要简单化,更要复杂化,从消费升级中挖掘新的消费场景,从消费心理与消费行为的差异化中去细分特定人群的细分市场。数字化应该为此提供技术支撑与决策依据。所以,零售业越来越关注人群聚合特征与消费场景变化。

三是服务高地。服务是什么?零售服务的本质是提供生活提案。亚洲通讯社社长徐静波在演讲中介绍说:在日本有两种生活方式提案。一是药妆店,面向家庭主妇的生活提案,售卖商品包括健康食品、医药品(含处方药)、美容化妆品、家居日用品等,从感冒药到糖尿病药,从非处方药到处方药,从药品到食品以及非食品,甚至生鲜食品、家庭生活消费品。二是书店,面向小资白领的提案,包含简餐与购物的休闲书店。书店已经不是单纯的买书场所,更是一个交流场所。对中国来说,零售服务的场景将会比日本更广阔。

在数字化趋势不可逆转的形势下,我们思考三个问题:①现在能做什么? ②是什么阻碍了效率提升? ③未来还能有哪些作为?

13　零售数字化与技术赋能应实现五个转变

2019 年 8 月 22 日上午,由中国百货商业协会(CCAGM)主办的"中国零售技术应用大会"在上海国家会展中心洲际酒店开幕。上午有五家公司分享了技术赋能零售的经历与经验。

这五家公司是步步高集团、爱琴海商业集团、阿里巴巴集团、猎豹移动、杭州米雅信息科技有限公司。

笔者应邀主持了题为"如何通过技术提升购物体验"的对话,参加对话的嘉宾是:Elo Touch Solution 亚太区总经理徐振华、北京在楼下科技创始人兼 CEO 张赢、家乐园集团副总经理崔国铭、红星美凯龙信息技术中心副总经理唐明。

顾客数字化倒逼零售企业数字化,这是大势所趋。正如有些嘉宾所说,如果现在有哪一家银行没有手机银行,恐怕就不行了。其实,银行也是零售。零售商如果没有线上渠道(沟通、推广、直播、销售等),短期内似乎还死不了,但周活会变月活,月活会变季活,优质顾客会不断流失,而自己只能干着急。

大型平台型企业在各种场合都以极其复杂的图表来宣扬技术赋能的趋势、架构与效益。令人深感零售的未来离不开技术,精准零售将是未来发展的趋势。但如果零售商都那么智能,那么精准,顾客还怎么活? 顾客是不是会变得越来越傻?

如果顾户都感觉到"被精准""被看穿",他们会不会有一种"被忽悠"的感觉,进而会不会"觉醒"? 到那个时候,我们零售人再用什么去撼动顾客的心? 凡是使顾客变得渺小的技术都是伪技术,技术不是让自己变得无所不能,而是让顾客变得随心所欲。

数字化与技术赋能确实很重要,但是有两点值得我们去关注。第一,数字化与技术赋能并没有那么复杂,零售企业可以从最简单的顾客痛点开始实施,变复杂为简单。第二,当下的数字化正处于探索阶段,其业绩并没有想象与传说中那样辉煌,这是一个渐进的过程。对顾客的服务立场和企业内部的利益关系这两点没有理顺的话,就不可能有数字化的正道。

这方面的例子随处可见：

（1）超市自助收银台的非会员结算特别慢，体验差。如今有些想明白的企业已经在实施"泛会员"概念，如流动会员、入店会员、支付会员、一般会员、付费会员、特殊会员等。永辉超市在这方面给人的体验很好，不管会员还是非会员，自助收银台的结算速度都很快。

（2）多业态发展以后，各种业务类型的 APP、小程序、公众号使顾客眼花缭乱，分不清谁是谁，往往存在业务未打通的情况。线下购物出现问题到线上投诉，线上说：这是线下的单子，我们只负责线上的订单处理。也许企业内部有明确的分工，但是对不少顾客来说，总是分不清。

当下的 DT 与过去的 IT 的最大区别是：过去重点关注内部，如今重点关注外部。外部合作伙伴千万万，所以，需要建立一个更开放更人性的平台。但在各种业态、各个公司、各类业务之间，首先要打通的就是快捷的顾客诉求反馈。

（3）商家都说自己在实施数字化与智能化，但对优质顾客的购物行为常常毫无反应。有哪一家公司在顾客购买商品以后，就能给顾客一个鼓励、感谢与实实在在的表示？那些没有做到的原因是什么？是技术有障碍还是压根没想过？当然，我们在用微信支付或支付宝支付的时候，也体验过红包奖励，甚至有过免单的好时候。但这是源于支付工具的回馈，我们还是很少发现商家对顾客有类似的回馈。

这是提升店铺口碑，促进顾客复购的重要途径。顾客和小孩一样，都是需要被鼓励的，而不是打压他们、倒逼他们，这样做只能让顾客不爽。如果让顾客不爽，那么，企业所做的"多快好省"都将付之东流，毫无价值。

从上述例子与顾客视角来看，技术赋能有五个方面值得思考：

（1）从引流导向转变为用户导向。这是立场问题。当前的数字化与技术赋能大量应用于引流与营销，这既是源于消费者的不成熟，更是源于商家的不成熟。

（2）从复杂架构转变为简单操作。这是要关注用户的真实需求。在引流导向的营销架构下，很多真实的需求被扭曲与掩盖了。现场才是发现真实需求的最好场所，大数据有时候就是一堆烂数据，甚至是自欺欺人。

（3）从低价导向转变为会员导向。这是差异化服务问题。对不同行业、不同区域、不同品类、不同品项，顾客的诉求是完全不同的，但有一点是一致的：顾客越来越追求品质与品味。当然，他们也需要被引导。商家应该多花心思在引导顾客建立更好的生活方式上，而不是仅仅为了销售商品而写写推文，做做直播。

（4）从营销导向转变为营运导向。这是外延与内涵的关系问题。通过各种途径把顾客引来了，也买了东西，但这还不够。商家凭什么来支撑我们的顾客？做零售贵在价值增值甚至创造价值。

我们已经把营销中的"销"做到了"挖祖坟"的程度，但"营"做得很不够。商家完全可以利用技术赋能,把营运做得更有效率。如步步高集团把商品的动态计划、用工的动态计划做到了"每小时",因此使毛利增长 36%,客流增长 10%以上,生鲜损耗降低了1.5%,人效可比提升了 35%。

(5) 从各自为政转变为数据打通。这一点要先从顾客互动与会员诉求打通起步。企业内部要建立更为积极的激励机制与利益分配机制,服务顾客不只是客服部的事情,还应该是全体员工的事情;服务顾客不应只是标准化的流程或制度规范,还应是每一位员工自觉自主自愿的行动。服务顾客应是每一位零售服务人最快乐最有价值的事情,我们要让员工懂得:从服务顾客中,可以获得顾客满意的笑容,那是对服务人员最高的褒扬。

别再用技术去忽悠顾客,别再用规模去限制顾客,别再用规则去吓唬顾客。如果再这样继续下去,总有一天,顾客会用技术手段实现对商家的反击。

14　零售数字化未来的十点畅想

零售已经是一个非常专业的领域,数字化则是新兴的跨专业技能。所以,做零售数字化一定要有专业的思路,一定得有专业人才的支撑,一定要走专业化发展的道路。以下是对零售数字化未来的十点畅想。

(1) 近年来,政府出台了许多涉及信息安全与个人隐私的法律法规,但仅仅靠这些规制是远远不够的,个人防范的力量也微不足道,查办也查不胜查。如果这种状况延续下去,中国人就没有任何隐私可言。保护消费者的数据权利应该成为商家的基本守则。

(2) 大数据与数字化不仅要用于营销,更应该用于服务,最好能把这两者有机地结合在一起。以引流为目标的数字化,都不会持久。

(3) 随着现代技术的突破性发展,"真的"与"假的"的界限越来越模糊,消费者将穿梭于真假变换的场景之中。

(4) 数字化的实质是可计量,这是零售业的一次真正的革命。从前的零售革命都是业态变革与组织变革。以数字化为特征的营销与营运,将实现智能化管理。所以,这是一场管理革命,更是一场零售思维的革命。

(5) 数字化的未来不会局限于现有的以手机为主流的终端设备,一切与天、时、地、人、事等相关的硬件、软件、活件,都将成为"信源"。

(6) 在数字化时代,人与人之间的争斗将演变成人与机器的相互学习。结果没有悬念,人只有更懂机器,才能让机器为人服务。任何敌视机器、抗拒机器、排斥机器的行为,都将产生严重后果。

(7) 当前的"机器学习模型"将会被彻底颠覆。这种学习模式的速度太慢,最终将升级为"生物学习模型"。在未来,任何程序与机器,都将具有"智能复制"与"机体再生"的功能。所以,离开人,机器也照样能实现自我修复。

(8) 在全渠道、跨界营销与用户数字化的背景下,快消品生产企业与商贸流通企业的营运,首先要从标准化路径达到快速复制扩张的目标,其次要通过数字化营运与营销路径达到跨界提效的目标,最后要通过深挖供应链(如开发自有品牌)路径整合提效。这三个发展路径,对零售营运管理提出了一系列新的要求。

(9) 数字化能为零售企业自有品牌开发打造一盏明灯,照亮发展路径,提供解决方案。

(10) 零售是有关服务人的事业,人的情感变化、念想变化、需求变化、行为变化,常常在一念之差。只要人还没有完全变成"机器人",就需要由人来服务人。

所以,在数字化时代,应该更加珍惜零售服务人员的劳动付出,让他们获得更多的尊重、更高的收入、更好的生活。要像解放前上海有些百货公司那样,让一个女服务员的收入就可以养活全家。

服务人员发自内心的微笑,亲如家人的贴心,不仅能让在真假难辨的场景中穿梭的消费者获得片刻的宁静、安逸、舒坦与安心,还能温暖一家店、一座城、一个国。

数字化仍然需要以人为本,让购物更简单、更舒心,提升商品与服务的价值,降低顾客的购买成本,从而体现出更高的顾客价值。

人群也是场,有场就有价值。但越是这样,人的行为就应该更收敛、更克制,尤其是要更诚信。否则,人与人之间构建的信任大厦就会在不远的将来轰然倒塌。

15 中国特色便利店

由中国连锁经营协会(CCFA)主办的"2019 中国便利店大会"的主题是"中国特色便利店"。对我国便利店的现状观察与发展研判,是多视角的,网商谈"赋能",资本谈"速度",营销谈"数化",内资谈"自信",外资谈"万店",社会谈"服务",企业谈"转型"。打通"社群""卖菜""快递""养老"等更开放的边界,会不会给便利店带来新的生机呢?"中国特色"是一个大箩筐,但不是什么东西都可以往里面装。

便利店应该具有其自身特定的社会功能,基本功能是满足"中食"需求。其中国特色主要包括两个方面:一是多样化;二是区域化。

1) 多样化

在便利店行业,通常以 7-Eleven 为样板,实际上,由于各地影响因素不同,发展模式存在较大差异。

按照消费类型来划分,国际上通常将便利店分为步行消费型(A 型)与驾车消费型(B型)。

A 型便利店属于零售贸易(retail trade),是食品饮料商店(food and beverage stores)中的一个分支。其主要营运商是大型商业集团,如法国的家乐福、荷兰的阿霍德、日本的伊藤洋华堂等。

B 型便利店也属于零售贸易(retail trade),是加油站(gasoline stations)类型中带有便利店的加油站(gasoline stations with convenience stores),属于加油站系列。其营运商主要是石油巨头。也有部分以旅游为主导的地区发展旅游消费型(C 型)便利店。

美洲以 B 型为主导,欧洲与亚洲以 A 型为主导,而印度等国家则以设在旅游景点处的 C 型为主,B 型为辅。但当今美国随处可见一种药品、化妆品、食品、日杂品相结合的混合型便利店。

从全球范围来看,尽管便利店也呈现出一定的多样化趋势,如在日本有"百元罗森""自然罗森""医院罗森""地铁罗森""邮政罗森""动漫罗森""药房罗森"等,但多样化便利店并没有成为行业主流。便利店的主导模式仍然是 A 型与 B 型。

我国便利店的多样化,从现状来看,最具中国特色的表现主要有两点:

第一,杂货铺是便利店的主体,但没有被纳入便利店范畴,正如菜市场是买菜主渠道,但并没有被纳入零售业态。

我国《零售业态分类》(2018 年征求意见稿)将便利店分为:社区型便利店、流量型便利店、商务型便利店、加油站型便利店、特殊选址便利店。但面广量大的食杂店作为一种独立业态,并没有被包括在便利店业态中。

从门店数与销售额来看,连锁便利店并不是我国便利店的主体,私人杂货铺才是主流店铺。

如在上海,截至 2019 年 4 月底,市内 10 家便利店企业的门店总数为 5 476 家,但杂货铺据保守估计有 1.5 万家。CCFA 公布的数据显示,2018 年全国 100 家便利店企业的门店总数虽然超过了 12 万家,但这与几百万家杂货铺相比,连锁便利店仍然是"小众"。

第二,便利店的核心功能被新旧零售持续肢解。美团点评 2018 年财报显示:美团餐饮外卖业务总交易金额由 2017 年的 1 711 亿元增至 2018 年的 2 828 亿元,同比增长 65.3%;餐饮外卖收入增至 381 亿元,同比增长 81.4%,日均交易笔数 1 750 万笔。

按此计算,美团餐饮外卖的客单价为 44 元。2018 年全国 100 家便利店企业的销售总额仅为 2 264 亿元。无论销售总额还是客单价,餐饮外卖都远远超过连锁便利店,可见外卖体系才是中国最大的"便利店系统"。这是中国特色便利店的重要特征。

从传统的行业格局来看,我国餐饮店特别多,如在上海就有 15 万家,其中,快餐、面包、甜点等占一半。中国人传统早餐的地域差异也很大,都是在特定环境条件下形成的消费习惯。只有部分上班族会在上班途中在便利店购买早餐,一般消费者很少会把便利店当作早餐的首选店铺。这与便利店餐食品种少、味道不佳有关,更与路边餐饮店多、个人餐饮习惯有关。各类零售业态实施餐饮化策略以后,餐饮消费进一步被分流。

在新旧零售业态的影响下,便利店做"中食"看起来很美好,实际上很鸡肋。

2) 区域化

中国连锁经营协会会长裴亮在解读"2018 年中国便利店百强榜单"中称:"百强企业经营规模差距大,以中小规模为主。其中,超过 1 000 家门店的百强便利店企业有 20 家;30%的企业门店在 100～200 家。说明便利店行业发展还处于起步阶段,规模普遍不大。"

从这个榜单可以发现:100 家便利店企业,总计 121 840 家门店,其中门店数超过 1 000 家的便利门店数合计 95 838 家,约占门店总数的八成(78.66%)。其中,门店数排名前三位(易捷、昆仑好客、美宜佳)的门店总数为 62 518 家,占门店总数的 51.31%。

100 家便利店企业中,80%的企业只拥有 20%的门店,而大部分门店数超过 1 000 家的便利店企业的门店分布仍然具有明显的区域化特征。这种格局与欧美、日本等发达国家具有高度的品牌集中度相比,存在很大差异。

3) 便利店的"人体结构"

我国便利店发展的多样化与区域化特征明显,品牌集中度不够,未来通过整合会出现几家全国性便利店企业。由于外资在加快扩展,内资已经把这一问题提升到"增强民族自信"的高度。

内外资相互竞争与共存发展是大趋势,通过区域特许或收购兼并方式,能加快便利店的整合发展速度,但关键是要发挥总部与门店的积极性,提升便利店的经营业绩。

随着老龄化加剧,便利店的社会功能需要重新定义,如"便利店＋药店""便利店＋美妆""便利店＋服务"等。我国便利店的跨界并没有发展起来,原因之一是部门化格局没有被打破。在有些城市,药店比便利店具有更密集的布点,他们有既定的利益领地。如在上海,药店有 9 000 多家,远远多于连锁便利店。

我国当前的便利店仍然以"卖货"为主,其发展趋势是提升服务功能,如罗森所提倡的:把便利店转型为"服务站"。

目前的便利店,服务功能很缺乏,即使有也做得不够好。"服务"是便利店的"头部",通过便利店企业的品牌背书,可以搭建一个全新的服务平台。这也是引流的重要途径。

便利店企业的两只脚是"自制"与"合作",既要有拿得出手的特色产品,又要擅于货源优化与采购。便利店企业的两只手是总部整合力与门店服务力。只有总部与门店平衡,才能有效发展。便利店企业的"身躯"是体量与体质,没体量难以树立品牌,没体质则难以持续发展。

16 风口上的便利店,销售业绩不升反降

2018 年以来,从国务院到商务部,再到各地商务主管部门,甚至有些省领导都开始亲

自关注和推动便利店发展,出台了一系列扶持政策。

有些城市为了吸引大型便利店企业入驻,采取特事特办政策,从合资签约到办好营业执照,几乎是在 24 小时内完成。这也说明,只要领导重视,一切皆有可能。但是,这是不符合经济规律的,是不可持续的发展。虽然大张旗鼓、从上而下地"拔高"(把便利店定义为"最贴近老百姓的零售业态")便利店的社会功能,但从商务部公布的数据来看,2019 年前三季度与 2018 年前三季度相比,便利店的平均销售额反而下降了。

2018 年 10 月 22 日,商务部发布的《商务部市场运行司负责人谈 2018 年前三季度消费市场运行情况》指出,实体零售继续回暖,重点监测零售企业便利店、超市销售额同比分别增长 8% 和 4.6%,较上年同期分别加快 0.9 和 0.8 个百分点。

2019 年 11 月 15 日,商务部发布的《前三季度我国品牌连锁便利店发展取得积极成效》显示,前三季度便利店业态销售额同比增长 6.3%,继续位居主要零售业态首位。商务部对 55 家跨区域便利店企业的调查统计显示,2019 年前三季度新开门店 1.2 万家,较2018 年底增长 21%。

1) 数据对比后的三大疑问

(1) 2019 年前三季度社零总额同比名义增长 8.2%,扣除价格因素实际增长 6.4%。社零总额名义增幅高于便利店销售增幅 1.8 个百分点(2018 年的差距是 1.3 个百分点,2017 年的差距是 3.3 个百分点),社零总额实际增幅高于便利店销售增幅 0.1 个百分点。那么连社零总额的增幅都赶不上的零售业态,还能说是"最贴近老百姓的零售业态"吗?

(2) 便利店的门店总数增幅高达 21%,是其销售额增幅的 3.3 倍,门店数量的高速增长并没有带来销售额的同步增长。门店增,效益不增,这样的便利店还能维持多久?

(3) 从商务部发布的便利店销售额增幅数据来看,2017 年、2018 年、2019 年前三季度的销售额增幅分别是:7.1%、8%、6.3%。政策推动下的便利店销售额增幅反而下降了,而且下降幅度高达 1.7 个百分点。这是什么原因造成的呢?值不值得从上到下都来关注"门店大增,销售不增"的颓势?我国便利店到底有多大发展空间?以上海为例,从2003 年到 2018 年,便利店的门店数基本维持在 6 000 家左右。2019 年 1~10 月上海市内便利店的门店数同比增长了 9.14%,但零售额却下降了 0.6%。

要做好便利店,不能光靠政府推动,政府要做的不是思考怎么让便利店发展得快一点,更没有必要去规定一个城市到底应该开多少家便利店,应该在哪里开便利店。因为这不是官员的强项,容易导致职责错位,越俎代庖。

2) 政府应该考虑的三个方面

(1) 政府要考虑的是原有的法律法规应该怎么改。如销售药品,应颠覆处方药、非处方药的目录体系,招标制度,台账管理制度,保健品与食品的不合理区分等传统的规制。

(2) 政府要考虑的是部门协调,如不插手管理便利店的招牌美观问题,不能把"禁停黄线"画到便利店门口,不查便利店的用电状况。

（3）将大数据、区块链应用于公共事务管理。尤其是领导批示要依法。因为领导不是全能专家，领导在非专业领域的批示，很有可能误判。所以，领导批示要谨慎。

17 便利店的取胜之道

便利店主要满足即食消费需求，如早饭、中饭、宵夜，都可以在便利店解决。在便利店出现以前，人们把饮食分为家里吃（内食）与饭店吃（外食）。便利店是一次"饮食革命"，诞生了"中食"，界于内食与外食之间，提供便捷、卫生、营养的饮食。如中国台湾，便利店在起步时期与传统的饮食店竞争，后来则与洋快餐竞争，都具有划时代的意义。

在科技发达、资本充裕、心气高涨的今天，包括便利店、生鲜超市在内的很多新零售项目的发展，其实并没有比过去发展得更快。从前的零售人更注重零售本身的业绩，包括门店绩效与总部绩效。

1) 便利店是需要规模的业态

便利店是古代零售传承到现代的活化石，既古老又现代。现代便利店其实是从古代的生鲜专业店转型发展过来的。20世纪40年代末期，便利店作为超市的补充形式而诞生在美国。

美国曾有一家便利店提出"Get what you forget"的口号，提醒顾客在便利店可买到在超市忘了买的东西。如7-Eleven，其前身是1927年创立于美国得克萨斯州达拉斯的南方公司，以零售水果、牛奶、鸡蛋为主要经营业务。到了1946年，推出了提供便利性服务的创举，将营业时间延长为早上7点到晚上11点，7-Eleven的名字由此诞生。

再如罗森便利，第一家店铺开业于1939年，是美国俄亥俄州罗森牛奶公司创办的，logo为牛奶罐，象征着"将最难保存的牛奶以新鲜的状态送到顾客手中"。1996年罗森便利进入上海，前17年门店总数不到300家，2014年以后快速发展，到2017年全国门店数已经达到1 399家，其中华东地区851家，而上海地区就有619家。

便利店需要规模的基本逻辑如下：

（1）只有达到一定规模，总部的固定成本才能在较低水平被分摊，如物流、系统、研发、采购等。

（2）规模与品牌效应相关，规模越大，对消费者的影响越大，品牌认知度会相应提高。

（3）只有被广泛认可的品牌才有可能通过特许加盟实现更快更有利的发展。

很多公司在规模扩张的过程中做错了两件事情：

（1）一味追求规模扩张，忽视了单店盈利能力的改善，不能保证单店盈利，最终导致加盟业务受阻。

（2）品牌认知度虽然提升了，但缺乏认可度与美誉度。

便利店这门生意,既古老又现代,既诱惑又鸡肋,既简单又复杂,既是以大集团为背景又是以小店主为主导。我们既看到了这个行业中的蜗牛速度,也看到了这个行业的极速发展。

没有一个完整的案例告诉我们:是蜗牛速度好还是极速发展好。但有一点是明确的:便利店的服务是追求快,便利店的发展是追求慢,便利店的基础是规模,归根到底是依靠"慢功夫"而有效发展起来的。

按照罗森便利总经理张晟的说法,便利店犹如一辆自行车,前后轮保持平衡才能有效发展。总部这个后轮的强劲得体现在门店这个前轮的发展上,如果前轮不做大,再大的后轮也没有用武之地;反之,如果前轮快速做大了,但后轮太小,就推不动前轮。这是迄今为止对便利店行业辩证发展的最经典阐述。

2) 便利店是需要人的业态

从 2016 年起,无人便利店成为全球零售行业的一个热点,但很多人其实并没有真正搞清楚"无人"的价值所在。

新零售代表企业盒马鲜生创始人侯毅曾说:"北京十里堡店的无人收银体系,消费者普遍欢迎,已经作为盒马的标配。无人收银为主,配置少量有人收银,是比较科学的。"他还说:"今天的人类还算幸福,仅仅是人和人竞争,而未来则是人和机器竞争,人基本上没有什么胜算。未来最强的能力就是不断学习的能力,否则你的专业一夜之间就会被机器所替代。"正是因为零售人具备了不断学习与自我否定的能力,零售业才能持续发展。从这个视角来看,尽管无人便利店或无人零售目前还面临诸多问题,但探索是十分有必要的。

联商网专栏作者鲍跃忠说:"目前的无人零售有两个误区——第一,无人店的一个主要出发点是降低零售成本。但从发展的过程分析,零售从来就不是一个成本导向的行业,一直都是以高成本的零售形式取代低成本的零售形式。第二,无人店以解决人与货为出发点。零售的核心是解决人与人的问题,而不是单纯的人与货的问题。"从体验来说,马云的无人超市比欧尚的缤果盒子要更靠谱一点。前者是一个相对开放的铺面,使用手机淘宝或者支付宝扫码就可以直接进店,给顾客带来便利与新的体验,并实现营运成本的降低以及营运效率的提升;而后者则是一个封闭的、用传统思路管理顾客的模式。

云阳子说:"无人便利店,是噱头;自助购物,是商机。"无论是噱头还是商机,都必须面对而且要去尝试,因为我们的顾客已经信息化、技术化、移动化了。零售业者如果不能对接消费者,则必将被其加快淘汰。排队结账一直都是顾客体验最差、效率最低的环节,如果能够利用现代技术让客人不要排队结账,不仅可以节约劳动力成本,还能使顾客有更好的体验。这是零售业发展的必然方向。

从便利店的发展现状来看,人工成本确实较高,但私人杂货铺由于用人较少,人工成本也较低。从 7-Eleven 年报来看,人工成本不是大问题。问题是实施无人售货与服务以后,需要人工服务的项目做不了,但这些项目又是便利店利润构成的主要部分,所以算经济账是不划算的。而且店面保洁、补货、理货等工作都需要人。如此看来,无人便利店真的可能只是一个噱头。

其实,无人便利店是各种黑科技的一个试验场。中国有太多的消费痛点,不仅需要常规的商业营运改进来解决,还需要依靠超乎人类想象的黑科技来解决。

实施无人服务,有三个原因:成本、尝新与真实的内心需求。但无人便利店不会是中国零售业的主导模式,而自助购物则会成为未来零售的主流形式。目前比较有效的模式是"人工服务+自助服务"。作为便利店,若是无人的话,也应该是开放的,进出自由,无须全封闭,而且应分时段采取不同的方式,如白天有人、晚间无人,在商务楼客人集中的时段有人与无人相结合,以减轻服务台的压力,缩短顾客等候时间。便利店结算时间因支付方式差异而不同:现金支付需 30~40 秒;刷卡支付需十几秒;微信、支付宝支付就更快。在一些办公楼集中的区域,高峰时段人流量很大,推行自助购物能大幅度提高效率。

3) 便利店主要靠四点取胜

便利店这个行业,主要是靠四点取胜。

(1)蜂巢式布点:集中区域,快速布点,抢占有利地势。这样做不仅有利于迅速树立品牌,还有利于提高配送效率。在星巴克实施这种发展策略之前,我国便利店企业早就意识到集中布点的重要意义。蜂巢式布点是我国零售业快速崛起并赶超外资零售业的基本策略之一。

(2)以前台温馨的服务与富有特色的即食品树立良好的品牌:主要靠一线员工的服务与总部的产品研发。无论服务还是研发,人都是关键。没有一线员工的主动服务精神,再好的品牌也是要垮掉的;没有富有特色的自制商品,就不会有自己的特色。可见,便利店是一个需要人的行业。

(3)依靠系统与体系支撑:包括商品供应链系统、物流配送系统、管理信息系统、标准化营运管理体系以及与顾客的互动体系等。

(4)依靠加盟体系快速发展:调动总部与门店的两个积极性。但如果前面三点没有做好,第四点也做不成。

上述四点相互关联。客观上来说,做实体店起家的便利店,在流程化、系统化、标准化营运方面做得比较好,但在数字化方面做得不够好。

如今很多便利公司发现:便利店的客流其实并不是单纯的流动客,而是固定的流动客,所以,便利店的精细化管理也就更需要做好以会员制为基础的客户关系管理。全家、罗森、7-Eleven 在这方面都有良好的表现,并为企业带来了显著的效益。便利店都在做系统改造,或与电商合作,加强数字化方面的升级。

便利店这个行业并不好玩。全世界的便利店都有大集团支撑。如果经营不好,亏损起来连"烧钱没有底线"的人也会害怕。所以,认为便利店是风口的投资者,很多将会变成"炮灰"，颗粒无收。

有一句话很重要：总部不是警察局，更不是税务局，它是一个提供服务的机构。品牌没有树立起来，体系没有建立起来，精细化没有做到位，不能保证每一个店铺都能盈利，就想发展加盟店，是不会有前途的。最后的胜利者，不是以店商或电商来划分的，谁能把服务做得更精细，谁能拉近与顾客的关系，谁能保证加盟者盈利，谁就能胜出。

总之，便利店既不是什么风口，也不是什么山口，它更像是一块耕地，耕种者要以一种"慢的心态"去迎合"快的节奏"，以"慢功夫"养护土壤，深挖水沟，造林护地，最终才会有丰硕的收获。

18　便利店的"慢功夫"

全国各地的便利店都有一些值得肯定的做法：上海全家致力于发展地铁沿线的便利店；上海罗森运用区域发展模式大力开拓便利店处女地市场，并致力于自制食品的开发，树立自己的商品特色；东莞美宜佳力推特许加盟；见福便利通过收购兼并迅速扩大规模；山西金虎便利利用"系统性知识判断评估方法"而非"人为个性化思考方法"进行选址，使店铺质量有明显提升，开店速度也大大加快；等等。

从目前的实际情况来判断，便利店有五个方面的改进空间。

（1）人心增值才能实现服务增值。这就需要建立一套培养、维系顾客人心的经营体系。这需要从三个方面寻找对策。一是要调整人力资源结构。让更多的年轻人加盟便利店行业；服务人员需要提高文化修养；大学生应该成为便利店服务人员的主体。二是要改善店面的硬件条件。店头外观、店内环境、商品陈列、设施设备等都需要改造，如增设餐台。三是要提升服务内涵，从细微之处让顾客感受到温馨服务。店员不仅能熟练地使用服务用语，还能在各种场景下面带笑容地使用各种寒暄语，如"请多休息""真热呀""春天来了""天气转凉了""真是冷呀"等与节气有关的用语，真正让顾客体会到店铺的温暖和热情。这是拉近距离的不二法门。

我国内资便利店主要存在五大问题：摊子太大、过度竞争、定位摇摆、舍本求末、服务不好。就以服务而言，我国本土便利店员工的服务状态实在令人担忧。同样是便利店，7-Eleven给人的印象就完全不同。1992年7-Eleven进入深圳，2004年7-Eleven北京公司的首家分店开张。当时的7-Eleven给人印象最深刻的是两点：即食主导与温馨服务。消费者在便利店花1元买了一瓶白水，要求加温，服务员把水倒入杯子，加温以后，还特别小心地套上一个杯子。这个小小的动作确实令人感动。服务能做到这个程度，肯定不是某个员工的素养问题，而是培育了一种能渗透到全公司上下每一个人的"服务基因"。

（2）从三个方向开拓增值服务。我国便利店的未来发展，可以从三个方向开拓增值服务项目：一是生活便利服务，既包括传统的便民服务项目，如代收公用事业费，也包括现代的便利服务项目，如代理金融保险业务、快递业务、跨界代购业务、网购代理等。二是"中食"餐饮服务，包括居家养老的餐饮服务。如果便利店与老年人服务项目相结合，将会衍生出一个很大的市场。三是供应链服务，可以把便利店作为供应商推广新品与开展新品市场调查的一个重要渠道。国外有些便利店一半的收入来源于这一途径。

鲜食商品是便利店的核心商品。便利店的常温商品差异不大，最大的差异是鲜食商品，所以，便利店商品配置的重点从一般商品向鲜食商品发展，宵夜转向早餐，微波食品转向热狗、面包、包子，发展米饭、调理面包、汉堡包、关东煮等多元化鲜食。为了在"吃"这方面创立自己的特色，便利店越来越向"自制型零售商"发展——自己生产或委托加工富有特色与口感的好商品，这是便利店的重要发展趋势。

"吃"是最能够体现差异化的。便利店的鲜食商品一般由供应商提供，现在有些公司已经开始实施自行开发计划。如上海的罗森便利，建立了一个由专业人员、商品主管、运营督导、一线员工组成的研发小组，其自制食品的占比早在 2008 年就超过了 20%。目前罗森便利的自制食品占比已经接近 40%。有些公司也在开发自制或定牌商品，但仅是纸杯与打火机之类的商品。我们应该学习精细经营与精益管理的精神，像统一超商，为了让"锅贴里要有汤汁"，员工试吃队成员除了吃遍全台湾地区的锅贴，回到公司厨房里还要再试验、再练习。这样做出来的东西就会有特色。形成特色后，还要维持与改进，因为中国人对美食充满追求。

自产商品的开发要有营销方案相配合，如投放电视广告；在卖场先派送，然后试销，在不断征求顾客意见的过程中持续改进与更新。有些东西虽然好吃，如上海小馄饨和煎饼，但需要较长的等候，不符合便利店"快捷便利"的诉求，而且会产生油烟，不宜销售。当然通过改进设备与产品，缩短等候时间，减少油烟，那么小馄饨和煎饼将会是便利店的一道亮丽的风景线。

（3）必须走出迷你超市的格局。便利店与超市是两个不同时代的产物。超市是经济不景气的产物。世界经济危机催生出了超市，它的目标顾客是消费大众，满足家庭消费。便利店是城市繁荣的产物，它的目标顾客是个人的即时消费者。超市是"父母"，便利店是"新生代"，这分别是两个不同时代的产物。

我国是先有超市后有便利店。我国便利店无论门店品牌、店铺选址、经营商品、营运管理、物流配送等都或多或少带着超市的痕迹，甚至有点像迷你超市。国外是先有便利店后有超市。便利店发展初期，虽然店面形象与超市有所不同，但是商品组合与服务方式与超市没有很大的区分。

我国台湾的 7-Eleven 的发展初期也存在这种情况。他们根据美国南方公司经营顾问的建议，将目标市场定位于家庭主妇，门市也大部分设在住宅区，如同一家迷你超市。顾客要什么就卖什么，甚至蔬菜、生鲜鱼肉、锅碗瓢盆都卖。最后，因为生鲜蔬果报废严重,区经理不得不到传统市场去叫卖。后来,公司的企划部针对住宅区、商业区、混合区三种不同形态的门市做了一次市场调查。这次调查显示:来店客层中,男性占 55%,女性占 45%;年龄 12~34 岁者占 70%。可见,便利店确实与超市不同。

另外一项研究则表明:将 200 平方米的便利店压缩到 100 平方米,经营业绩反而得到提升。所以,便利店并不是越大越好,其"经济规模"为 80~100 平方米。我国大陆便利店是在学习前人经验的基础上发展起来的,便利店的基本定位还是比较清楚的,问题是具体操作的时候仍然有点像迷你超市。

(4)便利店是靠品牌与技术取胜的业态。便利店的竞争其实还没有真正开始。虽然到处可见贴身竞争的便利店,但我国便利店的品牌还非常多。各地都有自己的品牌,国际品牌还没有完全渗透到全国各地,也没有在全国范围内对内资便利店构成很大的竞争威胁。目前便利店的竞争还只是自家人之间的争斗,无论发展环境、品牌形象、技术手段等,都与国际水平存在较大差距。

便利店真正的竞争是:①对特定品牌的顾客信赖;②标准商业模式的快速复制、持续服务、经营创新;③物流整合(尤其是冷链系统)与信息技术(尤其是商品主档、供应商主档、基础数据和开放的接口)的支撑能力;④糅合总部与门店各自优势的能力。从经营上来说,商品、服务与营销创新是关键;从管理上来说,物流信息系统与营运管理是关键。

便利店要发展增值服务,就必然要实施跨界营销,这就需要依靠信息技术建立一个可以共享信息的快速反应平台。在 IT 方面,以往信息系统出问题主要只涉及企业内部,实施跨界营销以后,就会涉及供应链各方的合作关系。所以,如果信息系统不完善,很难实现服务项目的拓展。

(5)大力发展特许加盟业务。从便利店发展模式来看,特许加盟是便利店最终获得盈利的基本途径,因为只有这样才能充分调动总部与门店的积极性。海外便利店的加盟比率高达 80% 以上,我国目前一般都在 50% 以下。随着我国特许经营法律规范的健全,投资者市场的扩大,营运管理体系、商品管理体系、培训体系的完善以及信息管理技术的提升,便利店客观上也具备了大力发展特许加盟的条件。便利店跨地区发展往往不是通过收购兼并的方式,而是采取区域特许方式,即将特许经营权授予在当地有经营实力的公司,再由这些公司发展直营店或加盟店。

从我国便利店的现实情况来看,一方面可以通过特许加盟把直营店转化为加盟店,快速收回投资成本,甚至实现盈利;另一方面可以通过委托加盟,培养未来的投资者。通过特许经营业务,也有利于公司的细化管理,集中精力提升总部的核心竞争力。

我国便利店还远远没有达到明亮、整洁、热情、活跃、丰富、美味的经营水平,但其价格却已经定位于白领。就目前的便利店形象而言,如果不做根本的改进,不仅得不到白领的青睐,也很难吸引家庭消费群。

由于我国地域辽阔,便利店市场绝对不可能由国际品牌独占,也不可能由少数几个品牌独占。但是,企业应该做出以下选择:①创全国性品牌,做全国市场;②创地区品牌,做几个或一个地区的市场;③做主导品牌的地区加盟主;④把自己的连锁店卖出,另外选择其他行业,但如果连锁店的质量不好,也不一定能吸引购买者。

"慢功夫"是需要修炼的,在不同时期有不同要求,但规则只有一条:有"拿手绝活"才能营造百吃不厌的"情节",才能与消费者构建"常链接",才能使便利店永葆青春与活力。

19 中日便利店的差距

在与日本商科教授和中国业界朋友的多次交流中发现中日便利店之间存在较大差异,这有可能是我国便利店的改进方向。本文主要梳理了7个方面的差异。

(1)日本人会把便利店当作早餐首选店,但中国人不会。中国人的传统早餐地域差异很大,都是在特定环境条件下形成的消费习惯。如上海人喜欢吃泡饭,那是因为上班赶时间,用开水泡冷饭,这样的早餐特别快捷。如果有闲暇时间,就会去买大饼油条豆浆。如今消费升级了,城市消费者越来越能够适应面包 + 牛奶或煎饼 + 豆奶的快捷早餐。只有少部分上班族会在上班途中在便利店购买早餐,大部分消费者很少会把便利店当作早餐的首选店铺。这与便利店餐食品种少、味道不佳有关,也与路边餐饮店多、餐饮习惯有关。如果便利店能成为早餐首选,业绩就会有大幅度提升。

(2)我国便利店自有品牌占比较低。日本便利店的自有品牌商品主要集中在即食品,而中国便利店所销售的即食品大部分由供应商提供,商品缺乏差异化。日本从 1970年引进 7-Eleven 开始,就致力于研发即食品,建立了自己的盒饭工厂,后来又去收购整合供应链,使便利店成了"自制型零售业"。

我国 80% 的便利店企业自有品牌占比还不到 10%,但日本便利店自有品牌单品占比达到 30%~40%。这一差距来自两个方面:一是我国便利店缺乏研发能力;二是我国便利店经营规模不大,不利于开发自有品牌。罗森(中国)董事总经理张晟说:"自有品牌是味精,品牌商品是盐,盐和味精的比例应得当。罗森自有品牌占比是 35%,包括盒饭、甜品等。"自有品牌是体现便利店差异化的重要手段。

(3)我国便利店服务项目拓展受到很大挑战。日本便利店的服务项目很多,去过日本的人都深有感触。日本老龄化十分严重,65 岁以上的人口占全国总人口的四分之一还多,很多零售公司都建立了独身老年人问候联系制度。有些便利店还在店铺内设立了可以让老年人聚会的专区。为了方便老年人生活,便利店被允许开进公寓群里面,为老年人提供打扫房间、维修家电等服务。

日本便利店中甚至还增添了社会公共服务项目,如证件办理、公证等。我国便利店的服务项目仍然以传统项目为主,这些项目很大部分都受到了电商冲击,但新的服务项目因各种政策限制与城管限制，未能做起来。如老年人叫车服务、便利店安置除颤器等。便利店是一个跨界经营的零售业态，随着新的服务项目的增加，尤其是老龄化趋势越来越明显，以及移动互联网的发展，便利店的传统服务项目在分流。只有新增服务项目才能将便利店转型为社区生活服务站。便利店未来将变为服务站，为多种服务项目背书。

（4）我国便利店特许加盟占比较低。中国连锁经营协会 2018 年发布的研究报告显示：日本 7-Eleven、全家、罗森三家便利店企业的加盟店占比都超过了 95%，而中国便利店的加盟店占比仅为 40%。在样本企业中，加盟占比超过 50% 与没有发展加盟的企业占比大致都是三成。

实际上，很多企业一开始致力于发展直营店铺，规模稍大的时候做委托加盟或特许加盟，出现不可控现象以后又回到了直营连锁。连锁模式的变化也导致经营规模的波动。经营便利店，靠总部一个积极性肯定没有希望，便利店的根本出路是要通过加盟发挥总部与门店的两个积极性。特许加盟占比较低也反映了中国便利店在经营模式与标准化营运管理方面还有待提高。

（5）外部环境制约了我国便利店的业绩。有三个外部环境制约了我国便利店经营业绩的提升：一是餐饮店多，加上各种零售业态都在增加"堂吃与外卖"的业务，这对以"即食品中食"为特征的便利店而言是很大的分流。二是网购销售额仍保持较快增长，对便利店也构成分流，2018 年全国实物商品网上零售额同比增长 25.4%，占社零总额的比重达到 18.4%，较上年同期提高 3.5 个百分点。三是夫妻杂货铺是便利店的 60 倍，全国连锁便利店仅 10 万多家，而小型的夫妻杂货铺有 600 多万家。很多小店看起来有点杂乱，但居民喜欢，用工少，开支少，反倒是盈利的。日本过去也有很多小店，但从 20 世纪 80 年代开始，便利店快速成长，不仅夫妻杂货铺转为品牌便利店的加盟店，就连便利店的供应商也开始加盟品牌便利店。中国台湾原来也有 30 多万家夫妻杂货铺，但后来由于品牌便利店的发展，夫妻杂货铺大部分都消失了。中国大陆可能也会出现这种状况，但变化是渐进的，速度是缓慢的。

（6）我国便利店的发展模式呈现多样化。这主要包括三个方面：一是经营模式的多样化。现在国内甚至把社区生鲜店也归为便利店。各地发展便利店的模式也存在很大差异。国际上最典型的便利店只有两种：加油站便利店与城市型便利店，分别属于石油系与杂货铺系。日本便利店应该是属于城市型便利店。二是加盟模式的多样化。我国加盟模式一般分为单店的直接加盟与区域授权两种模式，如罗森在武汉、北京、南京等地就分别实施了区域授权模式。中国地域辽阔，便利店潜在市场很大，区域授权模式将会越来越成为主流模式。三是规模扩张模式的多样化。日本三家便利店企业不仅完成了横向整合，也基本完成纵向供应链整合。我国便利店企业仍然处于"区域割据"的格局，未来形成主导的全国品牌便利店企业可能会更多地实施收购兼并的方式。

（7）我国便利店的营运业绩差距很大。我国便利店按照 10 万家门店、年销售额

1 900亿元计算,每家店日均销售额仅为5 200多元,与日本相比,单店业绩差距四五倍。便利店的社零总额占比仅为0.52%。便利店较为发达的上海市,便利店的社零总额占比也仅为1%。在日本,2008年便利店销售额已经超过了百货公司全行业销售额。如果按照每2 000人设置一家便利店计算(日本标准),我国便利店的预期总规模为70万家。

但从现状来看,即使在便利店比较发达的上海,目前为约每6 000人设置一家便利店。根据这两个数据,我国便利店无论业绩提升还是规模扩张都有很大的发展空间。但业界也有不少人并不看好便利店,这包括盒马鲜生的侯毅、生鲜传奇的王卫。侯毅说:"本人一直不看好便利店。未来,新零售利用新技术和新的餐饮设备,发挥中央工厂能力,一定会创造出很好体验的早餐解决方案。"如果超市或到家服务能创造出很好的早餐解决方案,便利店也许就更难做了。

从量上来说,我国未来有几十万家便利店的发展空间,但由于早餐、快餐、外卖的分流以及政府对便利店餐饮供应的管制比较严格,便利店"中食"发展存在很多局限性。我国便利店的发展模式呈现出多样化趋势,生鲜型与社区型便利店值得关注,无人便利店的发展则会受到很大的局限性。

我国便利店品牌集中度不够,未来将通过整合出现全国性的便利店企业,通过区域特许或收购兼并的方式,发挥总部与门店两个积极性。随着老龄化加剧,便利店的社会功能需要重新定义,如"便利店 + 药店""便利店 + 美妆"等。从便利店经营业绩的国际比较来看,我国便利店业绩提升还有很大空间。

20 便利店如何"避坑"

便利店是一个很有趣的行业,大家都说"好",但就是很难赚钱。过去对零售行业的政策推动,"南热北冷",如今则是"北热南冷"。2018年北京市出台推动便利店发展的19条新措施以后,上海市商务委明确表示不制定相关推动政策。上海市商务委这一决定是比较睿智与理性的。

用政策推动促进连锁企业发展的办法,上海在25年前就已经使用过了。实践证明:这些政策,短期有效,长期无效。如今社会经济环境已经发生了翻天覆地的变化,再用这种政策推动,短期可能会增加便利店的数量,但长远来看,则可能导致更大的损失,而且也会造成新的竞争环境的不公平。

所以,出台以经济扶持为重点的政策,基本不靠谱。我国便利店的品牌化发展,不是资金的问题,更不是动力的问题,而是受制于市场环境、消费习惯、营商环境与法律意识。

2019年7月1日,商务部办公厅发布了《关于推动便利店品牌化连锁化发展的工作通知》,在第一大点"一、高度重视品牌连锁便利店发展工作"中有这样一句话:"便利店是最贴近老百姓生活的零售业态,是满足人们便利消费需求、服务民生的重要载体。"

"最贴近老百姓生活的零售业态"是便利店吗?一万年不去便利店也不会饿死,但一周不去菜市场或超市就不行了。笔者曾建议商务部把菜市场列入修订中的我国《零售业态分类》国家标准,但未被采纳。

如今想来,商务部迫不及待地要快速推动便利店的发展,是早有步骤有计划的行动。2019 年 3 月 27 日,商务部流通司尹红副司长就来上海调研便利店,上海市商务委召集罗森、全家、好德、可的、快客、昆仑好客、猩便利、苏宁小店、上海连锁经营协会、上海商学院、新一线研究所等召开了一个小型座谈会。

2019 年 6 月 21 日,商务部召开全国便利店大会,交流做法和经验。上海市商务委一位副主任向笔者征求意见,笔者给了十条想法如下:

(1) 上海外资便利店发展迅速。

(2) 内资便利店寻求突破、整合与跨界发展。例如,良友收购光明,百联与阿里巴巴合作开设逸刻便利,农工商旗下的好德、可的两个品牌出台新版便利店。

(3) 加油站便利店超越想象。例如,有几家昆仑好客年销售额超过 1 000 万元与 2 000 万元,但后汽车服务项目受到现有环保政策限制。

(4) 便利店转型探索,如对接到家服务。

(5) 上海虹口区探索一址多店,先照后证,改善营商环境,以便加快开店办理证照的速度,这是一个很好的开端。

(6) 便利店数字化与会员制(收费会员)有重大突破,如全家便利,据说已经有 800 万名收费会员,全家微生活上的推文有很多阅读量都是超过 10 万人次。

(7) 便利店重新回归社区,成为社区商业的一个重要补充。便利店的选址有一个曲折的发展过程:先进社区,后因生意不好撤离社区,现在又重新回归社区,成为早餐与午餐的供应点。

(8) 上海的便利店其实还应包括各类杂货铺,规模超过 1.5 万家,但这些店不包括在品牌连锁便利店业态中。上海保留这些店与保留菜市场一样,不仅便利社区,更有保留人文情怀的作用。

(9) 上海的零售业态是"传统+前卫"。从前很多人反对菜市场,如今实践证明,这是确保市民,尤其是老年市民健康寿命的重要支撑。便利店不是社区的主力业态,而是一种补充。

(10) 2018 年全国百家连锁便利公司的销售总额仅为 2 264 亿元。美团外卖一家,去年就做了 2 828 亿元,毛收入 361 亿元,客单价高达 44 元。无论销售总额还是客单价,餐饮外卖都远远超过连锁便利店,外卖体系才是中国最大的"便利店系统"。

2019 年 7 月 10 日,商务部发布了《关于征集品牌连锁便利店发展典型案例的通知》,要求各地提供典型案例。当时笔者对盒马鲜生创始人侯毅说:"你们'拿了就走'的便利店模式可以申报典型案例。"侯毅很实在地回话说："我们 F2 和 pick & go 都只有一家店，虽然很创新，但是消费者是否接受，还有待市场检验。"做企业与政府就是不一样，政府需要标杆，企业则需要普及。普及程度，意味着消费者的接受程度，只有消费者接受程度达到了经济规模，才有可能成为一种"生意"。

为什么说便利店是一个"大坑"？主要有以下八个理由：

（1）便利店的发展受制于生活习惯。例如，日本人会把便利店当作早餐首选店，但中国人不会。

（2）便利店的"中食"受制于加工条件。便利店虽然干净卫生，但不够美味。

（3）便利店的营商环境不太理想。例如"禁停黄线"。

（4）很多便利店夜间越来越没有生意。

（5）外卖餐饮的巨大分流。

（6）特许加盟是便利店的终极发展模式，但从总体来说，加盟者与加盟主的法律意识以及法制环境对推动特许加盟发展都存在很多限制。

（7）我国地区之间差异性极大，各地便利店品牌众多，阻碍了连锁便利店在全国推广。

（8）外部环境制约了便利店的业绩。

对于我国便利店的发展，政府要认识到其多样化与区域化长期并存的特点，并致力于营商环境的改善。便利店虽然是个"大坑"，但如果财力、人力、定力足够充裕和强大，总能跨越"大坑"，但对大多数企业和个体经营者来说，做个加盟者是最好的选择。

21 便利店未来发展要谨防拐入断头路

断头路，不是会"断头"的路，而是有"尽头"无"奔头"之路，是"死胡同"之意。

1）我国便利店的三个梯队

从广义来说，我国便利店在罗森、7-Eleven、全家进入大陆之前，早就存在。但以连锁模式发展起来的便利店，当初动静最大的是粮油系统，这与农村取消粮油统购包销，城市取消粮油票证，粮油店不得不转型相关，如上海的良友便利、大连的明天便利。但粮油系统的便利店的发展并没有像预期的那样辉煌，留存到现在成为行业主导品牌的并不多。

20 世纪 90 年代中后期，罗森等外资品牌陆续进入中国大陆便利店市场，且在店铺开发、店面形象、品类规划、物流配送、一线服务、营运技术等方面一直引领行业发展。

到 21 世纪初，很多超市公司在向外资学习的过程中参与便利店行业竞争，并采用极速发展的策略，长期拥有地盘优势。如上海的快客便利、好德便利、21 世纪便利，江苏的好的便利等。

到 2005 年以后,便利店市场的外资品牌不仅在局部市场,如上海,突破了内资的地盘优势,在全国也赶超了部分内资品牌的经营规模。虽然从总体来说,外资品牌便利店的市场份额还不高,但从跨区域发展、品牌营销与特许加盟来说,已经取得了领先地位。

2016 年上半年淘宝便利店在杭州落地,2017 年上半年京东推出"百万便利店计划",2017 年下半年天猫小店在杭州正式运营,后来又有了苏宁小店等。在这期间曾出现过一大波无人便利店与无人货架的投资热潮。实际上很多所谓的无人便利店比原有的便利店配备了更多的服务人员。投入大量资金打造出来的飞牛网从 B2C 转型为 B2B,也算是一种供应链的整合以及大企业的赋能。"改头换面""无人值守""头部企业赋能"这三种基本模式,对现有的便利店行业不仅没有构成迭代,由于规模较小、影响不大,连叠加也很难说。它们如一阵风吹过,仅给行业带来一丝凉意,使投资人更加清醒。

我国便利店经过 20 多年的发展,经营规模在 100 家以上的便利店企业有 70 多家,按照门店规模,大致可分为三个梯队。

(1)万店梯队:石油系便利店、美宜佳。

(2)千店梯队:广东天福、成都红旗、中国全家、浙江十足、河北 365、7-Eleven(其实是 7-Eleven 广东为主)、联华快客、山西唐久、罗森、好德、可的、福建见福、四川舞东风、湖南新佳宜、苏果好的、山西金虎早早、西安每一天等。这是混合梯队,既有外资又有内资。从前千店梯队全在上海,如今上海退化,全国进化;内资局部退化,外资局部进化。

(3)五百梯队:经营规模在 500 家以上的企业,如深圳中业爱民、文峰、中百便利、良友金伴、光明、光明里、山东新星等。但在这些便利店企业中,真正跨地区发展成为全国便利店品牌的并不多。

2)便利店行业的购并案例

一般认为便利店企业只有通过特许加盟或委托加盟或区域发展等模式来实现总部与门店两个积极性的有机配合,才能实现盈利。所以,便利店企业一般没必要通过购并来实现规模扩张。但实际上,从全球范围来看,便利店购并案例还是存在的,如 2017 年日本全家购并 am/pm。

便利店发展注重区域突破,蜂窝式布局,为了尽快达到区域内密集布点的目标,购并也不失为一种比较有效的途径。实际上,我国便利店也是在购并过程中发展起来的。下面分享几个在便利店行业曾经发生过的购并案例。

(1)2003 年 6 月 28 日,上海家得利旗下的 575 家 21 世纪便利直营店被上海美亚投资有限公司以 2 亿元收购,改称上海美亚 21 世纪便利有限公司。到 2005 年上半年,这些便利店陆续改换门面,被其他便利店企业瓜分。这是外行整合内行的结果。

(2)2004 年 7 月,拥有 100 多家门店的大连明天便利店开始改换为良友金伴便利店。与大连明天便利店合作的上海良友金伴便利连锁有限公司成立于 2002 年 12 月,其前身是成立于 1998 年的上海良友连锁经营公司。该公司因与大连明天便利同属粮食系统而有过多年的合作。2006 年双方终止合作。这是系统内无疾而终的合作。

（3）2006 年,金虎集团收购美特好旗下的 32 家早早便利店,属于比较典型的一个案例;同年广东赛壹便利店(南中国 7-Eleven)买下可的在广州的 8 家直营店,2007 年又收购了上海快客广州分公司 110 家分店,这是上海便利店跨区域发展失利的例子,是便利店大集团的收编。

（4）2007 年是中国便利店的发展过程中具有特殊意义的一年。光明食品(集团)有限公司旗下的光明乳业以 2.268 亿元人民币的价格转让其持有的上海可的便利店有限公司 81% 股权给农工商超市(集团)有限公司。这一转让完成以后,农工商超市集团门店总数超过 2 300 家。在上海地区,这两公司拥有 1 550 多个便利店,约占上海市内便利店总数的 40%,其中,在上海拥有直营便利店约 1 370 家,占上海市内直营便利店门店总数的 56%。但到 2018 年 12 月底,好德、可的合计市内门店只有 930 家,占全市市内门店总数的 17%。购并不但没有促使规模继续扩张,反而导致规模与市场份额缩减。这是大集团内部合并同类项以后的结果。

（5）福建见福便利店曾经在福州整合过几家便利店企业,所采用的方式是门店转让,而不是全公司整合,这种方式快速、实用。整合当初并没有立即都改换门面,如厦门市内被整合的悦士便利店。通过整合同行,快速改造成直营店或转换成加盟店,这也是见福便利店近年来之所以能够实现快速发展的重要原因。

3) 七条断头路

以前总认为行政主导的零售整合常常以失败告终。如今发现,市场化运作而误入歧途的概率也非常高。以下是便利店前进道路上的七条断头路。

第一条断头路:因规模小而走到尽头。全世界的便利店都是大集团运作模式,主要有两大体系,即石油系与杂货铺系,我国又增加了一个新流派——电商系。不管什么派系,如果想要做得持久,做得有影响力,前提是规模要足够大。没有规模就只能依靠别人的品牌,购买特许经营权。

第二条断头路:因规模大而走到尽头。早期便利店行业有一个传说:300 家是基本规模。所以,大家不顾一切拼命开店。后来发现:开到 300 家继续亏,甚至开到 1 000 家还在亏,更难以置信的是,购并 1 000 家以后亏得更严重。

第三条断头路:因营运失控亏损不止而走到尽头。便利店看起来很小,但亏起来要命。每天每店如果亏损 100 元,1 000 家店就亏损 10 万元,1 年就亏损 3 650 万元。企业的平均成本最终都可以转嫁给消费者,但超过社会平均成本的部分,就要由企业来承担。有些企业将亏损的便利店转让给加盟者,虽然不亏了,但加盟者赚到的仅仅是苦力钱,所以,干着干着也就不干了。

第四条断头路:因误判需求而走到尽头。便利店的想象空间很大,但实际做起来,则处于"两难"境地：一是商品销售，不仅涉及供应链问题，更涉及消费者心智问题；二是服务销售，老项目被电商干掉一半，新项目想起来很美好，但真正落地都很难，不仅有内在原因，更有政策障碍。

第五条断头路：跳跃式发展而走到尽头。便利店对 JIT 的供应链要求非常苛刻，只有进行准时、足量、分区、集中的配送，才会有效率，品牌才会有影响力，损耗也才会减少。如果像走围棋那样跳跃式布局，往往就会倒在跳跃的路上。一般认为，全时太分散，跳跃式发展，违背了便利店发展规律。

第六条断头路：倒在商品上，也就是供应链上。当初上海的 21 世纪便利被收购不到两年就被外行的商品主管折腾倒了。常规的商品比较容易获得，低廉的商品也比较容易获得，但适合消费者心智的商品以及富有特色，好看好吃的商品就不容易开发。

第七条断头路：倒在服务上。一线服务人员的状态直接决定了便利店的品牌形象。

便利店企业发展到最后，基本的活路就两条：一是特别小的能活，活在别人的品牌下；二是特别大的也能活，活在众多特别小的店铺的基础上。

便利店未来格局将会有很大变化。但这一过程比较漫长。中国这么大，在很长很长一段时间内，我国便利店将呈现出以多品牌、区域化、多样化、多层次为主导的发展格局。

第 4 章

社区商业

　　社区商业的最基本功能就是服务日常生活。但随着社区结构、人口结构、生活方式以及消费需求的变化，社区商业的价值在提升，社区商业的运作模式也需要有一系列转变。首都经济贸易大学陈立平教授说，当下谈社区商业的，谈商业多，谈社区少，谈零售多，谈服务少。社区商业是流通最末端、最贴近民生的商业形态，既需要传承，又需要有所创新、变革与提升。

　　社区商业属于植物型商业，临近居住区，贴近居民生活，不仅有商品需求，更有服务需求。随着老龄化进程的加快，社区养老服务需求与供给的矛盾越来越突出。所以，社区商业既具有商品功能，更具有服务功能，既是一种商业活动，更是一种公益活动。

1 社区商业规划的 BLOCK 原则

社区商业与城市综合商业体或百货公司、购物中心最大的区别是：后者具有动物性、游牧性，常常在变化，而前者则具有植物性，扎根社区，因本地化而培育出亲和力，根深叶茂，几十年不变，甚至可以成就百年老店。

从销售服务来说，社区商业是居民日常生活必需品的主要购买场所，在整个社零总额中占据着很大比重。如在美国，街区式社区商业和邻里型购物中心的零售额约占社零总额的 1/3 以上。

社区商业规划建设一般应坚持 BLOCK 原则，即商业（business）、休闲（lie fallow）、开放（open）、人群（crowd）、亲和（kind）的结合。如在美国，一个合理的 Block 社区商业街长约 700 米，宽约 350 米，面积约为 24.5 万平方米，街区周边居民为 6 000～7 000 人，年人均消费为 5 000～10 000 美元。超市、餐饮、银行等店铺分布在街区四角。这些商铺的承租面积都不大，超市通常为 500～1 000 平方米，小型餐饮或银行为 200～300 平方米。

在社区商业建设中，政府承担着很重要的规划、引导与促进作用。在美国波特兰、西雅图、洛杉矶等城市，社区商业的规划和整体布局都由政府统一确定，其具体实施则由大型零售商、商业地产开发商、房地产商、保险公司或基金组织负责。在美国，政府主张以步行 20 分钟可达的中小社区生活圈为主要形态，大规模的社区开发并不常见。

国外社区商业的设计一直在不断优化中。如美国的沃尔玛、日本的大荣超市等能够带来人流量的主力店，通常能占到社区商业总面积的 40% 左右，其位置也最先确定。"在美国社区商业中心，主力店通常分布在街区两侧的末端，避免占据街区中间的位置。这样既给予主力店良好的展示面，也利于将它们的人流引导到被安置在中间的众多商家中，提高中间商户的存活率。"博地设计机构总设计师曹一勇介绍道。此外，如何延长人们在街区逗留的时间，吸引居民前来购物，美国社区商业中心也有它们规划上的独到之处。例如西雅图的一些社区商业街被设计成棋盘式街道网络，与四周道路相接，把社区分成小尺度的街块，从而让步行的居民更容易产生交流，并留意到街区两侧的店面招牌或橱窗展示进而带动消费。

我国政府近年来也在商业规划中聚焦社区商业，一般以步行 15 分钟抵达为标准，提出了建设"美丽街区"的思路与实施细则。如上海市闵行区从 2018 年开始推进"美丽街区"创建，但主要是从"城市管理和社会治理"视角出发，重点在整治，内容是"6 + X"（市容环境、绿化景观、市政交通、街面秩序、违法经营、文明行为，以及其他问题），以及 23 项具体内容。

此类规划目前比较强调的是统一、标准、规范，但这并不是社区商业的本质需求。社区商业的活性化关键要以本地化为基础,实现差异化的规划布局,从而更好地培育亲和力。如人员的本地化,无论大商店还是小商铺,应尽可能使用本地居民,并鼓励本地居民破墙开店。但当前的做法正好相反,为了规范市容,采取封墙闭店的办法。还有内容的本地化,对那些具有地标性、人文性、怀旧性的物质与非物质文化遗产应保留,这对凸显社区商业的文化属性具有非常重要的意义。本地化既是诚信经营的有效保障,更是亲和力的重要源泉。

社区商业规划中尤其应该考虑到景观环境。在波特兰,政府规定每个社区在开发时,都必须拿出整体建安费的 1% 用于社区艺术品的设计或艺术氛围营造。从建筑外围的艺术装饰、社区商业店面的个性化展示,到街区公园的景观饰品,无不引导着人与建筑、与周边环境之间的情感交流,向来往的人们展示社区独有的魅力。

老龄化对零售业存在负面影响。据中国老龄委的统计,2030 年我国人口当中每三个人中就有一个人超过 50 岁,那么在 2035 年,60 岁以上的人口会攀升到全体人口的 30%。当这个国家进入严重老龄化的时候,中国零售业会是什么样的状况? 根据日本的经验可知:①便利店将会快速发展。据统计 2001—2010 年日本百货业、超市大幅度萎缩28.2%,而便利店发展很快,另外是药妆店和通信销售(包括网络销售)。②小型化店铺加速创新。从日本的经验看,零售业将呈小型化发展。③低价化发展,加强供应链整合。

2　我国社区商业的复杂性与盲区

我国到底有多少社区? 网上有一篇报道称:据"小区联线"统计,全国有超过 3 万个小区,其中北京 3 000 多个小区。其实,我国社区无论总量还是存量,都远远不止这些。

(1) 社区总体规模超过 10 万。国家有关部门公布的数据显示:2011 年我国有 8.7万个城市社区,到 2016 年达到了 10 万个,社区便民利民服务网点约 25 万个。

(2) 社区规模大小不一。"大居"人口从十余万到几十万不等,"小区"人口一般在几千到万余不等,也有只有几栋楼的"小小区"。

(3) 社区存量物业产权结构复杂。社区存量物业既有历史遗留的公建配套物业,也有开发商拥有的底商物业,还有开发后已售卖的商铺,以及理论上属于业主实际上由物业公司把控的小区物业等。当今我国的社区存量物业犹如被一个个小产权分割的大型购物中心,想要转型改造,困难重重。

(4) 社区形态多样化。社区形态不仅有棚户区、老式新村、动迁房、安置房、商品房、廉租房等多种形式,还有特定的一些小区,如别墅区、外国人居住区、外地人居住区。如在上海,早期有古北新区,后来又出现了位于浦东新区的碧云国际社区、联洋广场,这些都是近 20 年来形成的大型高档社区,外国人居住比例很高。

（5）社区商业质量有待提升。新开发的大型社区一般都配套引进了一些比较著名的商家，但大量社区并没有以连锁品牌服务商为主导，各种小店虽然便利了居民生活，但也鱼龙混杂，影响到居民生活质量与生活品位的提升。有些地方在争创文明城市的过程中，单纯从"形象"视角去考虑所谓的美观，结果办了不少蠢事，如统一招牌颜色与规格，虽然商家不敢怒也不敢言，但市民还是会吐槽。有关部门应该鼓励品牌商进社区，不仅可以改善形象，还可以提升质量。

（6）社区商业存在象牙塔。大学校园与大型交通枢纽是两个特别的社区，也是不透明、不开放的两个象牙塔。大学扩招与外迁以后，校园内的学生规模不亚于一个小型的居民小区，提供一日三餐的食堂经历了自营、招商、公司总承包三个发展阶段，固定的、缺乏竞争的采购与分包模式，导致校园餐饮价格较高，但品质并没有提升。机场与高铁是流动社区，商铺租金超高，所以，尽管招标的时候商家都承诺"同城同价"，但结果几乎没有一家能做到。

（7）社区商业的盲点：农村社区。尽管政府在大力扶持农村流通的升级改良，但并没有从根本上改变农村比较传统与落后的面貌。所以，很多电商平台都对农村小店虎视眈眈。

社区商业，植根于民，既朴实又迷幻，更蕴藏着巨大的发展潜力，是零售之根。

3 社区商业的发展思路：四度合一

未来社区商业应该是什么样的呢？现在还难以判断，但有三点是常态：第一，以吃为主。生鲜业态将主导社区商业，包括生鲜食材、早点、餐饮、水果、烘焙食品、饮品等等。第二，传统与现代共生。除非政府强迁菜市场，或我们的下一代、下下代不愿再做起早摸黑的菜贩子生意了，否则分层化、多样化的消费需求必然保持多业态的发展格局。第三，服务需求越来越强烈。消费者对时间、空间上的便利诉求和品质上、品牌上的品味需求越来越强烈，需要有更便捷的方式，更可信赖的服务商提供更周全的服务。

我国未来的社区商业，应该"四度合一"，即"跨度＋低度＋速度＋温度"。

（1）跨度。由于社区结构与形态复杂，社区商业的主导发展模式一定是多样化的，并且要基于我国人口特征与消费需求的变化，尽可能实现跨界组合。由于移动互联网的发展，过去单一的业态格局，将会发生很多变化。值得信赖的零售品牌商可以通过平台赋能转型为社区服务提供商。如北京超市发，按照"8＋N"的模式在海淀区开了四个社区 e 中心。"8"即菜篮子、早餐、超市便利店、家政、洗染、美容美发、代收代缴、末端物流等 8 项基础性服务功能，"N"是商超自选特色服务。但其成功条件还有：第一，不要忽悠消费者，真正做好自己的品质与品牌。第二，要依靠技术与互联网的连接与赋能。超市发的

"e"就是发挥了海淀科技大区优势,利用"互联网+"技术,开展线上线下相结合的服务,以及引入自助服务等形式。在品牌强化方面,我们已经看到了一些非常用心做产品与做服务的零售商。如厨鲜生董事长、蚂蚁商联董事长吴金宏,致力于自有品牌开发,创立了服务型供应链驱动经营模式,作为"鲜生"品牌注册的中国第一人,打造出"产品后台驱动"的社区生鲜专业店,其经营面积200~300平方米,单品数2 040支,生鲜占比75%,聚焦厨房与顾客的一日三餐,奉行"品质优先,不卖隔夜菜"的原则。他全年行程6万多千米,满世界找工厂,寻觅好商品和好的合作伙伴。

(2)低度。社区商业满足居民日常生活需求,消费者不仅现在对价格很在意,将来也仍然会很敏感,并且越来越重视商品品质。这对零售商来说是极大的挑战,也正是由于这个原因,只有极少数特别善于控制损耗与成本的专业的零售商才能生存发展下去。

如乐城股份总经理王卫,以"好货不贵"为销售策略,以"小区门口的菜市场"为营销定位,以"一日三餐"为场景定位,以"贴近小区"的选址模型,打造了"中国特色的软折扣店"。他所创办的生鲜传奇,以2亿元的销售额获得了10亿元的估值。厨鲜生与生鲜传奇,一旦跨出区域,做大了规模,打响了品牌,就是一个以小见大的平台。在这个看起来很单一的平台上,可以嫁接更多的值得信赖的服务项目,也可以根据需要拓展商品品类。

(3)速度。未来零售大致可以分为两大类:到店与到家。到店偏重体验,顾客会愿意花较多的时间,是"慢零售";到家偏重便利,顾客要求更快捷更便利,是"快零售"。当然,每一家零售店可能都需要快慢的有效组合,以投顾客所好。社区商业的"速度",既包括时间响应上的快,也包括空间距离上的就近便利,还包括服务流程与服务方式上的简洁透明,用诚信服务去缩短顾客选购商品的时间和精力,让品牌帮助顾客选购,而不是用品牌去忽悠消费者。要做到这一点,同样需要技术的支撑,例如闪电购2017年为联华华商从线下做到线上,线上月交易额已经接近2 000万元,半年获客50万人。利用互联网工具,打破门店的经营边界,实现数字化营运。这是社区商业发展的必由之路。

(4)温度。站队虽然很重要,但更重要的是站位,即站在顾客的位置,用顾客的立场,用顾客的思维方式,去解决顾客的痛点问题,让顾客有更多的惊喜与欢愉。总之,冷冰冰的卖场要变成热乎乎的场景。正如北京超市发董事长所说:我们要做有温度的零售商,"温度"体现在商品的温度、营销的温度、服务的温度、环境的温度。

在"2018联商网风云大会"上,山东佳和商业总经理、齐鲁商盟执行会长王振军说出了两个让商店有"温度"的好事例:一是在营业前将所有顾客引进来,放好休息椅,倒上茶水,让顾客感觉像在家一样等着开门营业;二是下雪天为停车场所有车辆擦除车玻璃上的积雪,下雨天为所有顾客遮盖电瓶车。有些公司做大前有初心,认认真真、实实在在地为顾客提供服务,一旦打响了品牌,就开始利用品牌去忽悠消费者。这个时候,企业的初心不见了,或者是仅有创始人还存在初心,但广大的服务员工却丢失了初心。所以,对社区商业来说,温度是需要企业文化来培育的。

社区需求包括商品需求、照料需求、精神需求。所以,社区商业应该是"互联网＋社区商业""商品＋照料""物质＋精神""聚人气＋聚人心",以诚信为本,亲和力至上。用心做服务,温暖一座城。社区商业应是提供快乐生活的服务站。

4 做植物型社区商业

发达国家对社区商业已经积累了一整套规则、规划与实施办法。但中国的地区差异、物业差异、人文差异、饮食差异特别大。

社区商业是植物型商业,扎根社区,根系直接触达用户,与社区居民互为依存。京东七鲜提出"品质 6S 体系"(安全第一、稳定系统、没事解决方案、精选商品、精简生活、可持续增长),叮咚买菜则强调品质确定的第一性原理,绝不把不好的菜卖给用户。但最关键的是承诺一致。例如,菜市场摊主会承诺他们售卖的花蛤个个干净,没有一粒沙,买回去就可以吃,并且事实如此,这就是承诺一致。社区商业还应注意如下事项:

(1)标品要全品类稳定供货。如果品项不全,不可能吸引买菜的客群。

(2)培育来店理由,得有一些特色品,如不同季节的海鱼,自己种植的好吃的应季农产品,自己制作的调味品、营养汤、美味菜、特色点心等,要让客人感受到:看起来好吃,吃起来真的好吃,想起来还想吃。

(3)除了"优选",还要想办法提高农业生产率,试着"优种"。

(4)以门店品牌为生活服务项目背书。爱客多通过社群拼团甚至把健康服务推荐给了社区居民,实现跨界服务,解决居民日常生活中的难点问题。

(5)不仅要有快捷的到家服务,更要有快捷真诚的沟通,让顾客无后顾之忧。

百货公司、购物中心、城市综合体,品牌在流动、顾客在流动,是动物型商业;社区商业,就守在社区,融入社区,是一种植物型商业。

社区商业的基本需求是买菜。但除了菜,还需要有温情,有关爱。社区商业就是要聚人气,得人心。社区近人,社群近心。社区商业要供商品、重关爱,像植物那样生长,不要像动物那样游走,只有这样,才能成就社区的百年老店。

5 对社区菜市场升级的六点建议

武定路菜市场在上海很有名气,不仅市领导多次到访,外地的参观访问者也络绎不绝。日本著名农产品流通专家甲斐教授一行来沪交流访问也要求参观这家菜市场。

武定路菜市场位于上海市静安区武定路 1140 号,周边早期的高层住宅小区以菜市场对面的三和花园最为著名,属于"一师附小"学区房,总计 1 306 户,只有 300 个停车位。20 年前该小区房价每平方米 7 000 元,10 年前涨到 4 万元,如今一套 100 平方米的房子,售价在 800 万元左右。

三和花园周边有联华超市、华联超市、农工商超市,还有两家 7-Eleven 以及可的、好德等便利店,到静安寺久光百货地下室的高端生鲜超市只要步行 10 分钟。小区居民存在分层现象:有些居民买个卷筒纸也要跑到久光百货,但大部分居民都是就近在超市或菜市场购买生鲜食品。由于该菜市场的海鲜类、肉类等产品较多,蔬菜又很新鲜,所以,比超市更有人气。

该菜市场周边的底商配置了熟菜、鞋业、修鞋洗包、电脑维修、香烟、早点、洗衣、奶制品、崇明生态农产品专卖等商铺。

这个菜市场供应的商品与其他菜市场没有很大差异,但在商户与摊位配置上有如下几个特点:

(1)肉摊特别多,一般的菜市场都是七八个猪肉品牌,这个菜市场居然有 11 个猪肉品牌,1 个牛羊肉品牌。

(2)海鲜类摊位比较集中,摊主稳定。十几年来,3 个河鲜摊主和 2 个海鲜摊主都没变。海鲜类需求稳定,如果摊位过多,生意分流,销售额下降,则不利于摊主稳定经营。

(3)分类安装了显示商品类别的招牌。一眼望去,整个菜市场到处都是"蔬菜""海鲜""贝类""河鲜"等灯箱,并且每一个摊位都有编号,如猪肉摊位从 019 号到 029 号。

(4)租金较低。调查中问做海鲜与河鲜的老摊主如今每个摊位上面都加上了招牌,菜价是不是会提高一点?摊主说,这些都是政府做的,不影响菜价。当问起菜市场的租金时,摊主说,与外面相比,租金比较便宜,每个月就几千元。我们可以做一个简单的测算:一个做河鲜的摊位,以 4 000 元的月租金、7 000 元的日销售额估算,租金在销售额中的占比不到 2%,这确实是一个较低的租金。

(5)这是一个既先进又稳健的菜市场。10 年前这个菜市场就有流动红旗,如今依然保留着。这也是上海最早可以拉卡买菜的标准化菜市场,如今每个摊位也都吊着二维码。这个菜市场悬挂的显示屏播放着央视新闻,还摆有桌子与椅子,供居民休息。这个菜市场不仅是买菜的好地方,更是人与人交流的一个好场所。

上海最早的菜市场是三角地菜市场。中华人民共和国成立以后因为计划经济,什么都是供给制,所以,菜市场就是计划分配的场所。后来农村承包经营了,农民种的东西批量小,就到国营菜市场附近或到居民弄堂口销售,于是就在 20 世纪 80 年代以后形成了几百条马路菜市场。

市政府为了改善环境条件,大概于 20 世纪末发起了一场"菜场入室"运动,但是,效果普遍不是很理想。上海的胶州路露天菜市场入室以后生意一落千丈就是一个典型的例子。但是,菜市场毕竟还是入室了。到了 2004 年,特别是 2005 年,市政府出台了标准化菜市场的规范,每年改造 100～200 家,后来上海出台了一个关于批发市场与菜市场的发展规划,按照总人口 3 000 万、每 2 万人配置一个标准化菜市场的标准,规划配置 1 500个标准化菜市场。

对标准化菜市场的升级换代,结合武定路菜市场,此处有五点意见:

(1) 安装过多的招牌不仅耗电不环保,而且基本无用。真要安装也可安装摊主自己的招牌。菜市场也需要品牌化经营,如今猪肉已经品牌化经营,但其他生鲜食品基本没有实现品牌化经营。

(2) 菜市场做特定的预付卡,看起来是便民利民,实际上也没有必要。武定路菜市场于 2010 年在上海最早实行拉卡消费,但市民不太能接受,更何况如今有了支付宝、微信支付等更便捷的支付方式。

(3) 在菜市场、超市安置食品安全追溯系统,基本也是无效的。进入这个系统的信息都是安全的,不可能把不安全的信息输入进去,所以,此类机器也就基本上是摆样子的。从发展趋势来看,不能让消费者去判断是否安全,得通过品牌来承诺食品安全,并由体系来保障食品安全。食品追溯系统一旦面向最终消费者,必然流于形式。

(4) 菜市场升级不可以由几个部门几个人凭空想象。相关部门应该深入社区、深入家庭。只有真实了解消费,才能更好地温暖社区居民。

(5) 菜市场是一个公益性场所,一切以营利为目的的菜市场管理机构都应该被取代被更替,真正恢复菜市场的公益性,这是社区商业建设的基本任务。

(6) 建议把菜市场纳入零售业态,理由是:菜市场是最基本的民生设施,也是一日三餐消费食材购买的主渠道,更是社区居民不可或缺的生活场景。连杂货铺都属于一种零售业态,菜市场理所当然应该属于一种零售业态。

6 疫情过后到家服务应注意四大问题

北京超市发的"鲜到家"上线了,备感亲切。笔者常去看超市发李燕川的朋友圈,因为他每天傍晚都发菜谱。在新型冠状病毒肺炎疫情(简称疫情)期间,到家服务确实火了一把,但想继续获得消费者认可,还需要做很多事情。本文将从消费者视角来说说到家服务应该注意的四大问题。

1) 你给用户的是什么印象

在疫情期间,笔者用过叮咚买菜、永辉到家、京东到家(不管其具体名称,暂且都叫到家)。3 个 APP 给人留下了不同的印象:叮咚买菜的鲜活商品比较好;永辉到家价格实惠;京东到家商品齐全。这不见得能全面反映这三家公司的基本特色,但我们可以从中学到三点:①动态关注用户评价;②重视用户的主要评价;③做一个方面的特色。

2）如何理性看待到家服务的发展态势

2020 年 3 月 12 日晚上，新华社《财经国家周刊》吴丽华老师来采访笔者。她问：您是否关注到疫情中客户服务与客户体验在新零售领域起到的作用？笔者回复了 3 000 多字，其中有两点特别重要：第一，在疫情期间，消费者关心的不是客户体验，而是能否买到货，即使只是送货到小区门口也很知足；第二，在疫情期间，不仅所谓的新零售在做到家服务，就连实体店也都把到家服务作为标配。

但到家服务的春天到底有没有来，还得看疫情过后企业是否用心。在疫情期间，大家都不能出门，一般不会挑三拣四。但这不是中国消费者的真实需求。疫情过后，大家的需求会立马转变，变得更苛刻。这里举几个例子：①疫情期间在线上买的土豆，粘着大块泥土，土豆皮有点发青。②有个平台关于梭子蟹的描述是"450～500 克一份售价 242元，优惠价 237.16 元"，但没标明：一份是一只还是几只，是雌蟹还是雄蟹，有膏还是无膏。这些区别可以导致价格差异高达上百元。有资深超市经理人就此表示："电商带来了价格透明，造就了质量不透明。"吃的东西，尤其是海鲜，等级差异太大了，很多是非标品。如同样是养殖大黄鱼，养殖方式不同，口感与价格也完全不同。

3）品质与价格能否保持平衡

消费升级，用户更追求有品质、有品味的商品，但是，只要用户还不傻，就不会不关注价格。实际上，即使是很有钱的人，也常常会很在乎价格。但如果在品质方面连最起码的标准都没有做到，那么价格再低也不会有回头客。如三无商品（微信朋友圈所卖的很多产品其实都是三无商品）。

这里有一点要特别强调：用户对线上买蔬果的要求比线下高。原因在于线上买蔬果是商家代用户挑选，用户没有选择的余地。因此，蔬果中只要有个别瑕疵，用户就会很不满意。所以，商家必须对商品精挑细选，而且要确保配送过程不会使商品变质受损。这样一来，商家的采购与营运成本就比较高，售价也会提高（有补贴的例外）。这样问题就来了：电商在客观上选品成本比实体店更高，但消费者对电商的期望是价格更低。这个矛盾要怎么化解呢？其实，企业做线上业务，不要总想着自建供应链，应该充分利用好批发市场。如果说批发市场不安全，那么自建供应链也不会安全到哪里去。特种商品依靠自建供应链以体现特色，而大宗商品依靠批发市场弥补现货不足。

4）到家服务选择什么模式

到家服务的运作模式多种多样，笔者最先接触到的是北京的多点。那时候多点派人到上海寻求合作，据说先拜访了百联集团，百联集团以有自己的平台为由拒绝了。上海大润发总部和农工商超市也以没有外部流量为由拒绝了多点。后来北京以外的有些企业用了多点，据说效果还不错。

有些超市则用了美团、饿了么、京东到家等开放的到家平台，甚至便利店也用上了这些开放平台。但企业反映：随着这些开放平台的用户规模与影响力逐渐扩大，其收费也不断提高。有些企业甚至开始觉得依靠开放平台做到家服务变得无利可图。

也有一些会员制尤其是付费会员制做得好的企业，开始在自家平台上做到家服务，业务增速很快。如上海全家便利。还有一些公司，不仅有自己的APP，还组建了自己的骑手，如猩便利。

到家服务大致可以分为四种模式：自己的系统，自己的骑手；自己的系统，他人的骑手；他人的系统，他人的骑手；社群模式，推送、链接、种草、割草。到底哪一种模式靠谱，要看企业的规模、会员制水平、发展目标、自身实力、发展决心等多个方面。

疫情过后，企业转型主要不是找对策，而应该是定方位，走专业化发展道路，讲品质，树形象，重口碑，强品牌。CCFA调查21家企业显示，到家服务在疫情期间实现了同比三位数的增长。不少快倒闭的生鲜电商犹如久旱遇甘霖，获得了重生。但他们最终还是很难逃脱倒闭的命运。想通过生鲜赚快钱的企业必死无疑，因为生鲜赚的是口碑钱，这是慢钱，不是快钱。

7 零售的前置化值得探索

两年前，前置仓还是一个比较陌生的概念，到如今，不懂前置仓似乎已经不好意思在这个行业混下去了。消费者都喜欢便利，而且我国人口老龄化问题日益严重，因此零售的前置化值得探索。

自从2010年iPhone 4问世与我国3G网络开通后，这个世界已经开始改变了，购物越来越变得碎片化与前置化。销售终端向用户不断推进，与用户越来越近；用户则不断向上游探索，直接从产地或集货方寻货。这是供方前置化与需方前置化的趋势。

前置化大致可以概括成六种类型。

类型一：以店做仓。业内称其为"大前置仓"，仓店合一。如盒马鲜生，以3 000米为半径，到家与到店双向运作，发展不到4年时间，门店数达到160多家，线上到家订单占比超过70%。可以估计，以盒马鲜生为样板，全国模仿开发的门店将远远多于盒马鲜生。

类型二：店仓互补。以店做仓受店铺分布的局限，难以实现对整个市场的全覆盖。北京的多点、上海的盒马，都存在这个问题。盒马鲜生坚持开比较大的店，但也不放弃前置仓这种模式，所以开发出盒马小站。

有报道称：侯毅认为前置仓不是终局，而是个过渡形态，但这个赛道不能放弃，是一种占据市场的好方法。

类型三：自提仓柜。近日有报道称，多家企业都在实施自提模式，如谊品到家、美团买菜等。其实，这不是一种新模式。上海几年前就有"食行生鲜"的柜子设在小区，消费者在APP订货，服务商送货到柜，消费者到柜自提。

后来在诸如猩便利等门店就设置了自提台,以免早餐顾客排队等候。盒马鲜生也开出了 pick & go,目前处于试探阶段,是否具有规模化需求,还需要验证。

在美国沃尔玛卖场设有专供顾客在线订单取货的大柜子 pick up。实际上,自提的社会效率可能更高,还具有引流的作用,但被互联网宠坏了的中国消费者,愿意多走几步路吗?中国人多,消费心理五花八门,能否形成规模,很难判断。

类型四:以仓做店。业内称其为"小前置仓":一个 200~300 平方米的"仓库"服务 1千米范围内的顾客,提高配送效率,如叮咚买菜、朴朴超市。叮咚买菜 CEO 梁昌霖说:一个前置仓 250 平方米,日均 1 000 单,30% 毛利率,可以做到好、快、全、省。

业内有人分析:叮咚买菜目前客单价为 50 元,如果提高到 60 元就能盈利。其实,以后发展到一定阶段,市场走入正常状态,对好的服务就应该支付相应的费用,而这部分费用自然会由顾客来承担。

类型五:以车做店。从以前工业品下乡的"大篷车"到后来城市小区的"菜篮子工程车",都属于"以车做店"的模式。日本有一家名叫德岛丸的公司,他们的"快乐流动车"每天开进居民小区,为老年人提供服务。他们固定线路、固定时点、固定乐声,给孤独无援的老年人一个期盼,一份喜悦,一点快乐。他们可以用手机接受客户的订单,帮老年人打扫住宅、修补房子、搬重物、换个灯泡。他们的服务宗旨很简单——跟老人做朋友。老年人等候在家门口,像是等着老友的到来,听到固定的音乐声,就开心得像个孩子。这样的商店可以称为"轮子上的精神商店"。在美国纽约有一家名叫施耐普昂(Snap-on)的五金工具商店。他们自称"轮子上的商店",一辆车可以装 10 万美金的五金工具,然后到固定的区域销售。这种模式已经延续 20 多年了,很有生命力。

类型六:以群做店。在微信群里卖东西买东西,其实也是一种前置化的表现。在传统流通渠道中,农产品的批发市场通过率高达 80% 以上。近年来受多因素影响,批发市场通过率从全球范围来说有明显下降。

我国农产品流通的主渠道仍然是批发市场,农产品的正常通路是从产地(或产地农产品批发市场)到销地(或销地农产品批发市场),销地批发市场还有中心批发市场与二级批发市场,以及零售终端。之所以环节比较多,不仅与产销不对等有关,更与农产品的特殊性有关。

如今有些农产品通过微商微群来销售,有些是直销,有些是经销,比从前减少了流通环节,这是顾客向供方"后置",对供方来说则是"前置"。"质优低价"是此类销售渠道的亮点,但也有消费者抱怨:朋友推荐的商品,品质一般,但价格挺高,买过几次就不买了。这就是所谓的"杀熟"。如果演变成为"类传销",那就不可持续。

前置化模式很受消费者欢迎,但面临的挑战是:毛利如何覆盖成本?所以,盒马鲜生不太卖便宜的东西。消费者似乎对价格也不太敏感。但盒马鲜生也卖便宜的商品,上海的有些门店开始卖"白菜价鲜花",一元一枝的玫瑰,而鲜花包扎另外收费。

有些消费者因为买花而去盒马鲜生，便宜的鲜花成了顾客来店的理由。零售商通过供应端的改进与销售端的策划，成为特殊品类的价格突破者，这样的活干得越多，就越能获得消费者的拥护。价格突破不仅可以向下突破，还可以向上突破。盒马鲜生销售不抛光不脱水的崇明大米，不仅出米率提高，营养价值提高，而且销售价格也大幅度提高。

前置化的成功取决于两条：第一，有规模化的消费需求；第二，有承诺一致的品质保证。这两条相互关联，做得好，认可的人越来越多；做得不好，则难以为继。

要保证上述两条，又取决于三点：第一点是供应链。大企业要建立基地，产销直接对接。有些新零售企业据说已经建立了 500 多个基地。谁掌控了好的货源，就为自己做了好的背书，就有底气向消费者做承诺。第二点是终端销售服务。第三点是组织与营运管理。这是使供应链与终端销售服务更有效率的组织保证。从架构来看，三点融合，是成就一家优秀零售公司的核心要件。

8 | 对发展上海夜间经济的建议

2019 年上半年，业内人士说：南京的 7-Eleven 有几个门店营业到晚上 10 点就关门了。从上海便利店行业获悉，有些内资便利公司在与美团、饿了么合作做到家服务，夜间也有一定的生意。全家与便利蜂则是依靠自己的技术平台与会员体系提供到家服务。便利蜂甚至建立了自己的骑手团队。据阿里巴巴大数据分析，36% 的网络消费都在夜间产生。外卖尤其是夜间外卖的快速发展，导致便利店的夜间生意变得不好做了。

可见，夜间经济的主流在线上、在家里，人们越来越不愿意外出，除非有重大的主题活动或互动场景。几十年前上海的夜市，主要是集中在市中心，属于街区式购物夜市。如今，城市范围进一步扩大，形成了多中心化格局，而且线下消费被线上与社群严重分流。现在线下夜间出行以餐饮休闲娱乐为主，而不是购物。2019 年，《上海市商务委等九部门关于本市推动夜间经济发展的指导意见》提出了协调机制、地标性集聚区、文旅项目、季节性夜市、放宽夜间摊位管制、夜间分时制步行街、灯光造景等十个方面的具体内容。从这些内容来看，主要还是集中在线下，与主流消费趋势不是很匹配。本文建议如下：

（1）上海要拿出当年在人民公园破墙开店的勇气，发布市长令：凡沿街铺面，一律允许破墙开店，不得禁止，免征各类税费一年。例如，哈密路上海警备区离休所和徐汇区牙防所的沿街铺面，在近年来的整治中都关闭了，但个别店铺关店留窗或关店留门，在窗口或门缝悄悄地做生意。这样的场景在上海各个街道都有存在，应该通过政策疏导，重新唤起零售生机。

（2）百货购物中心、餐饮文化娱乐场所、社区商业服务中心应该成为线下夜间经济的三大主体场景。百货购物中心是购物与休闲娱乐相结合的生活类消费场景,餐饮文化娱乐场所是主题性消费场景,社区商业服务中心是邻里活动场景。当然也可以设计如上海小吃一条街之类传统的消费场景。

（3）相关部门可以向上海市民与游客发放免费旅游券,开发与开放夜间旅游项目;可以向上海常驻户籍人口发放实物商品购物券,每人 5 000 元。

9　生鲜行业成为零售热点的原因

生鲜食品成为零售业的新热点,各类大小商家纷纷抢滩卖菜生意。盒马鲜生不仅开了菜市,而且还做起了类似前置仓的盒马小站;叮咚小区改为叮咚买菜,使更多的消费者认识并开始使用这个"生鲜到家"的 APP;水果大卖场开始转型为蔬果大卖场;百果园几千家门店要做前置仓卖蔬菜了;步步高布局生鲜便利店汇米生鲜;北京超市发、罗森开始卖菜了;阿里巴巴与百联合资的逸刻便利开张了;美团买菜启动北京市场;饿了么口碑宣布与叮咚买菜签署战略合作协议;苏宁小店 APP 上线苏宁菜场功能;永辉超市开出了 Mini 店,打响社区生鲜阵地战;上海豆制品行业龙头企业清美旗下的清美鲜食门店已经达到 600 家。

为什么近年来大家都想做卖菜的生意？原因有两个:一是民以食为天,买菜是刚需,全国每年 5 万多亿元的生鲜市场规模,这个机会一直存在。在新零售风暴中,大家的感觉也有所改变。二是认为卖菜也是一个流量入口,如果把卖菜的生意做好了,还能获得稳定的客流,搭载其他业务。想法很完美,但如果做法不到位,结果必定是"人财两空"。

抢滩生鲜市场的人太多了,但抢滩者的专业水平有限,又缺乏耐心与实力,想在此刨个金砖吃一辈子,那就必死无疑。这是一门十分需要积累与沉淀的生意。生鲜食品,安全不安全,好吃不好吃,虽然一眼难以辨别,但消费者心中自有一杆秤。消费者对食材鲜度与绝对价格十分敏感,经营者稍不用心,就会被消费者诟病,就会变"活货"为"死货",最终被损耗亏垮。所以,生鲜食品这门生意并不好做。

10　我国生鲜需求总量分析

我国生鲜食品年零售额估计在 5 万亿元以上。

易观数据显示:2018 年我国生鲜市场交易规模达 1.91 万亿元,同比增长 6.9%;2012 年增幅 12%,2013 年以后增幅骤降到 7% 以下。

2019 年 6 月 20 日,第一财经商业数据中心(CBNData)联合阿里巴巴本地生活平台发布了《2019 线上生鲜消费发展趋势报告》。报告显示：2018 年我国生鲜行业市场规模达 4.93 万亿元,同比增长 5.3%。

观研天下数据显示：2013—2018 年中国生鲜食品零售额从 3.61 万亿元增长到 4.72 万亿元。2019 年中国生鲜市场交易规模(预计)达到 5.31 万亿元。

从我国消费结构来看,生鲜食品的消费总量也不只 2 万亿元。2018 年全国居民人均消费支出 19 853 元,其中,食品烟酒占比为 28.4%,人均支出 5 638 元。如果生鲜食材类以 20% 占比估算,人均年消费为 3 970 元。如果以每人每月 300 元估算,年消费支出为 3 600元,全国 14 亿人年消费总金额应超过 5 万亿元。

从消费品类来看,从 2013 年到 2018 年,原粮消费下降了 14.5%,其中,谷物消费下降幅度超过 16%,但薯类、豆类消费分别增长了 13.04% 和 10.67%。食用油下降了 9.43%,蔬菜及食用菌也下降了 1.44%。在消费量增长的品类中,干鲜瓜果类增长最快,达 28.01%;禽类增长 25%;蛋类增长 18.29%;肉类增长 15.23%,其中,牛、羊肉分别增长 33.33% 和 44.44%;水产品增长 9.62%;食糖增长 8.33%;奶类增长 4.27%。

食物消费的总趋势是：吃谷物少了,吃杂粮多了;吃水果多了,吃蔬菜少了;吃禽蛋肉多了,吃牛羊肉更多了;吃水产奶类多了,吃食糖更多了。

《中国居民膳食指南(2016)》指出,近年来,我国居民蔬菜摄入量逐渐下降,水果、大豆、奶类摄入量仍处于较低水平。因此提出了"半斤水果一斤菜"的要求,提倡餐餐有蔬菜,保证每天摄入 300~500 克蔬菜,深色蔬菜应占一半;提倡天天吃水果,保证每天摄入 200~350 克新鲜水果。实际上,我国 2018 年日均蔬菜摄入量仅为 250 克,水果摄入量仅为 125 克,远低于"半斤水果一斤菜"的膳食标准。

目前我国生鲜食品销售增幅已经明显低于社零总额增幅。老龄化、小家庭化、饮食外卖化导致生鲜购买频率、购买量明显减少,这是基本趋势。一家五口人(三代)住在一起,需要天天买菜,但如果第二代为了第三代上幼儿园而分居出去,留下两个老人,生鲜购买频次与购买量就会大幅度下降。对此,首都经贸大学陈立平教授说,随着老龄化加剧,生鲜消费量不仅增速趋缓,而且绝对量也有可能下降。统计数据与这一趋势是比较吻合的,只是目前还没有特别明显而已。买菜减少,卖菜增多,需方减量,供方增量,这样发展下去,必然一地鸡毛。

11 我国生鲜渠道的变化趋势

中国报告网报道,在国内生鲜销售渠道中,农贸市场占比为 73%,超市占比为 22%。而在发达国家超市这一占比在 70% 以上。

但从国家统计局公布的数据来看,超市占比没有那么高。根据 2019 年中国统计年鉴公布的数据测算,折扣店、超市、大型卖场、仓储会员店四种业态的销售额以 30%生鲜占比计算,在生鲜市场的销售占比,在最近 6 年(2013—2018 年)从 6.56%下降到了5.30%。其中一个重要原因是传统业态被新兴业态分流。

菜市场是传统的主渠道,但在不同城市存在较大差异,主要受政府态度影响。如北京与福州,菜市场相对较少,但在上海,到处是菜市场。上海在 20 世纪 80 年代以后形成了几百条马路菜市场;1994 年起大力扶持超市发展;20 世纪末发起"菜市场入室"运动;2004 年起又大力推进标准化菜市场改造;到 2013 年全市有 880 家标准化菜市场;规划到2020 年标准化菜市场将增加到 1 500 家。有这么多菜市场,使得居民买菜非常便利。有些学者也曾反对大力发展标准化菜市场的政策。但事实证明,不拆菜市场是睿智的决策。

当前,很多年轻人确实很少去菜市场,主要原因是对菜市场存有偏见,也没有时间去菜市场,没有养成逛菜市场的习惯。在他们的印象中,菜市场是老破旧的场所,而且气味不好闻。所以,去菜市场的年轻人最多只占两成。

安徽生鲜传奇创始人王卫通过调查发现:居民购买生鲜食品,每个月的购买渠道多达 5 种。经常买菜的人都有体会,实际买菜渠道远远不止 5 种。

我们至少从 12 种渠道买过菜:菜市场(标准化菜市场及集市);菜店(菜市场外,含蔬菜、肉、蛋、水果、水产等);马路菜市场(农民自产自销,城管是他们的"天敌");大型超市(如永辉、家乐福、沃尔玛、世纪联华、农工商等);小型超市(就近便利);小区菜摊(每天来,有水果蔬菜,甚至有鱼有鸡,品种越来越多,时间越来越长,这是最简单的"前置化模式");农场直供(以品质高为亮点,价格也很高);批发市场做零售(如南京、上海、杭州等地的批发市场,实际上都有零售业务);百货超市(如久光百货);到家生鲜(如盒马鲜生、叮咚买菜、鲜行生鲜等);社群拼团与朋友圈推荐等;外卖服务。

前置化、成品化、餐饮化、外卖化这四种生鲜渠道发展方向分别满足四种餐饮需求:前置化是为了简化买菜;成品化是为了简化烧菜;餐饮化是简化外食就餐;外卖化是满足不想烧菜做饭的人的需求。

前置仓是一种很好的生鲜到家模式,只要好好做,不要弄出不诚信问题,以后会进一步升级为前置厨前置车等多种形态,大有发展前途。即使在发展过程中遇到一些困难,出现一些曲折,只要想办法坚持下去,最终会固化成为零售的一种主导模式,而不是过渡模式。一切能烧菜做饭的地方,政府都要允许企业把生米煮成熟饭,可以让老年人吃上热菜热饭热汤,一切与此矛盾的法律法规都应尽快修改。

前置化与成品化是简化"内食",即在家吃。餐饮化是生鲜食材与餐饮合体经营的模式,给人直观、便捷、新鲜的体验。未来的零售确实应该像盒马鲜生那样,腊八节有八宝粥,有糖炒栗子,有现烤蛋卷,有烂糊肉丝,有糖葫芦,有各种颜色的圣女果,有白色草莓,东西很多,看起来好吃,闻起来想吃,现场就能吃,吃过以后还想吃。

而外卖化是要解决"中食"问题。长期以来,便利店是满足"中食"需求的主导业态。但如今,美团外卖一家所实现的餐饮外卖销售额已经大大超过全国 12 万家便利店的年销售额。面对外卖越来越旺的发展态势,便利店或者缩短营业时间,或者与外卖平台合作发展外卖业务。但也有会员制做得好的便利店企业,如全家、便利蜂等,他们依靠自己的技术平台做外卖。便利蜂甚至建立了自己的骑手团队。

根据国家统计局官网公布的数据显示,截至 2019 年 11 月,我国累计实现社零总额 372 872.3 亿元,累计实现网上实物商品销售额 76 032.3 亿元,网上实物商品销售额在社零总额中的占比达到 20.39%,首次突破 20% 的边界线。实际上,在某些行业,如宠物行业,线上占比早已突破 40%。在线下传统企业中,有些企业线上占比也已经占到三成。

有人说菜市场缺乏安全保障。这话没依据。我国食用农产品批发市场通过率约为 80%,批发市场不仅是菜市场的进货主渠道,也是大部分超市菜品的进货主渠道。基地直供对大部分卖菜商家来说都是不可能实现的。

近年来,菜市场外面的菜店很兴旺,有些水果店也改为蔬果店。菜市场内摊位的菜品品质,肯定比菜市场外菜店好。菜店生意之所以好,最重要的原因是价格便宜。

大卖场、小区内外菜店、仓店合一、买菜 APP 等分别是不同消费场景下的买菜渠道。消费者买菜是根据不同需求来决定买菜渠道的。买菜的基本需求有三点:一是新鲜好吃,二是品项齐全,三是价格适当。如今再加上一条新需求就是快捷便利。所以,APP 买菜是一个发展方向,但如何化解成本是一个大问题。

总的来说,机会有三点:品项齐全、便捷服务、品价比高。陷阱也有三点:高价但品质一般、做不到规模而损耗严重、运营成本过高。

12 卖菜还能火多久

2012 年以来,我国零售业先后出现过六大热点:O2O 与全渠道、大数据与数字化、新零售与餐饮化、便利店与无人化、小业态与社区化、店群化与社群化。2018 年以来,前置仓与社群化又成为零售业的新热点,以生鲜食品为核心。

从目前的观察来看,社区卖菜有四个阵地,发展现状是:社区门口开菜店;菜市场门口再开"菜市场";到家团购热腾腾;卖场内外冷清清。

1) 社区门口开菜店

有些公司入行卖菜,是试探。苏宁小店和清美鲜食似乎真的是想把小店做大。2018 年苏宁小店从 21 家猛增到 3 996 家;清美鲜食则新开 80 家,在上海地区就有 160 多家。

清美鲜食主推清美产品,如牛奶、豆浆、传统豆制品、面食以及包装蔬菜。清美豆制品与顾客的超强黏性,是引导顾客进店的一个重要原因,买豆制品进店,结果也买了其他食品。这种由豆制品基因延伸出来的供应链管理能力,对开好小店非常重要。

还有妙生活、康品汇生鲜菜场等看起来"高大上"的菜店也纷纷登陆小区。他们之所以能在小区占有一席之地,大致有两个原因:第一,周边缺少菜市场;第二,小区离菜市场较远。如位于上海市仙霞西路的康品汇,北有新泾北苑,南有新泾家苑。每个小区都有150多幢房子,人口集聚,但店铺稀少,尤其是没有菜市场,所以,生鲜小店虽然价格比较高,生意还不错。

借助新零售、新资本、新技术的赋能,如果既能提升社区小店的形象,又能贴近居民生活所需,还能使经营者获得持续的盈利,那是功德无量的事情。

2)菜市场门口再开"菜市场"

近日到某菜市场一看,发现了一个新变化:菜市场边上又开了两个较小一点的"菜市场",比菜市场小但比菜店大。

这些"菜市场"与传统菜市场比有以下特点:一是品类比较集中,"蔬菜水果 + 海鲜河鲜 + 鲜肉 + 熟食 + 粮油干货调味品";二是明码标价;三是基本实现统一收银,水果蔬菜分两个收银机在出口结算,其他分别支付;四是价格实在便宜到不能再便宜;五是实行分时段折扣定价:17:30 起八折优惠,每隔半小时降一折,到晚上 8 点降到三折。快要落市的大蚕豆 20 元 12.5 千克,10 元 6 千克;菜市场边上的菜店则卖 20 元 10 千克,离菜市场稍远一点的小菜店卖 20 元 13 千克。

3)到家团购热腾腾

与社区菜店和菜市场相比,盒马鲜生、叮咚买菜、美团买菜等买菜渠道就更为便捷。

叮咚买菜进小区,让更多的消费者用手机买菜。从总体来说,手机买菜是一种很好的趋势,既符合年轻人没有到菜市场买菜的习惯,也适合存在不方便买菜的场景,如雨天、下班回家晚等。

"APP + 前置仓 + 快捷配送 + 供应链",这四个方面做得好,融合在一起,就成全了这一类业务。以叮咚买菜为例,顾客通常的体验是:菜新鲜、配送快、价格适中、服务好。所以,不仅年轻人喜欢,中老年人使用过以后,也会养成手机买菜的习惯。

但需要注意的是,虽然做前置仓生鲜损耗低,租金低,人工开支低,但骑手的费用怎么分摊?在未来,需要培育消费者的付费理念,即接受方便快捷的服务,就得支付相应的费用。但消费者是否能接受这一理念还有待时间检验。所以,对大多数"玩生鲜"的企业来说,生鲜其实就是一个烫手山芋。

店群与团购,似乎比菜店与到家服务更为热闹。店群的作用更多是沟通、连接与引流,所以,大部分采取到店支付提货的方式。这在店家与顾客基本"失联"的状态下,应该是一种比较有效的加强连接的方式,对改善店铺形象,提升经营业绩有一定的促进作用。

4)卖场内外冷清清

相比菜市场、菜店、到家服务、团购,传统超市与卖场明显地被冷落了,生意也越来越差了。卖场如果不从根本上转型,光靠一个店长的努力,已经无力回天。凡是有菜店与菜市场的地方,超市与卖场就会面临剧烈的竞争。

卖场的干货,网上都有;卖场的生鲜,菜市场、菜店在价格、鲜度、品类等方面都更有吸引力。当然,各地差异很大,从商圈到立地,差异也很大。

有些人说,现在的零售已经不是单纯卖商品,但实体零售商首先面临的是商品与价格这两道坎都过不去,所以再怎么吆喝,都没有效果。不仅高收入群体与年轻群体远离卖场,中老年消费者与低端消费人群也在渐渐离开卖场。

虽然卖菜是最传统的行当,但如果没有创新,光开个店是很难赚钱的。

先有"学区房",后有"盒区房",将来会有"菜区房",尤其是在老龄化社会,靠近菜市场的房子特别适合老年人居住。菜市场不仅是一个买菜场所,更是一个社交场景,还是一个参观场景。有菜市场在,老年人的生活会更充实。有人说,还有一个"医区房",当然,适合老年人居住的房子应该靠近医院。但医院毕竟不是令人快乐的地方,既要近一点,也要有一定距离。

13 社区卖菜的纷争、困惑与不确定性

1）挑水模式与自来水模式

叮咚买菜创始合伙人俞乐认为,实体零售商属于挑水模式,而叮咚买菜则是自来水模式。我们都有从"挑水"到"自来水"的经历。从挑水到用上自来水,更便利,水质更有保障,是消费升级。这是事实,也很形象。实体零售商守着水源,等顾客上门买水,并自行挑回家。而叮咚买菜则是像送自来水一样,把商品送到顾客家里,让顾客实现足不出户买菜的优质体验。

生鲜传奇董事长王卫则认为,如果水源被封死,自来水就没水了。这也不是没有可能。但控制水源有点难。其实,还有一种可能:一旦水源被污染,所有用户就喝不到干净的水。这给我们三点启示:第一,"水源争夺"是未来零售的重中之重。第二,"管道效率"是未来零售的核中之仁。第三,对顾客有清晰认知的产品,实施优质优价;对顾客缺乏认知的产品,轮番做"大特价"。以上三点做不好的话,"龙头"与"店头",都出不了"好水"。

2）不卖隔夜菜与专吃隔夜菜

钱大妈合伙人周向阳说,"不卖隔夜菜"是他们首先提出来的。为此他们还实施了定时打折:每天从晚上 7 点开始打九折,每隔半小时打低一折,到 10 点打三折,11 点打一折,11 点 30 分免费派送。

通过不卖隔夜菜,给买菜消费者的教育是确立对特定品牌的"新鲜认知"。其重要意义不言而喻。那么,大晚上还有人买菜吗?买去以后还会当天吃吗?周向阳的回答是:

"不卖隔夜菜,对买者很重要。"对此,有三点值得探究。

第一,是不是所有生鲜都要提倡"不隔夜",如鸡蛋、牛奶、根茎类蔬菜、非绿叶菜类蔬菜(如大白菜)、豆角类蔬菜等。

第二,打折有两个作用:一是清货,每天能有计划地营运,同时也能减少因积压而导致的损耗;二是进一步强化"新鲜认知"。但由此导致消费端的另一个问题:有些人只吃隔夜菜。如果夏天熟食也打折,会不会有顾客第二天吃了隔夜熟食而出状况呢?

第三,不同城市作息时间不同,打折时间的确定要因地制宜。上海有个新开菜店的打折是从下午 5 点 30 开始打八折,每隔半小时打低一折,到 8 点打三折,且没有免费派送活动。这个菜店的做法比较符合上海人的生活习惯,早打折,卖赚头,回成本,早收摊,也符合居民的作息时间;打折太晚,顾客买回去不会当晚吃,于是,"不卖隔夜菜"就变成了"只吃隔夜菜"。也许"不卖隔夜菜"是需要有愿意"吃隔夜菜"的顾客来支撑的。

3) 坚守与妥协

以定量计价包装售卖蔬果的方式早已有之,但从 2016 年 1 月 15 日第一家盒马鲜生在金桥开业起,这种方式似乎已成为新零售卖菜的标准模式。但到了 2019 年初,盒马鲜生把这种包装卖菜模式当作一个"坑"来反思。2019 年开业的盒马菜市就改包装为散卖了。这是"填坑"? 还是向顾客妥协? 其实,这既不是"填坑",更不是妥协,而是实施差异化营销。

中国的人口基数太大,客群差异太大,靠一种模式难以实现市场占有面的全覆盖,于是就必须实施差异化与多业态发展战略。但有些公司则在坚守单一的业态,如生鲜传奇,尽管已经升级到第五代,但其目标客群、主营面积并没有改变,而只是品类构成、店内布局、出样陈列、定价促销等有较大变化。

4) 高价与低价

追求低价的实惠与追求低价的竞争力,始终是消费者与经营者的重要诉求。生鲜传奇通过调查发现:顾客希望有更多的价格促销。

其实,免费"最贵",促销"第二贵"。但消费者已经把享受价格优惠当作一种"娱乐与生活方式",一旦没有价格促销,就感觉若有所失。

生鲜传奇通过调查还发现:消费者对绝对价格更敏感。例如,超过 50 元每千克的香椿与不到 40 元每千克的香椿,尽管两者的品质完全不同,但消费者普遍会选择不到 40 元每千克的香椿。

生鲜传奇还发现:不同消费者对某些商品常常会设定价格上限,如不买超过 10 元每千克的茄子。

为什么好东西反而不受欢迎? 这与消费升级、品质生活等的趋势分析不尽相同。这其实与消费者的感受有关。例如,新鲜的玉米通常价格在 10 元每千克以下,但基本上都不好吃。如果有商家一定要卖 30 元每千克的所谓的有机玉米,那么消费者就不会接受。

但如果卖 16 元每千克,且吃后能感觉到从前农家自种的香糯味,那么消费者就会一次次复购,并相互传播。这个时候如果再加上群中接龙拼团进行预购促销,就容易产生引爆点。所以,关键还是要选择顾客能用"口感"感受得到的好产品,实施优质优价。

北京超市发董事长李燕川说:超市发有些东西价格稍高,但质量确实好,所以还是要坚持。生鲜传奇董事长王卫也说:生鲜传奇根据调查反馈的消费诉求,调整布局,增加低价品项,增加促销,效果显著。不同企业有不同做法,不同区域也有不同做法,零售就是这样复杂多变,因为我们面对的是"千姿百态"的人心。

5)品控与承诺一致

所有规模化营运的品牌公司,都在建设以源头把关和过程监管为重点的品控体系。消费者对质量的诉求只有一条,希望企业承诺一致。商品质量要与宣传一致,不能时好时坏,更不能上下有别、底面有别、内外有别。这就要求企业承诺一致。

承诺一致的对象不仅包括品质,也包括服务。例如,有超市常常用花蛤来做促销,价格低到 7.6 元每千克,但有时顾客会买到带沙的花蛤。在菜市场,花蛤卖 30 元每千克,摊主承诺无沙。顾客经过几次"验证"以后,发现果然如此,于是,买花蛤必去这个摊位。后来摊主把价格涨到 40 元每千克,顾客还是去这个摊位。这就是由承诺一致所带来的复购。

构成这个良性循环有三个基本要素。

第一,服务提供者(供方):服务承诺高,服务过程与服务结果也不错。

第二,服务体验(活动):通过服务接触体验,使顾客获得满意感,进而推动顾客复购。

第三,顾客(需方):由自身体验、公司的客户关系以及顾客之间的口碑传递三个方面融合决定了顾客的忠诚度。

企业不能为品控而品控,也不只是为合规而品控,其终极目标是通过顾客满意达到顾客忠诚。

6)青年与中老年

当下有一种观点非常流行:员工平均年龄越低的企业越有希望;目标客群平均年龄越低的企业越有希望。也就是说:得年轻人者得天下。持这种观点的人认为:"80 后"和"90 后"年轻一族是我国主流消费群体。于是,各个行业都竭尽全力去吸引年轻消费人群。

对于消费人群的划分与定义,我们至少要考虑以下四个方面。

(1)从经典营销理论来说,目标客群的确定,主要不是看地区之间的消费差异与年龄、性别等方面的差异,主要依据标准是心理特征与行为特征。例如,重庆火锅原本是一种地域性很强的餐饮,但如今已经成为全国最火的餐饮项目。所以,单纯从年龄来划分,这是非常传统与粗浅的。

(2)购买决策过程的参与者包括发起者、影响者、决定者、购买者、使用者。很多企业都谈道：年轻人不做饭，自然不会去买菜，即使买菜也可能会从线上买菜。但中老年人是要自己做饭的，所以，中老年人才是社区生鲜店最真实的客群。年轻人可能是发起者、影响者、使用者，但决定者、购买者则是中老年人。这里有三个问题需要考虑：第一，年轻人是不是普遍不买菜？第二，年轻人是不是买菜就到线上？第三，年轻人是怎么影响决定者和购买者的？

（3）在 M 型社会中，中间层出现了凹陷，这群人的消费越来越谨慎。而沉默的大多数则会在长尾效应之下形成一个巨大而慷慨的消费人群，他们有着与高端消费人群截然不同的心理与行为特征。这也是拼多多与拼团火起来的重要原因。

（4）如果我们认为消费升级了，商品就一定要往高端走，那可能就陷入了一个自挖的深坑。

7）小区与社区

生鲜传奇董事长王卫坦言："社区店不是我发明创造的，严格地说，中国只有小区，没有社区。"

国外的社区商业，有政府规划，边界很清晰，配套很规范；我国的社区商业，边界模糊，产权分散，业态混杂。随着消费升级，我国社区商业的升级面临极大挑战。这不仅需要行业有创新举措，更考验政府智慧。政府该管什么，不该管什么？这是需要立场与智慧的。

8）商品与服务

顾国建教授曾在演讲中重点阐述了社区商业的商品力与服务力问题，这确实是社区商业的工作重点。

这两点能做到什么程度，关键看每家企业的立场。笔者曾去一家大卖场购买了 6 条软中华香烟，总计花费 4 200 元，但服务员给的一个红双喜的袋子只能装 5 条香烟。笔者想再要一个袋子，得到的回复却是如此冷漠：我们没那么多袋子！这既不是商品问题，也不是单纯的服务问题，而是整个企业的立场问题。立场站错了，什么力使起来都会很"费力"。

9）前台与后台

零售业的前台直接面向消费者，后台则面向员工、供应商、协同企业。从前的连锁公司主要把心思与金钱花在前台上，如今则更重视后台。这里有三点特别重要：

（1）消费者的数字化在倒逼企业实施全渠道营销，即企业为了满足消费者任何时候、任何地点、任何方式购买的需求，采取实体渠道、电子商务渠道和移动电子商务渠道整合的方式销售商品或服务，给顾客提供无差别的购买体验。

（2）为了保证前台的有效运作，必须建设一个强大的后台（也涵盖中台）。后台对前台提供服务与平台整合的支撑，包括：一是系统保障；二是人员保障；三是流程保障；四是制度保障；五是资源保障。如库存系统必须满足实时、全时、精准的要求，并把不同渠道的库存整合起来,能够动态分享单品库存信息。前台员工也应该掌握移动互联网销售服务的基本技能。

(3) 任何一家企业,最难改变的并不是前台与后台,而是总台。总台并不完全是企业的最高领导,还包括投资者、决策者与执行者,甚至最基层的员工的意识与做事态度,都会成为新的营运模式的障碍。一般来说,一项重大的决策需要落地,需要员工的变革、组织的变革、领导的革命。

10) 赚钱与亏钱

我国大多数零售商的毛利率在 25% 以下,其中社区生鲜店的毛利率甚至不到 20%,而损耗率却高达 8%。在美国有很多只靠"卖菜"而赚钱的企业,如 90 年前起步于纽约长岛的超市鼻祖金库伦,至今依然经营得很好。金库伦的卖场内 80% 以上都是食品,既有我们称为生鲜的食品,更有大量的冷冻冷藏食品和干货食品。

连锁企业"卖菜",如果走"有机""高端"等路线,则要求目标客群比较集中,如上海的久光百货负一层的超市,有大量进口食品与调味品,且所有生鲜蔬果都标着"有机",有不少商品的价格比其他超市高出好几倍。如果这样的商品面向消费大众,认知度肯定很低。

如果经营毛利无法弥补流通费用,就会亏损。当下的零售业不仅背负着高租金、高人工费、高损耗的压力,更增添了三种新的成本压力:店铺美化的成本压力、供应链建设的压力、到家等服务成本的压力。菜店之所以赚钱,除租金成本、人工成本、装潢成本较低外,最重要的是供应链成本低。

14 卖菜既难又易

20 世纪 80 年代,上海有几百个马路菜市场,静安寺久光百货后面的胶州路,当年就是很有名的马路菜市场。

后来政府实施"菜市场入室"政策,马路菜市场变成了室内菜市场。

到 20 世纪 90 年代,上海开始了一场由政府推动的连锁革命,寄希望于超市能解决居民买菜问题。但现实很无情,超市如扶不起的阿斗,并没有做好生鲜生意。

到 2004 年,政府推出了大力发展标准化菜场的新政,每年建设 100 多家。到 2003 年,上海市制定了食用农产品批发市场与菜市场发展规划,按照 3 000 万人口、每 2 万人设置一个标准化菜市场,共将设置 1 500 个标准化菜市场,且属于公益性设施。

后来,永辉来了,并且与光明食品集团合资开出了"上蔬永辉"。永辉确实给上海连锁超市与大卖场带来了生机。

再后来有了盒马,使寂静了 10 多年的上海零售终于有了亮点,主管部门也有点扬眉吐气的感觉。

不知道是政策拉动还是消费体量的拉动,近年来零售首店纷纷落地上海,卖菜的商人也不例外,本地的、外地的、传统的、现代的"菜贩",都在上海集结,满大街都能看见不曾见过的"菜店"。如苏宁小店、清美鲜食、永辉生活、季选等,还有刚来上海不久的奥乐齐,以及有背景或没背景的各色看得明白或看不明白的店铺。

在这些"名店"布局市场的同时,"暗店"也渗透到了社区,并且获得了一部分消费者的认可。如叮咚买菜等以仓做店的前置仓模式。业内多有美誉的钱大妈也做好了落地上海的准备。从前的水果店在转向以菜为主兼营水果的混合店。

一家菜店一天能做万元销售额,一辆送货到小区摆摊的菜车,一天也能做好几千元销售额。他们除了租金与人工可控外,没有管理成本,自己管营运,没有贪污,从批发市场进货,也没有庞大的供应链成本。一切的一切,能省则省,卖不掉就送伙食团或打折销售。连锁店之所以不赚钱,从营运视角来看,门店缺乏积极性与活力,只有总部一个积极性在推动,这是根本原因。

15　关注老年人购物难的问题

2019 年 7 月 20 日上午,全国高校商务管理研究会第 34 次年会在山西太原举办,承办单位是山西财经大学工商管理学院。

本次年会的主题是:高质量发展与商务管理创新。山西财经大学沈沛龙、江西财经大学廖进球致辞,山西财经大学工商管理学院卫虎林教授主持了上午的主题报告会。

会上,首都经贸大学陈立平教授分享了"大城市老年人购物难题研究"的成果。

陈立平教授说,慢性疾病死亡人数占总死亡人数的 88%,疾病负担占比达 77%。老年人购物难与疾病、健康寿命等问题紧密相关。

欧美对此的研究早在 20 世纪 90 年代就开始了,主要针对贫困与有色人种地区。他们的研究显示:500 米范围内购买生鲜食品难,导致大多数居民只能选择替代性食品,从而严重影响老年人身心健康,并称之为"食品沙漠现象"。研究表明:生鲜食品与健康存在很大关系。生活于生鲜食品沙漠地区的人们,其患病的风险大大高于食品供应充足的地区。为什么要研究老年人购物难问题?因为老年人购物难问题不解决,老年人就会购买不健康的替代食品,不仅加大了生理风险,也加大了心理风险与精神风险。天天出去买菜,自己能做饭的老年人,特别是男人,寿命要比不买菜不烧菜的人延长 6.5 年。尽管老年人购物难问题的研究视角有所不同,但研究结果表明,这是一个值得全社会高度关注的社会问题。

2000 年以后,此问题也引起了日本社会的广泛关注,进行了大量研究,提出了"购物弱者"概念。日本政府通过立法规制社区商业，以便改善老年人购物环境。

老龄化是 21 世纪我国最大的国情，我国将会进入快速老龄化时期。北京市调查发现：面临购物困难的老年人多达几十万人，占比超过 14%。数十万老年人的购物难问题应该引起全社会的关注。这是一个我们身边重复发生的问题。

社区商业主要是为老年人服务的，还有就是孕育孩子行动不便的妇女。这两类人群是社区商业的主要服务对象。老年人的购物问题，实际上是社区商业问题。我国社区商业的转型应该围绕老年人来寻求新的机遇与探索新的方法。

延长健康寿命的第一要素就是合理饮食，社区商业应该提供合理饮食的环境支持。这是留给社区商业的重要任务。社区商业与居家养老相结合，从"商养结合"到"医养结合"，要搭建一个服务平台，政府应该制定相关的社区商业促进法规。

社区商业是社区居家养老服务的基础。居家养老主要包括日常医疗服务、日常护理服务、生活服务和保健预防。

陈教授的分享，给社区商业的转型发展提供了一个广阔的想象空间：

（1）老年人将成为社区商业的服务对象。

（2）足不出户的购物方式不利于老年人的健康寿命。

（3）政府对全民健康与社区商业的发展要发挥立法规制的作用，这是基础。

（4）社区服务将成为社区商业的内容，医养结合与社区养老是大趋势。

16　养猪吃肉那些事

美国有猪肉期货品种，我国曾经也有，但由于投机严重，后来关闭了。期货不仅是用来投机的，更是规避风险的一种有效途径。为什么到了中国，期货就变成了投机。问题可能是出在套期保值机制不完善，甚至那些本来是做套期保值的人，看到有机会，便放弃了套期保值的初心，也做起了投机生意。结果，期货市场出现了投机单边倒的情况，这样的期货市场注定是没有希望的。

1）偶遇网易丁磊

做广告的江先生曾说，他与做牛奶的牛先生、做网络的马先生等成功人士坐在一起探讨未来生意。牛先生说牛奶生意不好做，马先生说网络生意不能做，江先生自己则说广告生意做不得。那还有什么活能干？大家想来想去还是做农民好。

民以食为天，人活着就得做饭、烧菜、吃肉、喝汤，现在大家吃不安心，如若能折腾出安全猪、放心菜、营养饭、美味汤，把模式设计好了，把规模做大了，不仅能发展而且更是功德无量。有些人真的去做了现代农民，养猪种菜，又闯荡出了一片新天地。有些人出国、移民或学习，试图寻找新的发展机遇。有些人则回归自然做自己喜欢做的事情，例如曾经是胡润财富榜首富的丁磊,曾拜国宝级老中医邓铁涛为师,学习中医。

有一年笔者回宁波奉化参加锦屏中学 40 周年校庆,居然发现网易 CEO 丁磊先生不仅是同乡还是校友。2009 年初媒体盛传丁磊养猪的事,这次见面便问他养了多少头?他说不多,就 2 万头,准备建立一种模式,然后推广。如果真的能建立一种"规模化安全养猪模式"在全国推广,不仅利国利民,也一定能有良好的经济效益。

2017 年 9 月 16 日,300 天谷饲慢养的网易"味央"黑猪肉的全国首家专柜开进了杭州世纪联华鲸选店,当时售价每斤 50 元。奉化人传说,丁磊的养猪基地当初首选奉化,但在奉化没养成猪,后来才选址安吉,安吉离杭州 70 千米,配送比较快捷。

其实,养猪越来越难,难在我国当前的养猪方式对环境有较大污染,所以要划定禁养区。确实有不少养猪场的猪尿、猪粪流入周边水沟与农田,一片黄色,臭味难闻。这正如食用农产品批发市场的进出车辆影响交通,人员嘈杂影响环境,不受欢迎。但养猪与农产品批发市场都是民生基础。如果从另一种角度来看,这些成功人士正在进入另一种境界,把企业责任上升到了社会责任。中国的聪明人实在太多,不管什么行业,领先者总是在很短时间内被更聪明的后来者赶超,难以长期保持行业领先地位。成功人士或急流勇退,或追寻民生,或从事慈善,他们再也不愿意去做"血酬"之事,即使曾经干过也金盆洗手并发誓永不再犯。他们想从"红海血战"中挣脱出来,回归到人性、本我与自然。这是我国企业家的进步、回归与超越。

2)养猪户的旦夕祸福

2014 年底,有养猪专业户说:"如果毛猪能卖到 20 元每千克,那养猪就发财了,出栏一头猪能净赚 1 000 多元。"2019 年猪肉价格前所未有地疯涨,有人觉得养猪户要发财,但其实这次遇到猪瘟,如果养猪户事先没做对冲投资,生猪被全部捕杀,猪场被强行关闭,那就亏大了。

猪肉价格上涨甚至惊动了国务院总理。为什么猪肉这么重要?因为在居民的菜篮子中,猪肉的关注度最高。曾经对上海 1 838 位消费者做过一项食品消费的调查。调查数据显示:肉类食品的关注度高达 64%,其次是蔬菜类 55%,乳(奶)制品 45%,禽蛋类产品 35%。

3)肉类集约化生产与流通

肉类生产、屠宰与流通的基本发展趋势是集约化。大集团饲养,标准化屠宰,批发市场销售。肉品销售的方式主要有两种:一种是屠宰、预冷以后,进入批发市场销售,包括对手交易或拍卖。例如,法国巴黎的伦杰斯国际市场,2004 年有 70 多家批发商,现在只有 10 多家批发商,客户总量减少,平均交易量上升,反映了批发市场带动规模化经营的发展趋势。另一种是屠宰与批发交易合一的交易方式。例如,日本福冈的肉品批发市场的场长由政府官员兼任,肉品屠宰、拍卖交易、分割加工都在批发市场内完成。屠宰一头牛的价格(含 400 日元的检疫费)是 6 569 日元,屠宰一头猪的价格是 2 100 日元(含 200

日元检疫费)。

　　除现货批发市场外,在条件成熟的时候,还可以开发包括肉产品的期货品种。美国鼓励农民去做期货保值交易。美国牲畜期货主要在芝加哥商品交易所(CME)挂牌,主要品种有育肥用牛(feeder cattle)、冷冻猪腩(pork belly)、瘦肉猪(lean hog)、活牛(live cattle)。如瘦肉猪(lean hog),代码为 LH,每张瘦肉猪合约对应 40 000 磅肉品,瘦肉猪合约的报价单位为美分每磅,最小价格变动单位是 0.025 美分每磅,即每张合约价值的最小变动是 10 美元;瘦肉猪合约的每日涨跌限制是 3 美分每磅,即每张合约日涨跌限制为 1 200 美元;对当月到期的瘦肉猪合约的最后 2 个交易日无每日涨跌限制。挂牌的瘦肉猪合约通常分为 8 种,交割月份分别为 2 月、4 月、5 月、6 月、7 月、8 月、10 月和 12 月。具体瘦肉猪合约的最后交易日为到期月的第 10 个交易日。2009 年瘦肉猪交易价格为:71 美分每磅。按照当时汇率计算,每斤猪肉价格约为 5.34 元人民币。通过期货交易,能够发现价格、锁定生产者收益,并推进标准化生产与交易。2019 年以来,美国瘦肉猪期货价格一路攀升,特别是从 3 月 13 日起开始飙升,到 4 月 5 日触及 6 月合约最高点期间累涨近60%,一度曾突破 100 美分每磅,但如今已经回落至 66 美分每磅。

4) 生猪产业处于转折期

　　2019 年我国猪肉价格上涨,既有非洲猪瘟的影响,也有我国自身政策原因。以下几个数据能看出我国生猪产业处于转折期。

　　(1) 生猪存栏量从 2012 年的 4.75 亿头逐年下降到 2018 年 12 月末的 4.281 7 亿头。

　　(2) 生猪出栏量 2014 年达到峰值 7.35 亿头,到 2018 年下降到 6.938 2 亿头。

　　(3) 2016 年全国超过 20 个省份都划定了生猪禁养区,并启动了猪场拆迁行动,其后一年多时间有超过 10 万家养猪场被拆。

　　(4) 虽然规模化养猪场(年出栏 500 头以上)最近 10 年有较大发展,但年出栏 500 头以下的小型散养户的生猪出栏占比仍超过 50%。美国在 1982 年生猪出栏量 500 头以上的养殖场占总出栏量的 56%,到 2010 年占比已经超过 95%,而超大型养殖场(年出栏≥5万头)生猪出栏量占比超过了 10%。

　　(5) 我国生猪产品进口量 2008 年是 91.39 万吨,2016 年增加到 311.21 万吨,2017 年开始回落,2018 年为 215.44 万吨。

　　(6) 观研天下发布的《2019 年中国猪肉行业分析报告——产业现状与未来规划分析》显示:我国猪肉的消费量 1989 年约 2 000 万吨,1999 年约 4 000 万吨,2009 年约 5 000万吨,2014 年接近 6 000 万吨达到峰值,以后呈现下降趋势。

　　(7) 中国统计年鉴显示:我国人均猪肉年消费量从 2013 年的 19.8 千克微量上升到2017 年的 20.1 千克。

　　总之,我国生猪生产向规模化发展是必然趋势,但进展不快。我国猪肉消费量比较稳定,进口量对消费有一定影响,但还应该主要依靠本国生产。不过关于消费量数据,研究报告与中国统计年鉴似乎存在较大差距。

5）猪肉价格与通胀和通缩的变动趋势基本一致

我国消费者不喜欢冰冻猪肉，以前是讲究热气猪肉，现在提倡冷鲜猪肉，都要求即期消费。猪肉消费量虽然在一年之中因季节与节日有较大变动，但基本稳定，而且需求价格弹性也比较小。但生猪生产一般需要 6～9 个月的出栏周期，而且冷冻库存肉难以满足消费需求。所以，一旦出现供求不平衡就会导致猪肉价格暴涨，几个月以后由于供给增大，价格又会自然回落。如果价格大幅度下降，生猪存栏头数就明显下降。我国几十年来，猪肉供应就一直处于"多啦多啦少啦少，少啦少啦多啦多"的格局。从经济学的弹性原理来分析，导致猪肉价格波动的根本原因是猪肉的需求弹性比较小，而供给弹性比较大。稳定猪肉价格的基本途径是稳定生产，减少价格波动对生产的显著影响。猪肉价格的波动，与通胀和通缩的变动趋势是基本一致的。

6）消费者需要一个有"真肉"的世界

最近有媒体报道：人造肉的研发再次成为热点。其实，我国在几十年以前就开始研究人造肉，当时杭州商学院就研发出了第一代人造肉。但人造肉毕竟不是肉，即使纤维感、口感与营养成分都与真肉差不多了，那也是"假肉"。消费者需要一个有"真肉"的世界。冷却肉与低温肉制品是肉品消费的发展趋势。这就需要冷链技术的支撑，要求肉品在屠宰、交易、加工、销售全过程中，有三个基本条件：冷链控制、不交叉、不落地。采用较低的杀菌温度进行巴氏杀菌的肉制品，既能使致病微生物被完全杀灭，又能最大限度地保留肉制品的营养价值。经过排酸处理的冷却肉在口感、营养和健康方面都胜过热鲜肉和冷冻肉。

总的来说，肉价上涨，每家每户少吃一点肉，不会影响健康，但应该注意：①猪肉涨价有连锁效应，A 涨导致 B 涨，接着是 C、D、E、F，轮番涨价，导致通涨；②作为一个拥有 14 亿人口的大国，凡是与吃相关的问题，都是天大的事，我们应该能解决自己的吃饭问题；③与吃相关的产业，都应该上升为国家战略，自力更生，丰衣足食。

17　菜店 20 年后也不会消失

安徽合肥的谊品生鲜社区店，比生鲜传奇还早一年创办（始于 2013 年），创业团队来自永辉超市。谊品生鲜的门头是黑色的，招牌是白色的，营业面积大小不一，主力标准店 300～400 平方米，实施比永辉超市更彻底的门店合伙人制。业内人士说，今日资本投了 2.4 亿元给谊品生鲜，目前重点发展谊品到家。

谊品生鲜创始人说：菜市场才是真正的对手；用批发档口的资源做零售。

这两点是实实在在的，有不少号称基地直供的企业，其实大部分商品仍然来源于批发市场。批发市场设立档口,是永辉超市的传统做法,这是批超直接对接的方式。如果未来的批发市场能够提供分拣、分级、加工包装等方面的服务,批发市场就将成为超市的加工中心。

业内人士看过谊品生鲜后也提出了一些不同的看法:这类地摊菜店价格超低,比进价还便宜;为快速开店,不顾店铺环境,破坏价格体系;客群多维度,所以店面也是多维度的;谊品生鲜有一定的管理经验,并且采用合伙人制,每个店都是个体户形式,单店管理,有一定的优势;在日本也看到类似的店,日本精细化门店环境下此类店也生存得很好。消费是分级的,关键是企业想要哪一级。但消费整体是在升级的,企业要为未来而备。

首都经贸大学陈立平教授说:比较关心的是他们号称的"折扣"概念。目前中国食品安全问题严重,盲目低价格不可能让大部分消费者满意,这是我们和日本生鲜折扣店在环境上的区别。现在生鲜食品购买行为受家庭人口急剧减少的影响,在逐渐下降。品种多数量少,购买频度高是其主要特征。生鲜消费降级主要是肉蛋菜产量巨大,加工粗糙。另外,中国巨大的老年群体也习惯了低价格生鲜品,所以菜市场和所谓折扣超市会有很大市场。

谊品生鲜给我们的启发如下:

(1)小型、低价、简洁的菜店受欢迎,是消费者的理性选择。由于菜店的品牌未能被充分信任,商品也没有可以确认的差异性,不愿意花冤枉钱的消费者,就选择了既新鲜又便宜的商品与店家。

(2)部分特色农产品的产销对接或基地直采是可行的,但从全球范围来说,食用农产品的批发市场通过率仍然超过 60%,我国则高达 80% 以上。所以,零售终端与批发市场的对接是常态。产销对接与基地直采并不是食用农产品流通的主导方式。

(3)近年来,我国城乡居民尤其是高线城市居民购买生鲜食品的渠道出现了多样化趋势,如菜场、菜店、社区生鲜超市、新零售生鲜店、网订代购到家服务、生鲜跨境购、农场直供、以批带零、租地自种等多种形式。虽然菜市场的销售占比在不同城市存在一定的差异,但总的来说,销售量最大的仍然是菜市场,消费升级、超市餐饮化以及生鲜电商的发展,并没有从根本上改变这一基本现状。

(4)生鲜食品购买渠道的选择,既存在分层分类的情况,又存在不同消费需求选择不同购买渠道的情况。同一个家庭,可能会交替使用不同的购买渠道,以满足特定的烹饪饮食需求。高收入群体也会去菜市场买菜,低收入群体也会到盒马鲜生去逛逛。

(5)菜市场外面的菜店之所以生意兴旺,原因有两点:一是新鲜,二是低价。菜市场本来应该是公益性的场所,但实际上也已经成为牟利的一个平台,租金与管理费约占销售额的 5%。高费用导致菜市场菜价攀升,为菜市场周边菜店提供了发展空间。为了迎合小区居民的便捷需求,小区内的小菜屋也应运而生。

(6)小型菜店之所以比社区生鲜超市更有活力,还有其他方面的原因,如品种的快速更新、灵活的用工、很低的税费等,总的来说是营运成本较低。

(7) 菜市场设摊与开设菜店都是辛苦活。大城市的卖菜者,大部分不是本地人,当他们的下一代都不愿意继承上一辈的营生时,卖菜这个行当就会因后继无人而自动消退。但这需要很长很长的时间。

(8) 社区生鲜超市是满足居民最基本的吃饭、做菜、喝汤问题,其发展不一定取决于规模,但一定取决于品牌的信任度。

零售是一个迭代与叠加相结合的行业,菜市场、菜店与谊品生鲜之类看起来低端的生鲜店,并不会因为消费升级而销声匿迹,20 年后它们也仍将活得好好的。